景印香港
新亞研究所

新亞學報 第一至三十卷
第三十冊・第十九卷

總策畫 林慶彰 劉楚華
主編 翟志成

景印香港新亞研究所《新亞學報》（第一至三十卷）

景印本・編輯小組

總　策　畫

林慶彰　劉楚華

主　　編

翟志成

編輯委員

卜永堅　李金強　李學銘　吳　明　何冠環

何廣棪　張宏生　張　健　黃敏浩　劉楚華

鄭宗義　譚景輝

編輯顧問

王汎森　白先勇　杜維明　李明輝　何漢威

柯嘉豪（John H. Kieschnick）科大衛（David Faure）

信廣來　洪長泰　梁元生　張玉法　張洪年

陳永發　陳　來　陳祖武　黃一農　黃進興

廖伯源　羅志田　饒宗頤

執行編輯

李啟文　張晏瑞

（以上依姓名筆劃排序）

景印香港新亞研究所《新亞學報》（第一至三十卷）

景印香港新亞研究所《新亞學報》第三十冊

第十九卷　目次

儒家人性說與 21 世紀的人類文化	李　杜	頁 30-9
儒家思想與民主政治的一些反思	劉國強	頁 30-29
孔子形上思想新探	鄧立光	頁 30-41
于法開救治難產孕婦所牽涉的佛家戒律問題	曹仕邦	頁 30-53
略論李白五言律詩之格律	韋金滿	頁 30-61
韓人李睟光《芝峰類說》解杜諸條析評	鄺健行	頁 30-91
清初哲人廖燕	王　煜	頁 30-131
早期中美的貿易發展，1784 － 1860	李木妙	頁 30-167
薛福成交游考	陳群松	頁 30-219
抗戰前國民政府與煤炭工業，1928 － 1937	張偉保	頁 30-235
現代西方形上學的轉向	陶國璋	頁 30-287

景印香港新亞研究所《新亞學報》（第一至三十卷）

第十九卷

新亞學報

新亞研究所

景印香港新亞研究所《新亞學報》（第一至三十卷）

景印香港新亞研究所《新亞學報》（第一至三十卷）

新亞學報編輯略例

（一）本刊宗旨專重研究中國學術，以登載有關中國歷史、文學、哲學、教育、社會、民族、藝術、宗教、禮俗等各項研究性的論文為限。

（二）本刊由新亞研究所主持編纂，外稿亦所歡迎。

（三）本刊年出一卷，以每年八月為發行期。

（四）本刊文稿每篇以五萬字為限；其篇幅過長者當另出專刊。

（五）本刊所載各稿，其版權及翻譯權，均歸本研究所。

景印香港新亞研究所《新亞學報》（第一至三十卷）

目　錄

新亞學報第十九卷

李　杜◎儒家人性說與21世紀的人類文化...1

劉國強◎儒家思想與民主政治的一些反思...21

鄧立光◎孔子形上思想新探...33

曹仕邦◎于法開救治難產婦所牽涉的佛家戒律問題...45

韋金滿◎略論李白五言律詩之格律...53

鄺健行◎韓人李睟光《芝峰類說》解杜諸條析評...83

王　煜◎清初哲人廖燕...123

李木妙◎早期中美的貿易發展，1784-1860...159

陳群松◎薛福成交游考...211

張偉保◎抗戰前國民政府與煤炭工業，1928-1937...227

陶國璋◎現代西方形上學的轉向...279

景印香港新亞研究所《新亞學報》（第一至三十卷）

儒家人性說與21世紀的人類文化

李 杜

一、小 引

何謂人性？如何了解人性？此可有不同的了解，不同的說法。以中國儒家、道家、法家和其他諸家的了解去說是如此，以西方希臘柏拉圖、亞里士多德的哲學，和源自希伯來的基督教的說法去說亦是如此。

人性是人的人性，人對於人的人性有不同的了解，不同的說法；文化是人的文化，人對於人的文化亦有不同的了解，不同的說法。以中國過去和現代學術所說的何謂文化去說是如此，以西方過去和現代學術所說的何謂文化去說亦是如此。

在中西不同的人性說中，有就人的整個生命要求的表現而說人性者；有僅由人的生命某一要求表現而爲說者；有以人性與天道相關連而爲說者；有僅由人而說人性者；有依人的自然義生命的理性的表現而說人性者；有依人的宗教義生命的歸向的信念的表現而爲說者。有結合此二者而爲說者。在以中西不同的人性說關連於其歷史文化而說時，有主流非主流的不同表現。在中國是以儒家或儒教的表現爲主流，在西方則分別以柏拉圖、亞里士多德的哲學的表現，及其與基督教的相結合而有的表現爲主流。

中西主流人性說的表現，在過去分別主導了中西的人生社會、歷史文化。但此一過去的「主導」表現，在現代受到了大的挑戰。現代主導中西人生社會、歷史文化的不再是所說的主流說，而是另一偏向人性一方面的表現說，亦即由所說主流的人性說所着重人的整個生命的要求表現，而偏向於着重人的生命的一方面的要求表現，以此而主導中西人生社會、歷史文化。

今後中西的人生社會、歷史文化會否再以過去的主流人性說爲主導，或繼續以所說的偏向於人性一方面的表現爲主導呢？要回答此一問題不容易。但就整個人的要求而說人性；由人生社會、歷史文化爲人的整個的生命表現去說，我個人是相信現代偏向於人

性一方面表現的現代的人生社會、歷史文化不會長此下去的。人會要依其整個生命要求而建立人的人生社會，表現人的歷史文化的。人在為其某一方面的生命要求所引，而不及了解其整個生命要求時，常有誤導其生命的事。個人如此，一民族國家以至整個人類亦如此。但人不會常安於所說的誤導中的。此「不會」可舉個人的生命表現、中西的歷史文化、以至整個人類的歷史文化的表現去說明。但本文不能亦不擬作如此的說明，而將以由整個人的生命要求而說人性的儒家人性說為主導去與僅由人的生命的某一要求而說人性的道家、法家的人性說和西方柏拉圖、亞里士多德由依人的自然義生命的理性的表現而說人性、基督教由依人的宗教義生命的歸向的信念而說人性，作一簡單比較的說明，並略說依之而表現的歷史文化；再本儒家的人性說去說21世紀的人類文化。細目為：一、簡說儒家的人性說及其與道家和法家的人性說的主要異同；二、簡說儒家的人性說與柏拉圖、亞里士多德的人性說的主要異同；三、簡說儒家的人性說與基督教的人性說的主要異同；四、現代西方偏向的人性說及由此而來的衝擊；五、今後西方或整個人類會否安於所說偏向的人性說；六、由儒家的人性說去說21世紀的人生社會。

二、簡說儒家的人性說及其與道家和法家的人性說的主要異同

此將由：1.儒家的人性說為何？與2.儒家的人性說與道家和法家的人性說的主要異同兩部份去說。過去的中國學術對此二者有甚多的論說，但我於此不能亦不擬細為引述此「甚多的論說」，而主要是就我了解所及的作一簡單的述說。

1.儒家的人性說

儒家的創始者為孔子，儒家的人性說亦始自孔子。孔子對於人性是如何說的呢？若僅由孔子所用及的「性」一名詞去說，依《論語》所載只有後面所引二則：

> 子貢曰：夫子之文章可得而聞也，夫子之言性與天道不可得而聞也。（公冶長）

> 性相近也，習相遠也。（陽貨）

於孔子之後對於此二則說及「性」的記述應如何解釋曾引起了不少的爭論。有本第一則而說孔子以言性與天道為虛言高論的事故不言；孔子所言的為現實具體（文章）的事；有依第二則而言孔子不是不言性，而只是不由玄思抽象地去說性，而是依人的實際情形，亦即現實生活的不同表現而說人性彼此相近，「性相近也」，但此彼此相近的人性，由於各人彼此習尚趨向的不同，而出現了差異的表現，「習相遠也」。

於由所說及「性」一名詞而說孔子的人性說之外，亦有不直由此而為說，而是由孔子所說的義利之分、忠恕、仁、直、道、德等說法去說此為發自人性善意的表現，由此而說人性善者，如孟子及繼承孟子的說法而為說者；亦有由孔子所說的智、識、聞而知之、見而知之、博文、約禮、好古敏求等說法去說，此為發自人的人性智解的表現，由此而說人性為人「生之所以然」的事者，如荀子及繼承荀子的說法而為說者；亦有由「生之所以然」的人性常順從人的慾望而表現而不知自主，而要另有師法以制之，由此而說人性惡者，此亦如荀子及順從荀子的說法而為說者。

於孟荀之後的儒者，由漢而至現代，有關人性的說法甚多。此甚多的說法，若細為評論可寫成一本儒學的人性史論。但此不是我在此所能做或所要做的。我想說的是：由漢至現代有關人性的說法雖甚多，若不求其細別，而僅說其大要，此甚多的說法不離孟荀的說法而為說，即或為本孟子的性善說而發揮之，或為本荀子的「生之所以然」的人性說或其性惡說而為說，或折衷調和孟荀的說法而為說。

以人性關連於天道而說，或由人所表現的善的道德生命而說德性義的天道，或由人所表現的智解的生命而說自然義的天道。前者並或以其與宗教神性義的天道相結合而為說，或以其與玄思想像的天道相結合而為說；後者並或以其與依經驗理性所了解的具有科學性的自然義的天道相結合而為說，或以其與玄想像所說的玄學義的天道相結合而為說。

以上所說過去和現代儒學的人性說，皆為依孔子的人性說而為說，亦即孔子的人性說（由前面所說各別的說法去說或所表示的）是由整個人的生命要求而為說，而前面所說的只是對孔子的說法所作各別性的表達，或說分別式的說法。說孔子或儒家的人性說不應限於前面所說的任一各別性或分別式的說法中，而應由孔子的整個說法，亦即由整個人的生命要求而說人性為何。①

所說由孔子的整個說法，由整個人的生命要求而說人性為何，此「人性」是由人內

在的生命本質上說。若不由此而說人性，而是外地而說其表現爲何，此即爲人所表現的歷史文化；亦即由人的生命要求本身去說爲「人性」，由人不離其生命本身的要求而表現去說爲歷史文化。由此而說儒學的人性說與歷史文化說密不可分，互相關連。人性不能離開爲其所要表現的歷史文化，而抽象憑空地說其爲何，人對人的歷史文化亦不能離開人性的表現而作純現象性的了解。②

由以上的說法去說，儒學本其人性的整個要求所要表現的歷史文化爲何呢？要回答此一問題，關連甚多，於此且不多說，而只提其大要，留待最後一節，「由儒家的人性說去說21世紀的人生社會」再作較多的說明。

依《論語》、《大學》、《中庸》、《易傳》等典籍所載，孔子由人的整個生命要求說人性所要表現的歷史文化既有現世性，亦有超現世性。前者可分別爲：1.本人的自然義的人性要求而表現的歷史文化。此是由人所具有的經驗理性而爲說的知、能，以了解其自身、其所在的社會與自然宇宙爲何所建立的知識而表現的。2.本人的德性義的人性要求而表現的歷史文化。此是由人所持有的德性法則，人應該如何行以建立道德倫理的生活而表現的。3.本人文學藝術義的人性要求而表現的歷史文化。此是由人情感性的抒發以創建文學藝術而表現的。4.本人政治義的人性要求而表現的歷史文化，此是由人和諧群居性的願望的表達以建立合理的政治體制而表現的。

後者即爲本人宗教義的人性要求而表現的歷史文化。此是由於人自然生命的有限而不限於此有限，而嚮往、期待於無限以建立宗教性或說由現世而至超現世的宗教生活而表現的。③

2.儒家的人性說與道家和法家的人性說的主要異同

傳統中國學術於儒家之外，依《漢書》〈藝文志〉的說法，尚有：道、陰陽、法、名、墨、縱橫、雜、農、小說等諸家。依前面所說對人性的了解，此諸家對於人性皆有所說。但我在此不能亦不擬以儒家的人性說與此諸家的說法皆作比較的論述，而將僅限於道家和法家的說法。先說道家。

（1）道　家

依人的整個生命要求而說人性，人性是涵有如前面孔子所說的意義的。但創始道家的老子和其後的莊子並不是如此了解，而是只由人一方面的要求去說人性、去說歷史文

化，由此而表現了儒、道二家的不同人性說，不同的歷史文化說。（此處所說的「不同」是異中有同的不同：異，儒家由整個人的生命要求而說人性而說歷史文化，道家不是如此；同，二者皆由人的生命要求而爲說。）

a.老　子

依老子的《道德經》爲老子所着重的人生是自然義的人生。此自然義的人生的「自然」並不是如孔子所說人的自然義的生命的「自然」。孔子所說自然義生命的自然是由人正常規律性的活動而爲說的。此活動以經驗理性的了解爲依據，由此而發展建立相關的知識，本此知識而了解自然宇宙、人生社會、維護人的現世的生命。老子所說的自然則不是如此，而是由思辨想像而爲說的一種超經驗現實的道家式的自然境界，而以「天地之始」、「道」、「無」去狀說此境界。其人性說即依人的此一要求而爲說，而以「人法地、地法天、天法道、道法自然」，（25章）「夫莫之命而常自然」，（51章）去表達，由此而說「專氣致柔」（10章）「見素抱樸，少私寡慾」、（19章）「去奢去泰」，（29章）淡然自得，清靜無爲的人生。

由所說的人生而說的歷史文化，沒有知識探求的事，不僅沒有，並以知識的持有爲害人的事，而要棄絕之，「絕聖棄智」、（19章）「絕學無憂」。（19章）不求物質財富的持有，不僅不持有，並以此持有爲禍、咎的事，「禍莫大於不知足，咎莫大於欲得」。（46章）不以智解爲有助於人的道德倫理的事，不僅如此，並以此爲有損於人的道德倫理生活的事。「智慧出有大僞」，（18章）而以儒家所講的仁義即是如此，而要「絕仁棄義」。（19章）道德倫理的事爲順任所說的人性而自然表現的事，「常德乃足，復歸於樸」。（28章）相關於政治而說，則要行無爲之治，「天下神器，不可爲也；爲者敗之，執者失之」。（29章）相關於宗敎而說，無神性義的宗敎性的天道，而只說思辨想像性的天道。故無宗敎性的超越的嚮往與期待，而只有玄理式的「歸根」、「復命」說。

b.莊　子

依莊子的《南華經》——《莊子》，爲莊子所着重的人生，如老子一樣，亦爲自然義的人生，此「自然」亦與老子由思辨想像而爲說的自然境界相同。莊子亦以「道」或「無」去說此境界。此可由後面的引文見到：

　　夫道有情有信，無爲無形，自本自根，未有天地；自古以古存。（大宗師）

> 泰初有旡，旡有無名，一之所起……物生成理謂之形。（天地）

或以「有未始有夫未始有始也者。」（齊物論）去說。其人性說亦依人由此一要求而表現的而爲說：

> 道與之貌，天與之形……惡得不謂之人。（德充符）

> 泰初有旡，……一之所起，……物生成理謂之形，形體保神各有儀則謂之性。（天地）

由所說的「自然境界」、「人性」而說「合氣於漠，順物自然，而無容私焉。」（應帝王）的人生，亦即依各人的自然本性而行，如大鵬與小鳥各適其性而逍遙無爲的人生。由所說的人生而說歷史文化，亦爲沒有知識探求的事，不但沒有並以此探求爲害人的事，「吾生也有涯，而知也無涯，以有涯隨無涯，殆而已矣。」（養生主）亦不講求物質財富的擁有，而要人過無欲素樸的生活。「同乎無欲，是謂素樸」（馬蹄）以道德倫理去說，此即爲依所說人的自然生命而有的表現，「物得以生謂之德」（天地），而無此外的道德倫理。在政治上亦由所說的自然生命、人性而行無爲而治。「汝游心於淡，合氣於漠，順物自然，而無容私焉，而天下治矣。」（應帝王）「夫子欲使天下無失其牧乎?……夫子亂人性也。」（天道）在宗教上莊子亦無神性義宗教性的嚮往與期待，而只由其所說的自然境界、人性說而說「逍遙」、「休乎天鈞」、「大覺而後知大夢」。

（2）法　家

道家的人性說與儒家的人性說有前面所說着重人的生命的整個要求，與一方面要求而爲說的異同，及由此而說歷史文化的異同，法家又如何呢？

法家的集大成者爲韓非。韓非集慎到、申不害、商鞅的勢、術、法說而成其系統的以法爲主導的政治說。由此一政治說所着重的人生，亦爲自然義的人生。但此自然義的人生的「自然」不是如道家的老子和莊子所說的自然，而是近於儒家所說的自然，而以「天地」、「天」去說此自然，「天地設而民生之。」（商君開塞篇）「天行有常，不爲堯存，不爲桀亡。」（荀子天論篇）其人性說即依此而爲說：「不逆天理，不傷性情。」（韓非大體篇）（此是韓非本其師荀子「生之所以然者爲之性」（正名篇）的說法而爲說。）

由人性而說人生，從善惡的觀點去說是可善可惡的，但荀子強調了後者，並由此而

作〈性惡篇〉，說人性惡。韓非亦本荀子此一說法而說「人行事施予，以利為心」（外儲說左上篇）而說人性惡，而說人需要在其所說的法治的治理下而生活，亦即在以君主為中心所行的賞罰法制之下而生活：

> 夫聖人之治國，不持人之為吾善也，而因其不得為非也。（顯學）

> 凡治天下，必因人情；人情者有好惡，故賞罰可用，賞罰可用，則禁令可立，而治道具矣。（八維篇）

由所說以君主為中所行法制之下的歷史文化，在有關知識的問題亦沒有從事探求的事，不但沒有，此探求並被排除於其法制之外：

> 明主之國，無書簡之文，以法為教；無先王之語，以吏為師。（五蠹篇）

在物質財富之事上，則以富國裕民為主，聽人自為，講求力儉，反對侈惰，反對斂富施貧。

> 今之學士語治者，多曰：與貧窮地，以實其資。今夫與人相若也，無豐年旁人之利，而獨以完結者，非力則儉也。與人相若也，無饑饉疾疚禍罪之殃，獨以貧窮者，非侈則惰也。侈而惰則貧，而力而儉者富，今上徵斂於富人，以布施於貧家，是奪力儉而安侈惰也。而欲索民之疾作而節用，不可得也。（顯學篇）

在道德倫理上則不務德而務法：

> 二柄者，刑德也。何謂刑德？殺戮之謂刑，慶賞之謂德。（二柄篇）

在天道上無神性義的天道，而只說自然義的天道。並只由此而說人為此天道所生，在此天道之下生存，而不以此為人的生命歸向所在，亦不着重探討此天道的本身為何。

3. 小　結

以上所說由人的整個生命要求而說人性的儒家與由不同的一方面的要求而說人性的道家或法家的異同，由先秦時期的孔子、孟子、荀子與老子、莊子和韓非為代表的法家始，而直下至後代的儒家、道家與法家；由此而說歷史文化亦是如此。以主流非主流去說此如此，所說的儒家即為主流，道、法二家則為非主流。但道、法二家雖為非主流，其在中國學術思想、歷史文化上為不可少的，只是其僅由人的生命的一方面的要求而為

說而表現，是一有缺陷的為說與表現而已。此有缺陷對中國過去的學術思想歷史文化去說是如此，對今後的中國以至整個人類的學術思想、歷史文化去說亦應是如此。④

三、簡說儒家的人性說與柏拉圖和亞里士多德的人性說的主要異同

由人的整個生命要求而說人性而說歷史文化，為中國儒家的說法，道、法二家則不是如此，而是僅由人的某一方面的生命要求而為說，由此而出現了前面所說的儒、道、法三家的不同說法。西方的柏拉圖、亞里士多德是如何說人性的呢？他們是否如中國儒家一樣由整個人的生命要求而說人性呢？答案是：他們亦不是由人的整個生命要求而說人性，但其說及了儒家由人的整個人性而說的歷史文化的諸問題。其既不由人的整個生命要求而說，其是如何說的呢？其說法是如何的呢？其與儒家的說法的主要異同何在呢？於後面我將試行對此作一簡要的說明。先說柏拉圖。

1.柏拉圖

依柏拉圖所建立理型論的系統哲學去說，其如孔子一樣亦說及知識、道德倫理、文學藝術、政治、天道形而上學等問題，及由此而說歷史文化。但其並不是如孔子一樣以所說的諸問題，如前面第二節所說的，由人的生命的整個要求而說人性而為說，而是由依人的自然義生命的理性表現去說，而將其皆歸到僅由人的理性的了解而建立的理型論的系統哲學上；⑤由此而說，其即有如後的說法：（1）其以知識的問題要由排除感官知覺而僅依理性的了解去說。此一去說所表現對知識特殊性的說法為孔子或說儒學所未說，但從現代的了解去說此特殊性為一純由理性的了解而有的偏向性表現，知識並不是由如此的說法去建立。從現代對知識的了解去說，此說法最多只能說對西方後代在形式科學的建立上有所開導而已。（2）其以道德倫理的問題是本其所說理性的靈魂（rational soul）而為說的問題，而以幸福主義（eudaemonism）去表達。在此表達中以快樂（pleasure）與幸福（happiness），感官的（sensible）滿足與智解（intelligent）的滿足相對立，而貶抑前者讚許後者，僅由後者去說道德，去說至善。此一表達，從現代的了

解去說，亦爲一偏向性的說法。（3）其以文學藝術的問題亦爲依理性的了解而爲說的問題，而以表現至美去說此問題。在所說的表現中有意與無意地貶抑了人類自人的文學藝術性的情感而來的流露、抒發，而與由人整個情感性的人生要求而爲說的文學藝術的意義不相應。（4）其以政治的問題先是由作爲人的主導性的靈魂的不同而爲說的問題，而以理想國的建立去說此問題。於所說的理想國中柏拉圖爲了使其能持續下去，而以立公去私說去說建立共產公妻制。此一政治說被後代以烏托邦（Utopia）視之。柏拉圖後來放棄了其理想國說，而另提出了政治家與法律篇說，此二說對後代西方的政治思想產生了一定的影響。但其亦未能與由人的政治生命的要求而表達對政治的期待全面相應。（5）其以天道形而上學的問題是本人的理性概念式的了解而爲說的問題，在表達此問題時，排除感官經驗的世界於其中，而只說超感官經驗的世界，而對所說二界的關係爲何，始終未能解答。對天道形而上學中神性義的宗教問題，亦以理性概念式的了解說太一、上帝，而未了解到理性概念式的了解的限度性。對柏拉圖此一天道形而上學說，以中國《易經》的話去說，正是一種「上不在天，下不在田」⑥而懸掛於二者之間的說法。因其所表示的既非爲人現實生存所在的世界，亦非爲人的終極的關懷（ultimate concern）所在。⑦柏拉圖後來亦見到了此一問題，轉而以數理的宇宙說去說前者；對於後者於其第7封書信中表示了：在我的論著中不會、永不會討論那可傳而不可受，可得而不可見的主題，如其他科學所討論的一樣。⑧

　　以上是就柏拉圖由其理型論而說：知識、道德倫理、文學藝術、政治、天道形而上學的大要，其歷史文化說即依此而爲說而影響了後代西方對歷史文化的了解，有關以上的說明可說的話甚多。但我於此不能亦不擬再作細別的論述。

2.亞里士多德

　　依柏拉圖理型論的系統哲學去說，有所說的問題，亞里士多德又如何呢？亞氏受其師柏拉圖的影響甚大，但並不完全依柏拉圖的理型論而爲說，而是另建立了本體論（ontology）或說存有論（science of beings）的系統哲學。

　　亞里士多德於其自己所建立的系統哲學中，如理型論的系統哲學一樣，亦說及知識、道德倫理、文學藝術、政治、天道形而上學等問題，並由此而說歷史文化。其並如柏拉圖一樣皆以其歸到由人的理性的了解而爲說，而不是如孔子一樣由人的整個生命要

求而說人性，由人性而說諸問題。由此而表示了亞氏的系統哲學雖不同於柏氏的系統哲學，而二者表示了同由理性的了解相同的模式的說法。二者皆未了解及後來的基督教神學家如奧古斯丁或聖多瑪，和近代的存在主義者祁克果、雅斯培、馬塞爾等所說及的理性（或說由理性與經驗而）了解的限度性。⑨

亞里士多德對所說諸問題是如何說的呢？有關知識問題的主要說法是依人的理性的了解，而建了概念與概念的相互關係的形式邏輯推理系統。有關道德倫理問題則以目的論的說法去說觀照其由形而上學所說的究極為至福；其中庸說則以由理性的了解而有的計度為主。有關文學藝術的說法亦以所說的觀照的說法而為說，由此而分別快感的美與欣賞的美的不同，喜劇與悲劇的分別。有關政治的說法他反對柏拉圖理想國的說法，但如柏拉圖一樣亦僅由哲學或說理性思辨的說法去說國家的起源，而不是由歷史性的發展去說；亦不能正視其學生亞歷山大所建立的馬其頓大帝國所表示的世界性的政治理念，而仍以希臘的城邦政治為模式。有關天道形而上學的了解，他放棄了柏拉圖以理型相對於感官而為說的二界說，而代之以存有與超越的互為關連說。但此亦僅是本理性思辨式的了解而為說，其以十範疇、四因、潛能與現實、形式與質料以說現實上的存有是如此；以對十範疇中的本體，四因中的形式因、目的因、動力因、潛能與現實中的現實，形式與質料的形式作超越究極的肯定而說不動的本體、（不動的動者），第一動力因、純形式因、純現實，而以此即為上帝說亦是如此，而未能着重由人的超越的嚮往與期待而為說的宗教神性義的上帝。⑩

亞里士多德對所說知識、道德倫理、文學藝術、政治、天道形而上學的說法，雖有所說的問題，但其由理性思辨的了解而表現的組織性、結構性、系統性的說法，對後代西方產生了於其師柏拉圖之外，另一大的影響。但雖然如此，二者僅由着重人性一方面，亦即人的理性的了解而為說，從現代學術的了解去說無疑是有缺陷的，而未能如孔子一樣由人的整個生命要求而說人性。由人性的要求而說此諸問題。

四、簡說儒家的人性說與基督教的人性說的主要異同

以希伯來的歷史文化為背景的基督教，後來先後分別與前面所說的柏拉圖、亞里士

多德的哲學相結合而建立了兩個不完全相同的基督教宗教哲學。所說的「不完全相同」於此不擬多說，要說的是二者的結合主要是以後者去輔翼，而不是以後者去取代前者。

柏亞的系統哲學，如前面所已說的，是由依人的自然義生命的理性表現，亦即依人的理性思辨的了解而爲說，而說前面所說的諸問題：知識、道德倫理、文學藝術、政治、天道形而上學，基督並不是如此，而是另有所依。此另有所依是如何的呢？回答是：此即依人宗教義的生命的歸向信念而說人性而爲說。⑪此一爲說是如何的呢？對此「是如何的」，有很多可說的。但我於此不能、亦不擬多說，而只說其大要。

基督教以世界和人皆爲上帝所創造的，爲上帝所創造的人類始祖亞當本肖乎上帝。⑫由此而說其本性原是善良的。但後因違背上帝的意旨，偷吃上帝不准其吃的善惡果而犯罪。⑬犯罪後的亞當其原來的善性即變爲惡。變惡後亞當的人性並不限於其個人自己，而遺傳於其子子孫孫，後代人的人性由此而先天地具有惡的因素。人並因此而不能僅靠其自己而行善積德，去除其惡性，以完成其自己。此完成是現世的，亦是超現世的。現世的知識的探討追求以改善其現實生活；道德倫理的踐履以過善良的生活；政治性的建制以建立和諧群居的社會國家；文學藝術性的創作以美化人生。超現世的由宗教的信賴而歸向上帝。

人要完成以上所說的問題，先要祈求上帝赦免其遺傳罪，與自己所犯的罪，在上帝恩典救贖意旨的安排下表現所說的：知識、道德倫理。文學藝術、政治、宗教的歸向的事。⑭

所說基督教的說法完全是一宗教性的說法。此說法與柏亞哲學性的說法不同。此不同如前面所已說的，後者是由依人理性思辨性的了解而爲說，前者則不是如此，而是由宗教神話、宗教信仰去說，或說後者是以人的理性的了解爲中心的理本說，前者是以上帝爲中心的神本說。二者的相結合是理性思辨與宗教啓示的相結合。⑮

如前面所已說，柏亞的說法與儒家的說法不同，基督教的說法亦與儒家的說法不同。前者的不同於此不擬再說，後者的不同如前面所已說是由人的宗教義的生命的歸向信念而說人性而爲說，亦即以上帝爲中心的宗教形態的神本說去說，而不是如儒家的孔子一樣由人的生命的整個要求去說人性，由人性而說前面所說的諸問題。

儒家與基督教雖有所說的不同，但對就整個人的生命要求而爲說的問題皆有所肯定與表達，而不限於人生一方面性的問題而爲說。並由此而發展表現爲中西歷史文化，只

是如何說、如何發展表達有所不同而已。

五、現代西方偏向的人性說及由此而來的衝擊

前面所說西方柏亞哲學與基督教和二者的結合說，與中國儒家的說法是有所不同的，或說其未能顧及由整個人的生命要求而說人性，而說歷史文化。但其在西方過去居於主流的地位而表現了西方的歷史文化。但此一主流表現在近代或說現代的西方受到了僅依人的自然義生命的表現的理性與經驗相結合而爲說所產生的科學大的衝擊，亦即受到了以16世紀哥白尼的太陽爲中心說以取代其前托勒密的地球爲中心說；以牛頓古典物理學以取代亞里士多德的物理說；以達爾文的進化論以取代基督教的「各從其類」說和亞里士多德的「類不變」說，並由牛頓的古典物理學發展爲現代的量子物理學、牛頓的絕對時空說發展爲愛因斯坦的相對時空說、亞里士多德依其對存有的了解的本體屬性式的說法而建立的三段推理的形式邏輯發展爲由設定而爲說的數理邏輯、於歐幾里德幾何學之外出現了非歐幾里德幾何學等的衝擊。[16]在所說的近代科學說出現了之後，由柏亞的哲學及其與基督教的相結合而爲說的：宗教形而上學、道德倫理學、文學藝術說、政治說、人生觀、價值觀等相應而受到了大的疑難。[17]有不少的現代西方人不再如過去一樣信守所說的主流說的相關說。學術界中的人如此，社會大眾亦如此。他們轉而只以所說科學的說法去說人，而將人完全機械化、量能化、機能化、智能化。以人和其他生物一樣皆是自然物，人與其他生物的不同只有機能性、量能性、智能性的不同，而無此外的本質性的分別。[18]

由以上所說的去說人所要着重的不是其他，而即爲人要如何去發展、表現其機能、量能、智能的事。以人生觀、價值觀或人生的意義去說，此即爲攫取權力、追逐財富以滿足其生理慾理、心理情緒，而不着意於此外的說法。此一情形出現於西方之後，由西方而遍及於全世界。[19]

以上所說的情形，以對人性的說法去說，實爲西方現代因科學而生的偏向的人性說的表現。純由科學而說科學、由人的自然義的生命而本其理性經驗的表現而了解問題而說科學，所說近代科學的出現是正常的。但由此而生前面所說的「疑難」、「有不少的

西方人不再如過去一樣信守所說的主流說」則不是正常的,而是有問題的。此有問題即爲由科學的說法而生的偏向的人性說的問題,或說因科學而爲說所出現的泛科學主義說的問題。

六、今後西方或整個人類會否安於所說的偏向的人性說

今後的西方或整個人類會否安於所說的偏向的人性說或泛科學主義的說法呢?如以所說的說法爲現代的人類文化表現,今後的人類文化會否安於此一表現,或將要有超此一表現的後現代的表現呢?對此一問題可有不同的回答。但我個人的回答則是肯定的。之所以是肯定的,是依我對人性及由人性而表現的整個學術思想的了解去說的。如前面所說的,現代偏向的人性說、泛科學主義說,是因科學而生,亦可說是本西方傳統的自然主義而爲說的說法。此一說法在西方現代常與科學相結合而爲說。以科學作爲其憑藉。此一憑藉說見於現代西方不少學者的說法中。社會上不少的人亦依之而爲說,由西方而幾及於全人類:政府中居高位的人如此說、社會上的報章、雜誌、電台、電視台、電影、廣告亦如此說。不但如此說,其中有些人並盡力去宣揚此一說法。以此說人生、人性爲何。並由此所說的人生的人性以說人在社會上所出現的一切行爲是不可避免的事,而只對其作生理本能、心理慾望的現代心理學式或社會學式的了解,精神病學式或社工式的對付,而無此外可說的,亦即在所說偏向的人性說、泛科學主義說之下去說。[20]

但人的問題可以完全由所說偏向的人性說的了解,泛科學主義說的說法去說嗎?或不是如此呢?由後面三點的說明去說應是後者,亦即「不是如此」。

1.從人的整個生命要求去說不是如此;

2.從科學知識的限度去說不是如此;

3.從人所表現的學術的整個方面去說亦不是如此。

此三個不是如此互相關連,皆不離事實而爲說。(1)的事實是人於尋求科學知識的生命要求之外,另有如前面所說儒家與柏拉圖、亞里士多德哲學和基督教所說的道德

倫理、文學藝術、宗教形而上學的生命要求或說問題。由此而即有（2）的事實的說法，亦即科學限於依人的理性經驗而了解「是」（is）的世界的事，而不能以其去說「應該」（ought to be）的道德倫理的事，和文學藝術、宗教形而上學的問題。由此而表現了（3）的事實，此事實從中西過去的學術表現上見到，由中西現代的學術表現上亦見到，只是其未能爲現代中西以所說偏向的人性說、泛科學主義去說人生、人性，人的歷史文化的表現而已。

由以上的了解去說今後的人類文化——21世紀的人類文化、後現代的人類文化會不安於、或說不同於因科學而生的偏向的人性說、泛科學主義說的說法的。此不同於可由理論的說法和事實的表現去實現。由前者去說將會對所說偏向的人性說、泛科學主義說作適度的改正；對人生觀、價值觀、人生的意義說作超現代的重估。由後者去說會相應於所說的「重估」去表達不否認現代所着重的事，而只是同時着重人的其他的事，而彼此調節而使人過更健康的生活。

（又由西方學術社會不同階段性的表現：以智性爲主導；以神性爲主導；以生理慾望、物質財富的滿足爲主導的不同表現去說，所說西方現代的人性偏向表現，爲後一階段所主導的事。此一事會否在權力慾理、金錢財富、色情肉慾得到了一定滿足之後，而一夕間覺悟到耶穌所說的「人就是賺得全世界，賠上了自己的生命，有甚麼益處呢？」[20]或佛教的禪師所說的，「〔世上的財富〕開眼是你的，閉眼是別人的」。[22]或孔子所說的「飯疏食飲水，曲肱而枕之，樂亦在其中矣；不義而富且貴，於我如浮雲。」[23]而逐步改變所說現代人的人生價值說呢？此亦是可能的。）

七、由儒家的人性説去説21世紀的人生社會

於前面所說及的21世紀的人類文化，不是直由儒家的人性說去說，而是相應於西方現代因科學而生的人性說、泛科學主義說而爲說。此一爲說有本於柏亞的哲學，基督教的說法而爲說，亦正爲儒家的人性說所要說的、所要表現的。我們對此一「所要說的」、「所要表現的」或會有所疑難，如在有關科學技術、社會經濟的今後如何發展的問題，是沒有人可以完全預測的；由此而對人的物質生活將產生如何改變不易說；相應

於此今後的政治運作將如何發展亦不易說；由所說的情形去說，今後的人的人生觀、價值觀爲何亦難說。若是如此，如何可說今後的人生社會、人類文化的事呢？

所說的「有所疑難」很有力。此亦正是主社會文化現象論的人所要說的。[24]但我個人不完全接受此一疑難。因此一社會文化現象論的說法，正是本所說的因科學而生的偏向的人性說，泛科學主義說而爲說的。我注意到此一「爲說」並不以所說的偏向的人性說是有所偏向的。不但如此，並以其正爲因人的生命的本源，亦即宇宙的究極眞實爲何而有的表現；而以此「宇宙的究極眞實」即爲「物」或爲「自然」。宇宙中的萬物和人皆由此物、此自然演化或說進化而成，皆爲科學所了解的對象。此以宇宙中的萬物和人皆爲科學所了解的對象，依現代學術的了解去說是對的；其以萬物和人皆由「物」或「自然」演化或進化而成，雖仍未能完全確定，但有其可信性。但其以宇宙的究極眞實爲「物」爲「自然」則不能成立，亦不是依科學而爲說的說法。科學不可以如此說。若如此說其即超出了科學所了解的範圍之外，而成爲一泛科學主義的說法。泛科學主義說不能成立。說人的生命的究極本源爲何，宇宙的究竟眞實爲何，不是科學的說法，而是形而上學的說法。由形而上學去說宇宙的究極眞實爲何，可以有不同的說法。於以其爲「物」、爲「自然」的唯物論者、自然主義者的說法之外，另有唯心論者、心物二元論者、中立一元論者等說法。亦有宗教性的說法。有關此諸說法，我於已出版的書文中已多次論述，於此不擬再多說。[25]

由以上的說明，我對所說的疑難的回答是：不論所說的情形爲何，人不會隨之而完全改變其人性的。此人性爲何？此即是人不全是由因科學而生的偏向的人性說而爲說的人。因此一爲說的人僅是人的一方面所在，如以孔子對人性的了解去說，此一爲說的人只是由人的自然義生命的表現而爲說的人；於此之外，人另有不是由此一表現的人生、人性。由前面所說柏拉圖、亞里士多德的哲學去說，或由基督教的宗教去說亦是如此。

由前面所說的去說，亦即由儒家人性說去說今後——21世紀的人生社會、人類文化，我將相應於前面第二節所說及的「儒學本其人性的整個要求所要表現的歷史文化的提要」作較多的說明：

（1）本人的自然生命的要求，自然義的人性說，而依人的理性經驗的了解以說自然宇宙，在此宇宙中的事物爲何，而建立、發展科學知識；以科學知識去改進人的生活環境，建立現代的福利社會。但不僅由此而說人生、人性，（亦不全由理性的了解去說

整個人生問題，如柏亞的系統哲學所表示的。）過去的儒學在此上沒有好的建立與發展。但爲孔子所了解的人性及由此而爲說的儒學實涵有此一意義。後來發展孔子的儒學的孟子對此一意義了解不很夠，㉖荀子則有了解並有初步的說法，易傳亦是如此。但荀子的學生韓非未能繼承荀子及易傳的說法而爲說。兩漢的儒學亦是如此。由漢經魏晉南北朝、隋唐以至宋明及清代的儒學亦是如此，而分別向神靈化、讖緯說、或玄理化、德性化、心性化自然天道的路上走，未能如西方一樣建立一主客對立的模式以說自然爲何，由此而建立、發展科學知識。但儒學在過去的中國歷史傳統中雖未能建立、發展科學，並不妨礙儒學在今後建立、發展科學，或接受西方所已建立、發展的成果，並以此爲今後中國文化和全人類文化所要着重的事。受中國傳統以儒家爲中心的文化教育、薰陶的現代中國科學家已在如此地表現。

（2）本人的道德倫理的生命要求、德性義的人性說，而依人的仁心、善意而關懷自己與他人，而表現人的好仁行義的生活，而建立健康的家庭、社會的道德倫理規範。此是以仁心、善意爲主導，而不是以科學知識爲主導，但後者可以輔助前者。健康的道德倫理生活，並不壓制人的情慾，只是要其在所說的規範中去表現，亦即在利己亦利人中去表現，或說導之以仁心、善意，約之以一定的禮俗而已。過去的儒學特別着重人的道德倫理的事。以此去表現人的仁心、善意，亦以此去規範人的自然生命。以儒學去說今後中國以至全人類的文化、人生社會亦將以此去說道德倫理的問題。

（3）本人的文學藝術的生命要求、文藝性的人性，而依人的眞情、實感而抒發人對人，人對自然，對歷史文化，對宗教形而上的問題，而表現文學藝術的創作。此創作不離人的自然生命、道德生命的表現而爲說，但不爲其所限，而另開一文學藝術的生命領域。此領域可由人情感性的孺慕而提昇此孺慕之情至一超越的文學藝術的境界中。中國過去以儒學爲主導的詩、辭、歌、賦、詞、曲、戲劇、記、序、韻文、散文、雕刻、書法、畫、建築的創作即表達了所說意義，以儒學而爲說的今後中國以至全人類文化，亦將要表現此一意義。

（4）本人的政治生命的要求，政治義的人性說，而依人追求和諧群居的生活目的，而建立合理的政治制度，健康有效的法治國家，以使人表現由其個人而及於國家民族，以至全人類的政治願望。中國過去以儒學爲主導的政治學說常與道德倫理說相結合而爲說，而以君主政制去表達。此一結合、表達未能有效地制衡君主的權力，而僅以

「民為邦本」、天命君權、修心養性等說去規限。在過去中國歷史上所說的規限對有些本性善良，接受儒學教育的君主產生了一定的作用，但對性好逸樂或殘暴成性的君主，則所說的規限全無用。他們肆意而行，以人民為土芥，而行暴民之政。由此而出現了中國政治史上一治一亂、天下分久必合、合久必分，以人治為主導的改朝換代的現象。

由以所說的去說，儒學在政治上的表現是不夠的。但此不夠從現代學術的了解去說應是表達方法上的不夠，而不是宗旨性的錯誤，用孟子的話去說即是「仁術」上的不行，而不是「仁心」上有問題。[27]

過去的君主政制已結束，儒學已再沒有此一政制與之相結合。在現今或今後不同的所謂民主政制之下，儒學要如何與之結合而表達其政治願望呢？我個人以為儒學仍是可以與其所在的現實政治相配合，而以不同於過去的方式、「仁術」去表達其政治願望。此不同的方式為何？此要因不同的實際政治情形而為說，而沒有先驗的說法。對今後——21世紀的中國政治去說是如此，對全人類的政治去說亦是如此。

（5）本人的宗教形而上的生命要求、宗教義的人性說，而依人的超越的嚮往與期待而建立一立根於社會的健全的宗教組織，以引導人由盡現世的人生而達於超現世的人生的生命意義。但不必如基督教一樣由人的此一生命要求而以神本說去表達，並由此而說人生社會、歷史文化。過去儒學在宗教形而上的問題上，有隨其與君主政制相結合而表現的一面，亦有只由個人的道德修養上而表現的一面。前者可說為有組織性的表現，因君主政制宗教性的禮制：祭天、祭祖而表達；後者則只由個人的內在道德修養上而說上達於天、盡心知性而知天。所說的前者因君主政制的失落，現今或今後的儒學不再會有所說的結合表現。但可以有另一種組織性的表現。此即儒學建立一獨立於政治之外，而立根於社會的宗教性的儒教，如道教、佛教或基督教一樣。[28]所說的後者可不因君主政制的失落而改變，而仍可由個人的內在道德修養上去表達。但亦可以與團體性的宗教生活相結合而表現；可以與要建立宗教性的儒教相結合。亦可以與道教、佛教或基督教相結合。在宗教形式上，或說上達於天，歸向道、歸向佛、歸向上帝的說法、做法上，儒、道、佛、基督教彼此不同。但其同是因應人的超越的宗教嚮往與期待而有的表現。[29]

以上所作的五點說明，是本儒學的人性說而為說的分別說明。中國在過去並未能如

此地去表現，西方亦不是如此地去表現。但今後——21世紀的中國可以如此地去表現。不僅今後的中國可以如此地去表現，中國之外的西方以至全人類亦可以如此地去表現。因此是由「道不遠人」而爲說的。㉚

註　釋

①此一對儒家人性說的了解，依我所知，過去尚沒有如此說的。但就孔子所說的人的生命表現去說人性實涵有此一意義。

②此一對人的人性與人的歷史文化的關係說，過去似亦尚沒有如此的說法。

③北宋的周濂溪和其後的宋明儒者，在受佛道影響之下，不再說此宗教義的超現世的人性說，而以玄思想像的天道說去代替其前的宗教神性義的天道說。此一代替說常爲現代的中國學術界所本而爲說。參看李杜著：《儒學與儒敎論》肆、〈周濂溪天道說的繼承與發展及其局限性述評〉，（台北藍燈文化事業公司，1998年9月出版。）

④以儒家代表中國文化的主流，道、法二家爲非主流，爲現代學術界常有的說法。但似尚沒有人以此與人性相關連而爲說。

⑤柏拉圖的理型論的系統哲學，是本人的理性的了解而建立。「理性的了解」是孔子所說的人的自然義生命的一種治動表現，而自然義生命的活動不限於所說「理性的了解」，此應是明顯的，但於過去似尚沒有如此的分辨。

⑥此是由引伸《易經》、「九二」與「九五」的爻辭而爲說的。

⑦「終極的關懷」（ultimate concern）是先由存在主義者田立克（Paul Tillich）提出的，他以歸到基督敎的上帝去爲人的終極的關懷所在，而以對上帝的說法可不限於基督敎由人的信仰而爲說。

⑧此是用莊子〈大宗師〉的話所作意譯的表達，不一定很相應。英文譯文：「So there is not, and may there never be, any treaties by me at least on these things, for the subject is not communicable in words, as other science are.」

⑨奧古斯丁以宗敎信仰有不能爲理性所了解的事，而以後者要順從前者；聖多瑪以由理性而爲說的形而上學——自然神學不是究極的，而要歸到啓示神學上；祁克果、雅斯培、馬塞爾皆以理性的了解爲主客對立式的概念性的了解，而不能由此了解去說人的存在、人的宗敎歸向的問題。

⑩聖多瑪即由此而說亞里士多德只說及自然神學的上帝，而未見及啓示神學的上帝。

⑪此一說法與基督敎神本說的說法不同。此是由宗敎本人性的表現而爲說上說的。

⑫《創世紀》第1章27節。

⑬《創世紀》第2章5至6節。

⑭此是基督敎由神本說而來的恩典救贖說的核心說法。

⑮此相結合一直爲基督敎所持守。以此去探求與肯定人所要尋求的究極的眞理。

⑯此所說的於現代西方相關的著作中常說及。但我於此不擬作分別的引說。

⑰此所說的「大的疑難」不僅出現於現代不少的人相關的著作中，並已表現於現代不少的人的現實生活上。但我於此亦不擬作引證的說明。

⑱參看拙著《二十世紀的中國哲學》（台北藍燈文化事業公司，1995年9月出版）附篇4：〈談人之所以異於禽獸者幾希〉。

⑲參看拙著《二十世紀的中國哲學》（台北藍燈文化事業公司，1995年9月出版）附篇4：〈談人文所以異於禽獸者幾希〉。

⑳此一現象普遍表現於現代的一些學人的說法中，現實社會上亦有不少人在如此表現。

㉑《馬可福音》第8章第36節。

㉒此是唐代某禪師所說的，但已忘其出處。

㉓《論語》述而第7、16章。

㉔現代中西學術界有不少持此一理論的，於此不擬細為引述。

㉕參看拙著《二十世紀的中國哲學》乙篇2、4和5諸章。

㉖孟子所特別著意的為人的德性問題。後代以孟子上接孔子而說儒學時亦是如此。由此而說儒學對科學知識的問題多不着重。但現代以孟子的說法而說儒學時不能再不着重科學。如何着重呢？由牟宗三先生的說法去說，此即將孟子由人的道德感而為說的「良知」，說成為「良知本體」、「道體」，然後說此「良知本體」「坎坷其自己，而開展出科學」。

㉗參看《孟子》〈離婁〉篇。

㉘有關此一問題我曾多次論及，請參看拙著《中國古代天道思想論》（臺北藍燈文化事業公司，1992年9月出版），第6章〈具有宗教性的儒學與基督教的主要異同〉；《二十世紀的中國哲學》七、〈現代的新儒學述評〉；《儒學與儒教論》七、〈從哲學的了解去說宗教的入世說與出世說〉，八、〈宗教的淨與哲學的淨土〉。

㉙同上註。

㉚《禮記正義》第31：「子曰：道不遠人，人之為道而遠人，不可以為道。」

景印香港新亞研究所 《新亞學報》 （第一至三十卷）

儒家思想與民主政治的一些反思

劉國強

本文主要是就三個問題作出一些思考和申論。三個問題是：

1.儒家思想與民主有否基本矛盾？

2.儒家傳統能否開出民主？

3.儒家道德傳統對民主政治有何意義？

首兩個問題是有邏輯關連的。因爲如果第一個問題的答案是肯定的話──即儒家思想與民主有基本矛盾，則第二個問題的答案將顯然會是否定的。本文是持相反的結論──即儒家思想與民主沒有基本矛盾，儒家傳統能夠開出民主，儒家道德傳統對民主政治之運作有一定的意義。

一、儒家思想與民主無基本矛盾

要說明爲甚麼儒家思想與民主沒有基本矛盾，可以相容，我們必須考察民主的眞諦──民主的本質是甚麼。

1.民主的眞諦

當我們反省甚麼是民主時，很容易會以當今美國民主爲典範，聯想到美國獨立宣言中所說：「所有人被造物者平等地創造，給予不可褫奪的權利，這些權利包括生存、自由，及幸福的追求。」及林肯於1863年在 Getysburg 演講中的名言：「民有、民治、民享（government of the people, by the people, and for the people）」；我們也自然會想到法國大革命的口號：自由、平等、博愛。這些名言、口號，也確實說明了民主政治的一些基本理念或原理。

民主制度起源於古希臘，作爲一種政治制度，在二千五百年前已經存在。然而對於

民主理論的積極討論、建立和關注，還是近世的事。希臘雅典的直接民主，並不能引起希臘思想家的青睞。希臘大哲柏拉圖及亞里士多德，對當時民主制度的批評多於讚賞。希臘城邦的沒落，帶來民主思想的衰落。經過中古漫長的神權與封建時代，到十七八世紀霍布士（Hobbes）、洛克（Locke）、盧梭（Rousseau），民主思想才再度復興。十九世紀傑克遜（Jefferson）、林肯（Lincoln）、穆爾（Mill）、托克維爾（Tocqueville）等人的著作，給民主思想以系統發展。到了二十世紀，尤其是二次大戰後，民主思想的討論更見蓬勃，杜賓（Durbin）、戴勞（A. Dahl）、林斯（A. D. Lindsay）、柏加（E. Barker）、杜威（Dewey）等人，對民主理論作了新的發展。[1]

英文 democracy 一字源於希臘文 demos 及 kratos 兩字的結合，最先見於公元前五世紀希臘歷史家希羅多德（Herodotos）所作的《史學》一書中。Demos 意即人民，kratos 意即統治，故民主的原意是指人民的統治。根據學者[2]的估計，民主一詞的定義可多至二百個。民主制度，自希臘雅典的直接民主（direct democracy）到今天各種的代議制民主（representative democracy），也着實表現了多種形態的民主制度。Held 在他的《民主的模式》（Models of Democracy）書中，即列舉了由古希臘的「古典民主」（Classicl Democracy）到今天的「民主的自律」（Democratic Autonomy），共九類型的民主模式。[3] Lesley A. Jacobs 在《現代政治哲學導論》（An Introduction to Modern Political Philosophy）則分民主的類型為兩類六模型[4]。所以，現實上的民主制度確實有不同的形態，同時「民主」一詞也被濫用，如獨裁專制的共產黨毛澤東的統治，也號稱為「人民民主」。一個名詞受到廣泛應用與濫用後，往往變得意指（connotation）豐富，同時也意義混淆不清。但這並不表示我們無法對民主的意義作出一些基本的確定，找出民主制度之為民主制度之共同性質，以見出民主的眞義，決定民主的指標。

傳統上，瞭解民主的本質可以有兩個不同的進路：一為規範性（normative）的瞭解，一為經驗性（empirical）的瞭解。規範性的瞭解是關注於民主的基本理念或價值；經驗性的瞭解則關注於的政治現實上的民主類型——如希臘雅典之直接民主與現代代議制民主之別；如美國總統制、瑞士合議制和英國內閣制之別[5]；或如上文所及 Held 與 Jacobs 所列舉之類型之別。因此民主的定義雖然眾多，基本可分為兩類，即規範的或理念的定義（Normative or Ideal Definition），與運作的或制度的定義（Operational or Institutional Definition）。意思是說有些人理解民主是通過民主的基本理念或原理，有些

人則通過實際的運作或實際制度來瞭解。當然也有些人合二者來理解民主的意義。⑥

一般所謂古典的民主理論家，如洛克、盧梭、傑克遜、林肯、穆爾，都重在理念或原理方面來規定民主的意義。而二十世紀的民主理論家，則多從實際運作方面或把理念與運作的結合來瞭解民主。但任何從運作方面來瞭解民主，最終還是不能脫離民主的理念原理。因為當我們要鑒定一些所謂民主的運作程序是否真正民主時，我們還是要看這些運作程序是否真能實現最基本程度的民主理念。單有某些運作程序，比如選舉、投票、議會，並不一定就是民主；當然沒有一定的運作程序，民主理念不能落實，也沒有民主可言。但落在運作或制度的層面說，很多時是須視乎具體情況而伸縮改變，以至建立新的運作機制。然而一些制度如多黨制（至少兩黨）、全民投票、三權分立、基本人權（如言論、出版、新聞等自由，法律前人人平等）的保障等，也是民主制度所不可或缺的。

而在眾多民主理念中，平等自由可以說是民主最基本的理念，為各民主理論家所共同肯定（雖或側重於平等，如盧梭；或側重於自由，如穆爾）。其他的民主理念，如主權在民（popular sovereignty），法治、人權、認受政府（government by consent）等，皆可由肯定人之平等與自由而作引伸的肯定。如人有自由，才可說擁有某些人權，並以法治保障各種人權各種自由。故我們說民主的核心意義或價值在平等和自由。平等是肯定一切人作為人所具有之同等價值與尊嚴，這顯示了人普遍性一面；自由則是肯定每一個人的獨特性，自由也就是自主，有自由才能有自主，每個個人才因此而實現他的獨特性。平等與自由亦正是人之為人所必須肯定的基本理念，基本價值。唐君毅先生亦指出，肯定民主的「一切理由後面，同根據於二原則。一為人與人人格之平等的肯定，與人與人之個性之差別的肯定」，而「民主的基本精神，即一平等的肯定差別之精神」⑦，要肯定人之差別性或特殊性，也等於必須肯定人之自由，有自由才能表現人之特殊性。所以說平等與自由是民主的基本原則基本理念。

2. 儒家思想與民主基本理念的一致性

自五四運動以來，認為儒家思想阻礙民主與科學在中國的發展，無疑是主流的觀點。持這種觀點的人，往往是基於印象式和聯想式的。他們或則受五四以來一些著名的文學家、社會批評家的影響，得到的印象是：中國的一切為腐朽、為落伍，西方的一切

爲美好爲進步。他們又或總是把中國二千多年的君主專制，以及中國近百年的歷史政治聯繫一起，把一切失敗歸咎儒家傳統。⑧

從理論的層面看，我們可以說，儒家思想與民主的基本理念，不止不矛盾，而且是相一致的。爲甚麼這樣說呢？

我們只要考察由孔孟到明末清初黃宗羲，所有大儒都肯定「天下爲公」、「天下是天下人之天下，非一人之天下」的精神。孔子推崇堯舜禪讓；孟子主張民貴君輕，肯定除暴政的湯武革命；黃宗羲以君爲客民爲主；以及儒者時常引用《書經》上的「天視自我民視，天聽自我民聽」之言，以強調民意之重要。這些都在表現了儒家強調政府是爲人民而存在的。這些思想雖然與今天西方的民主思想尚有一段距離，因只肯定政府是爲人民的（ for the people ），雖多少肯定政權是隸屬天下人民的（ of the people ），卻沒有說明如何由人民去行使政權（ by the people ），但我們不能說儒家這些思想與民主思想有任何基本矛盾衝突，我們只能說這些思想尚有不足以稱爲民主之處。傳統儒家有民本思想，但沒有完整的民主思想。

雖然如此，如果我們不單看儒家的民本思想，更從儒家的基本信念着眼，則我們更可以說儒家的基本精神與民主的基本精神是相通的。儒家思想與民主思想有着一些相同的基本理念。民主的最基本理念在於平等與自由。儒家最基本的信念是人具有仁心仁性，仁心仁性根源於天。人本其仁心仁性，必感通到及肯定其他人的存在，必視他人在道德上價值上與自己處於平等地位（對他人有禮即這種思想在日常生活上的具體表現）。故肯定人人皆原則上可以爲聖賢，此所以孟子肯定「人人皆可以爲堯舜」，荀子肯定「塗之人可以爲禹」。而孔子所說的「我欲仁，斯仁至矣」、「爲仁由己」，正是肯定人人通過自我的自由意志以實踐仁道。因此，儒家的基本精神是肯定平等與自由的。美國當代著名的漢學權威顧理雅（ H. G. Creel ）即曾撰文指出，儒家「人格平等」、「肯定革命的權利」的思想，即通過傳教士，影響到西方啓蒙時代的思想家，間接影響美國革命及法國大革命。⑨

嚴格說，民主政治所肯定的平等與自由，是政治上的平等與自由。一切政治上的概念或理念都不是第一義或最根本的，因爲我們仍然可以進一步問，爲甚麼在政治上須肯定人的平等與自由，這裏便可以根據不同的宗教或哲學觀點來回答，爲民主政治的平等與自由建立更深一層的理由。比如說，西方的民主思想，大多數是建基於基督教的哲學

上，以上帝是平等地創造人類，給人類以自由，所以在政治上也須肯定人是平等及自由的。東方人的傳統不在基督教，但從東方的哲學與宗教裏，也很容易找到民主理念的最終理性基礎。佛教肯定眾生平等，肯定眾生皆有佛性，人實現佛性也就是人的大解脫大自由。正如前說，儒家則從肯定人人具有天生的仁心仁性，而肯定人的價值平等，皆具有實踐仁道的主體自由。儒家之教是教人堂堂正正地做人，也因此必須要肯定人人的平等與自由。所以為甚麼新儒家強調儒學自身之發展與完成必須包涵了民主與科學的要求。⑩無論是根據儒家或佛家的哲學立場，亦必須在政治上肯定人的平等與自由。所以，說儒家思想與民主的基本理念相一致，並非是言過其實之論。因為儒家哲學為民主政治上的平等與自由的理念提供了哲理上的基礎。

二、儒家思想與民主之開出

至於第二個問題，儒家思想或儒學傳統能否發展出民主政治，新儒家唐君毅、牟宗三、徐復觀、張君勱諸位先生在1958年發表的《中國文化與世界》宣言中，即強調：

> 中國今雖尚未能完成其民主建國之事業，然而我們却不能說中國政治發展之內在要求，不傾向於民主制度之建立。更不能說中國文化中，無民主之種子。⑪

> 我們說過去儒家之「天下為公」、「人格平等」之思想必須發展為今日民主建國之思想與事業者，則以此思想之發展，必與君主制度相矛盾。……故道德上之天下為公、人格平等之思想，必然發展至民主制度之肯定。⑫

這些新儒家相信，民主是儒家道德精神自身發展之當有要求，而自此種中國文化精神內部發展而建立之民主，而非只從外倣襲西方民主，將是更有基礎的民主。牟宗三先生更進一步從理論上申論，以道德主體或良知坎陷來說明開出民主與科學之可能。

新儒家這種對儒家道德精神開展民主的說法，引起了不少懷疑與爭論。其中如包遵信於1987年發表《儒家的現代轉化和新儒家的理論困境》一文即質疑在儒家的道德傳統中是否真能發展出一中介的非道德的「理性的架構表現」。⑬又如林毓生教授於1988年在新加坡舉辦的「儒學的問題與前景」的國際研討會中即曾發表論文《新儒家在中國推展民主與科學的理論所面臨的困境》，認為：

中國傳統文化內在並不必然有要求與發展民主的思想資源……它們與民主思想與價值並不衝突；但它們本身却並不必然會從內在求民主的發展。[14]

林毓生質疑中國傳統文化內在的發展必然要求民主，他強調「希望儒家道德主體性的思想『必當發展爲政治上的民主制度』便很難不是一廂情願的願望。」[15]

又陳忠信1988年在其論文《新儒家「民主開出論」的檢討──認識論層次的批判》中，批評新儒家對必然開出民主的信心是過多依於對精神發展的形上信仰，而忽略了組成歷史發展的多元力量。[16]

對於林教授的質疑，筆者基本上同意李明輝在《儒家如何開出民主與科學》一文的回應，指出新儒家所肯定的儒學可以開出民主與科學的必然性，是一種「實踐的必然性」，而非「邏輯的必然性」或「因果的必然性」。[17]

儒家或儒學傳統在未來的發展是否眞能在現實上開出民主政治，是有待於經驗上不少的條件[18]，其中包括中國人在主觀上之自覺與努力。而凡經驗事物，都不能說必然的。但既然儒家思想與民主沒有基本矛盾，有着共同肯定與追求之價值──平等與自由，則人便可以對主觀之實踐與努力作必然之期望與要求。筆者認爲這就是實踐上的當然性與必然性。

要求新儒家在經驗上保障民主的實現，這是一種過多而不恰當的要求，因爲除了上帝及已實現的經驗外，無人可以保障任何經驗事物之必然出現。就正如儒家肯定人人皆有一道德心，皆可以成爲聖人，並不表示儒家保證任何一人現實上必成聖人。但却不表示儒家此種肯定毫無意義，因任何人要成聖人，必然踏出第一步，自覺自己有成聖之可能及基礎。同樣道理，儒家傳統要開出民主政治，第一步也須使中國人自覺，順着這一傳統之道德理想之要求，必然亦同時要求民主的建立。至於在經驗上民主的出現與落實，也必須待客觀條件之具備，不能一蹴即至。

所以我們至多只能說儒者不應停在這種第一步的反省與自覺中，還須反省與思考如何使民主的各種條件出現與具備，如何通過較具體之方法、具體之努力，使中國實現民主政治。對於經驗事物的變化，每一代的中國人也有他們的責任，也不能說當代新儒家都把各種具體問題具體情況都想過了，要他們負起民主一立永立之責任。這種責求，就算對西方古典的民主理論家來說，也是苛刻的。比如洛克、盧梭，他們的民主概念就完全沒有考慮到日後民主政治中政黨的重要性，他們對民主的理念在現今政黨政治的運作

上是甚不足的。而且我們也不能說新儒家對民主如何落實全無用心，比如說唐君毅先生即曾說：

> 我們主張民主。但主張民主是一事，主張民主的人，如何團結，與民主之力量建基於何處，又是一事。我年來作文，總是屢次說中國之政治社會，要有真正之民主自由，必須從成就各種客觀性的社會文化經濟之事業團結下手。[19]

也就是說中國社會應發展出多元團結，使社會有多元權力，達到權力分散權力制衡的目的。此即為使現實上產生民主政治的有利條件之一種。

三、儒家道德傳統對民主政治之意義

從一方面看，政治十分重要，一個賢能的政府，推行良好的政治，可以帶來千千萬萬人的和諧、快樂、富足與幸福生活，使人民可以充分發揮他們的興趣與潛能。相反的，一個閉塞殘暴的政權，推行的是極權腐敗的惡劣政治，將帶給千千萬萬人民恐懼痛苦、互相猜疑和攻訐，使人民流離、戰疾和橫死於道途。所以傳統儒家教人修身齊家外，還是十分重視讀書人直接以天下為己任，出仕當官從政，以達到兼善天下博施於民而濟眾的治國平天下目標。從這一角度看，不能說傳統儒家不重視政治，在儒家薰陶下的讀書人，總心繫天下之政事，針砭時弊批評惡政多少成了傳統讀書人的自覺責任。

從另一方面看，政治並不重要，因為政治並非目的，而是為利於實現價值或目的所作之安排或手段。價值與目的最終在人民的快樂與幸福、在人民的實現其興趣與潛能、創造各種文化價值。莊子所說的「得魚忘筌」，不單可以用來說語言，也可以借來說政治。故道家是要超越政治而直接實現目的，直接實現道的自然；在道家看來，政治是屬於人為的，是「偽」，政治越多，是離道越遠的。傳統儒家一方面似重視政治，卻沒有正視政治的獨立意義，獨立價值，也正因為政治本身不是目的，政治只是被看成是道德的延伸，只要統治者做好修身、善養德性，便自然可以國治而天下平。傳統儒家着眼在於要求一切政治均發自道德意識。儒道兩家的這些態度，從理想的角度看，並沒有錯，因為最理想的社會，是一個無需政治的社會；如果人人皆是聖人、真人、至人、神人，或是佛陀、菩薩，則人與人的關係便沒有政治關係，政治的關係並非最理想、最有價值

的關係，政治也沒有必要存在。從這一角度看，政治並不重要。

因此，並不能說儒家的理想不足，而是在現實上不可能人人皆是聖人、真人、至人、神人或佛或菩薩，事實上絕大部分人皆不是。說傳統儒家政治思想有缺點，並不是說儒家的理想不足，而是因為在現實社會上，很多時候政治意識政治行為並非發自道德意識，而是發自權力意識。儒家在這方面正視得不夠。發自權力意識的政治意識，內在的道德制約起不了作用，只能靠外在客觀的其他人的權力意識，互相制衡，相抵相消。民主政治就是在一種不完美的社會現實中的一種人人可以平等地伸展其權力，達到互相制約的一種政治制度。

從理想及價值的層次來說，民主政治並非最高。然而政治是處理眾人之事，因此必須結合現實。良好的政治，必須是務實的，但同時須容許宗教、道德、教育的獨立性，保持社會的理想性，以提升大眾存在層次及實現多元的價值。民主政治是在不完美之現實中較能避免重大錯誤的一種制度。正如里普遜（Leslie Lipson）所說：「最好的民主政治，是人類到現在為止所發明的最優越的政治制度。即使有了弊端，它的缺點也沒有非民主制度那樣嚴重，糾正起來，也沒有那樣困難。」[20]

當我們說民主政治具有本身的弱點時，並不意味着我們反對民主。正如里普遜（Leslie Lipson）在他的名著 *The Democratic Civilization* 一書的最後結語時說：「我們所知道的和試驗過的一切形式的政府中，民主政治還是最聰明，最好的一種。」[21]民主社會在進入二十世紀後，仍保持着巨大的生命力。第二次世界大戰結束，以英美為首的盟國，戰勝了德意等軸心國；從一角度看，也可以說是民主擊敗了法西斯主義。亞洲另一大國中國的變色，使五六十年代共產主義的力量如日中天，引起不少自由世界有識之士的擔憂，生怕民主社會因力量分散而敗亡。英國大哲學家羅素曾一度主張，為了避免第三次世界大戰爆發帶來人類的毀滅，民主的世界寧可向蘇聯投降。但曾幾何時，東歐的巨變，蘇聯的解體，說明了專制獨裁制度違反人性，平等自由的民主社會才合乎人性的要求。看來未來的世紀將更是民主的時代。

縱然如此，並不表示民主政治或制度已得到充分的發展，已無改進的餘地。事實上，在一些西方先進的民主國家中，民主政治在實際的運作上亦顯現了不少的的弱點。正視民主的弱點，正是為了避免民主政治的敗亡。

從一方面說，民主政治是有其先天不完美的弱點。正如被認為是近代民主思想之父

的盧梭所說：就民主制度這個名詞的嚴格意義來說，真正的民主制度從來不曾存在過，而且永遠也不會實現。[22]此事何說呢？因為事實上要讓每一個人民都直接參與政治的一切決定，讓每一個人民去統治，這是一件不可能實踐的事，尤其在人口龐大的國家，必須由少數精英執行統治的工作，只要實際上是少數人統治，在民主制度下，也可發生濫權的情況。但民主制度較其他制度更能防止濫權的現象，然而絕對的民主在現實上的確無法實現。

現代所有民主國家的制度，都是一種間接民主，由人民選出他們的代表，以行使政府的權責，而人民對政府的控制，即在每隔一段時期的投票權。每人一票的方式，也不是絕對公平的，因為這只符合了量的原則，並沒有考慮到質的原則。如果孔子在生，孔子也是一票，背後根據的德、慧、識（即質），便可以相差很遠；但我們也無法定立一個標準，把人的德、慧、識分成等級，按等級分配投票權的多寡，這樣做可能產生更大的危險，有權的人更易控制投票結果。但無論如何，民主選舉所根據量的原則並非無缺憾，唯一補救的辦法似乎是從提高選民的質素着手。

雖然民主的基本理念——平等與自由——似乎很簡單，但真要落實這些理念時，便變成十分複雜而困難。不少學者已指出，在要實現平等與自由時，這兩者便會產生一內在緊張關係。要完全實現平等，便會阻礙自由的充分實現；要完全實現自由，便會破壞平等。比如對兒童的強逼性教育，是為了使所有適齡兒童有平等受教育的機會，但這也是限制了兒童不上學及父母決定是否送子兒女上學的自由，對於這些自由的限制，基於責任一般人還是願意接受的。又比如我有很多財富，我有自由把財富全部捐助自己支持的總統候選人，然而我的自由的實現也可以促成不平等現象出現，其他所獲捐款不成比例的候選人，便在經濟上處於不平等的競爭地位，因此民主政府會立法限制公職候選人接受捐款的限額。再比如我有自由並不表示我可以在一個擠滿了人的戲院裏撒謊高叫「火警！」，這樣做顯然會使很多人受到傷害。從這些例子可以看出來，平等與自由的價值在落實時，會關連到其他的道德責任道德價值。

對於儒家思想如何可能貢獻於民主，使民主更完滿地實現，這當然不是一個簡單的問題，可以牽涉到中西文化之優點如何融合的問題。這篇短文只能從一兩點較重要處論說。筆者在反思儒家思想與民主關係時，是就個人認識所及，力圖客觀，因為筆者相信，只有客觀真實的面對和考察問題，才可能產生真正的洞見。

由於民主的基本理念或價值在眞正落實時便產生一種內在的緊張性，絕對的平等與絕對的自由是無法實現。如何在平等與自由間取得一種合理的平衡，這便需要平等與自由以外的理念或標準，如責任、正義等道德價值作指導。

當然，也不是說西方的民主理論完全沒有注意到道德價值在民主運作中的作用，只是他們強調得不夠。原因是西方近代民主思想之興起與個人主義的社會觀脫離不了關係。無論是霍布士、洛克、盧梭，都強調個人是爲了自己的利益，而脫離人的自然狀態（state of nature）參加組成國家。國家是由一個個原是分離獨立的個人所組成。邊沁（Bentham）與穆爾（Mill）的功用主義（Utilitarianism）道德觀，皆以所有個人的快樂與痛苦爲道德的標準。亞當史密（Adam Smith）主張追求個人的私利才能提高社會的利益。雖然西方的個人主義思想並不意味純粹的自私自利，如邊沁的名言便是「追求最大多數人的最大幸福」。但正如里普遜（Lipson）所說：「如果從個人主義出發來瞭解自由，自由很容易成爲絕對性。」[23]

如果我們轉到實際，看看美國的民主，不可否認美國的民主制度仍有不少優點與活力，但美國人往往從個人主義出發看自由，很多時只強調自由的權利而忽略了道德責任。個人在享受自由時，容易陷溺於自我的特殊事業與興趣中，忘記了國家的整體利益、人類的普遍理想。所以美國聯邦政府的赤字雖然已是天文數字，布斯在競選總統時卻不能提出增加稅收以解決這一大難題，因爲絕大多數的選民只顧他們眼前的利益。美國的一些大公司甚至宣稱他們的利益就是美國的利益，爲了維護他們國內外的利益，他們以高薪酬聘請一些所謂「走廊客」（lobbist），專門向議員們游說，以影響議員對某些法案的投票。所以美國的政治也相當程度受大經濟集團的左右，不一定完全反映民意。美國民主社會仍具活力，其資源不純粹來自其民主制度，更主要來源於其宗敎傳統所帶來的理想性。

從理念上看，儒家思想對民主的可能貢獻，很明顯的是儒家所強調的個人責任與道德價值，可以補充西方民主只着重權利之不足，使平等自由的價值在落實時得到合理的平衡。儒家所強調的政治意識須發自道德意識，在民主政治上仍十分重要，此一方面是要求執政黨的政府須由賢能之士出任，在推行政策時須以利民爲依歸，力求開誠佈公，解釋政策以取得共識。另一方面反對黨在提出批評與反對意見時，從道德意識而非權力意識出發，便不會只爲反對而反對，則其批評反對會更具建設性。

所以從以上簡論我們可以說，儒家思想與民主思想結合可生互補不足之效。只有儒家思想，沒有民主制度的保障，儒家的以民爲本、以民爲貴的理想不能落實；若只有民主理念，不輔以儒家倫理以補足，民主制度也會產生不少流弊，無法更理想地實現。

註 釋

①M.Rejai, *Democracy – The Contemporary Theories*, N.Y.Atherton Press, 1967 pp.1 – 47.

②Massimo Salvadori: *Liberal Democracy*, Garden City: Doubleday & Co.1957, p.20 c.f.M.Rejai, *Democracy – The Contemporary Theories*, p.23

③David Held, *Models of Democracy*, Cambridge, 1996

④Lesley Jacobs, *An Introduction to Modern Political Philosophy – The Democratic Vision of Politics*, N.J.: Prentice Hall, 1997, pp.10 – 32.

⑤Leslie Lipson, *The Democratic Civilization*, N.Y.: Oxford University Press, 1964, pp.480 – 513.

⑥此是根據 M.Rejai 的討論而來的分法。Rejai 所言之 Idealogical Definition 也可被列入 Ideal Definition 一類，其所謂 Empirical Definition 則可被列入 Operational Definition 一類。參見 M.Rejai, *Democracy – The Contemporary Theoies*, pp.23 – 47。

⑦《唐君毅全集》（以下簡稱《全集》），台北學生書局，1990，卷8，頁102 – 103。

⑧如1916年，中華民國成立不過幾年，袁世凱稱帝，在他未稱帝前當總統時，他已宣佈儒教爲國教，人們看到的是袁抱着儒教來稱帝的。1917年張勳復僻。1923年，曹昆賄選，受賄的竟有五百位國會議員。1949年後共產黨是極權統治，至文化大革命而達於高峰。這都使人容易聯想，有深厚儒家傳統的中國無法建立民主。

⑨H.G.Greel, *Confucius and the Chinese Way*, N.Y.: Harper & Row, 1949, 1960 edition, pp.268 – 271.

⑩《唐君毅全集》，卷4之2，《中國文化與世界》，頁41 – 42。

⑪《全集》卷4之2，《中國文化與世界》，頁39。

⑫《全集》卷4之2，《中國文化與世界》，頁41。

⑬包遵信，《儒家的現代轉化和理論困境》，香港《明報月刊》，1987年6月，第258期，頁101 – 105。

⑭見杜維明主編，《儒學發展的宏觀透視》，台北正中書局，1997，頁397 – 398。

⑮見杜維明主編，《儒學發展的宏觀透視》，台北正中書局，1997，頁400。

⑯陳忠信《新儒家「民主開出論」的檢討——認識論層次的批判》，《社會研究季刊》，1988，第1卷第4期，頁101 – 138。

⑰1988年香港舉行之第一屆「唐君毅學術國際會議」論文。

⑱事實上，民主政治的產生是需要各種現實條件的，如地理、經濟、法制，人民智力水平等、心理條件，

可參閱 Canl Cohen 著 *Democracy*（New York：The Free PRess，1971），第8至13章，頁101－202。

⑲唐君毅，《中華人文與當今世界》（下），台北學生書局，1975，頁506。

⑳Leslie Lipson, *The Democratic Civilization*, p.8.

㉑Leslie Lipson, *The Democratic Civilization*, p594.

㉒Ibid., p.44.

㉓Leslie Lipson, *The Democratic Civilization*, p533.

孔子形上思想新探

鄧立光

　　孔子的教說一起被視爲質實少玄，然細觀孔子的學說，即發現孔子有甚深的形上思想。孔子晚年專研《周易》，深化了他的哲學思維，由此對天道、天命有更深的體會。[①]孔子的形上思想從他對天命的體認，對「仁」爲內在德性的覺知，以及對人性道德本質的發現而彰顯出來。

　　天命思想淵源久遠，本文以《逸周書》及《左傳》相關的記載來說孔子以前天命的含義，因此二書的資料與孔子的生存時代相接，可與孔子天命觀互相參照。孔子恪信天命，對天命有特別的體認；《論語》記載了孔子多次提及天命。孔子言性的新義（子貢所述孔子言性與天道的性義），實開後來《中庸》「天命之謂性」及《孟子》「盡心知性知天」的義理。孔子踐仁而體認出「仁」是超越而內在的德性，由此照察到人性中的一點靈光（即後來孟子所言的「幾希」），就是性分中的先天德性。這種種體會與發現，都須有形而上的思想才可能，本文即以此開展對孔子形上思想的叙述。

孔子以前的天命思想
——《逸周書》與《左傳》所展示的天命含義

　　「天命」在中國哲學是屬於最高層級的道德概念，也是整個中國哲學思想的核心，德性的根源即在天命。天命的內涵是與體道者的時代背景，以及他們對生活的體驗和對形上世界的把握程度相關，這些都是構成其獨特天命觀的因素。所以，各學派對天命的體會有不同，以至同一學派內對天命的觀點都有不同，但相同的文化背景會把這些特殊的體會歸約在相對固定的框架中。

　　從先秦舊典《逸周書》與《左傳》所展示的天命內容，可見天命的早期含義已經是以德性爲核心，由此凸顯了中國文化重視德性的大傳統，而我們的先祖對德性的形上本

質很早就有所體會了，大約在春秋早期這種體會已經成爲哲學觀點。

天命的道德含義在《逸周書》②有明顯的反映。《逸周書‧命訓》開篇言：

> 天生民而成大命。命司德正之以禍福。立明王以順之，曰：「大命有常，小命日成。」成則敬，有常則廣。廣以敬命，則度至於極。

天生民而成的「大命」，是指人稟受於天的某些形而上的內容，所以大命亦即是天命〔見下文〕。「大命有常」是指天命的內容恆常不變，這恆常不變的內容是指德性。大命所以有常，是由於天命所賦與於人者都是同一的，這種體會實在相當於後世所言的心、性，有常的大命與後來的心、性都是一種屬於天的本質、一種形而上的德性。蒙文通先生提出「命」的原來意義等同於後來的「性」，③實在是一種洞見。人所稟受於天的這個內容稱爲「大命」，而具體的道德修爲則稱爲「小命」。修德者除了體會到「大命」作爲道德的根源之外，還須要在日常生活中不斷的克己復禮，而後才能成就眞正的道德人格。小命之成是指德性生命的挺立，德性生命是用「敬」來挺立的。大命「有常」，即恆常不變，恆常不變則能久能大，這就是致廣大，廣大則明示大命具有普遍性。

「廣以敬命」是指大命與小命的結合，以大命定常的道德根源來貞定小命的敬，這是形而上的德性根源與具體修身相結合，以成就君子人格，有君子便能使法度的運用達至不偏不倚的中道（極）。

同是德性的形而上根源，在人言大命，在天則言天命，所以大命與天命的內涵是同一的，它的功能是道德判斷，並以降禍降福爲結果。福、禍與行善、爲惡是相對應的。這樣的天具有道德意志，會因人的行爲而施以相應的賞罰。

天的賞罰是對人事的一種感應，所以天雖然福善禍淫，但它不屬於人格神的性質；天人之間的連繫在於感通，感通所以可能，即因爲天命與大命的內涵是同一的；但此中有異者是言天命（天道）則包括降禍賜福的感應能力，言大命則只重德性。

「立明王以順之」的立是安立的意思，這是虛指。明王不同於一般的庸君世主，明王是屬於堯舜之流的英明君主，他們有高明的統治政策，能體察民心民情，對人性亦有深入的瞭解。明王的這種特質可以體現天命的道德意志，因而出現了上天安立人間君主以代天行權的思想，「立明王以順之」就是在這種思想背景中提出來的，也是天命有德

思想的反映。《命訓》有云：

夫天道三，人道三；天有命、有禍、有福；人有醜、有絺綌、有斧鉞。以人之醜當天之命，以絺綌當天之福，以斧鉞當天之禍。

醜是羞恥的意思，「羞恥」是道德本心的基本表現形態之一。把「羞恥」視為人道的特徵，可見對「羞恥」的重視，並顯示了「羞恥」的道德本質已經被體認出來。「以人之醜當天之命」，言由人的「羞恥」來匹配天命，這種匹配雖然是外在的，但畢竟有知於天命具有道德的判決能力，即所謂道德意志，福善禍淫即是道德意志的體現，故天命的含義必然是道德性的。

天道的福善禍淫，是透過天命的道德意志而成，《命訓》有云：「命司德、正之以禍福」，「司德司義、而賜之福祿」，「或司不義，而降之禍」。命主德，德有善德與惡德之分，有善德行義者則降福祿，有惡德行不義者則降禍殃。禍與福是顯示天命判決的形式，具體內容則由人事的「絺綌」（賞）及「斧鉞」（刑）來表現。天道的內容雖然有三，但禍、福一依天命的「判決」，所以三者實以天命為首出。天道除了道德意志以外兼有賞罰人間的能力（感應），這是較純義理之天為原始的天道思想。

天道有命、有禍、有福的思想在《左傳》成公十三年〔公元前578年〕三月劉康公的言論中反映出來：

公及諸侯朝王，遂從劉康公、成肅公會晉侯伐秦。成子受脤于社，不敬。劉子曰：「吾聞之，民受天地之中以生，所謂命也。是以有動作禮義威儀之則，以定命也。能者養以之福，不能者敗以之禍。是故君子勤禮，小人盡力。勤禮莫如致敬，盡力莫如敦篤。敬在養神，篤在守業。國之大事，在祀與戎。祀有執膰，戎有受脤，神之大節也。今成子惰，棄其命矣，其不反乎！」

依據杜預解「棄其命」為「失中和之氣」，可知「天地之中」的意思是指「中和之氣」，後之解「天地之中」多因循此說，但中和之氣的說法是否恰當？「天地」的含義本來是指萬物生長發育的自然環境，這種自然環境的本身當然說不上甚麼哲理，但就此自然環境而體認到某些形而上的意義時，便會產生有如「天地之中」、「天地之性」、「天地之道」等哲學名詞。所以「天地之中」的天地不指具體的自然界，而是指生化萬物的形上根源。「天地之中」的中字如果按傳統的說法指中和之氣，則中和之氣的含義

為何？《中庸》有云：

> 喜怒哀樂之未發謂之中，發而皆中節謂之和。中也者，天下之大本也；和也者，天下之達道也。致中和，天地位焉，萬物育焉。

「中」既然是天下的大本，則這個大本必然是哲學性的、指涉形而上的存在；而所有表現出來的態度、行為都合乎禮（合禮則中節）的規範，便稱之為「和」，「和」這是放諸四海而皆準的，所以說「和」是「天下之達道」，其形式雖然是制度儀文，但其內涵必然是指謂形而上的心性。以喜怒哀樂之未發言「中」，是就人的生命來立說，但「未發」的層次，應置於《中庸》「唯天下至誠，爲能盡其性」的性分上，這個性分即宋儒所言的天命之性，是人性中超越而內在的德性，不是七情六慾所在的血氣之性。中謂「天命之謂性」，和謂「率性之謂道」；中是體，和是用；「中和」是體與用連說。「中和」扣緊德性生命，能致中和的必然是得道者，是聖人。聖人出而治世，既有仁心，亦有禮治，故天地得其位，萬物遂其生。因此，《中庸》言「中和」是就心性上說，不就氣性上言，更不以「中和」指涉生天生地，品育群生的「氣」。以「天地之中」的「中」解釋爲「中和之氣」，於義理完全無當。

「天地之中」的實義應理解爲「天地之心」（或言「天地之性」，這裏的「心」與「性」，內涵與外延皆同。）「心」猶如《中庸》所言「中也者天下之大本也」的「大本」，是宇宙萬物所從出的形上根源。「民受天地之中以生，所謂命也。」是言人的存在是稟受了這個生育萬物的「天地之心」的內容，而稱之爲命，所以「命」的含義是屬於形而上的；「命」亦是道德性的，由劉康公在成公十三年三月的言論可知：

動作、禮義、威儀所以彰顯人的身份與尊嚴，禮法是道德的外化表現形式。由這來貞定「命」，則命的內容亦必關涉道德。君子勤於表現禮，而表現勤禮的最好做法就是用恭敬的態度；表現恭敬的最佳做法是供奉神靈。祭祀和戰爭都是國家的大事。祭祀所用的執之禮，戰爭所有的受脈之禮，都必須用恭敬的態度，因爲這些禮節是與神靈溝通的重要形式。成肅公在受脈禮中態度不敬，這是抛棄自己的「命」，恐怕成肅公今次會往而不返。

在四月，成肅公果然死在瑕地。成肅公因失德而死，雖然是回應「棄其命」的判語，但成肅公的死亡是扣緊「能者養以之福，不能者敗以之禍」而言的，所以「棄其

命」的意思不是指丟棄生命，而是說失去了上天所給予他生命的道德本質。因此，禍、福於人端視其能否持敬而定，則天仍然具有禍福人間的能力，這與《逸周書・命訓》的天道觀是相同的。

孔子的天命思想

在孔子以前，天命除了是德性的形上根源之外，同時具有降禍施福的意志；在孔子之後，天命成爲純德性的形上根源。因此，孔子的天命觀是具有關鍵地位的。從孔子七十歲以後回顧自己一生進德修業的歷程中反映了孔子對天命的體會的發展過程。

> 子曰：「吾十有五而志于學，三十而立，四十而不惑，五十而知天命，六十而耳順，七十而從心所欲，不踰矩。」④

這是孔子總說其一生七十年的爲學歷程，亦是孔子踐仁成德的歷程。孔子十五歲已經立志爲學；爲學不偏於求知，而以成德爲要；由十五歲到三十歲的一段長時間，孔子不但學習六藝，並且探尋隱含於六藝之中的文化傳統及其精神。孔子有志於學的方向與目標都是爲了成德，這很自然會在禮學上用功。禮代表了道德規範，是德性的外在形式。孔子由克己而復禮，在三十歲的時候動作威儀已經能夠符合禮的規範（立於禮），這種符合當然有點強制的意味，未至聖域，修德之事都須用克復爲之，所以強制的做法實不可免。孔子既掌握了「周禮」的儀文，亦體會到「周禮」的精神，因而能說「人而不仁如禮何？人而不仁如樂何？」⑤的話，這表示孔子已知道禮儀必須能體現人的內在德性，才有真實的價值。孔子四十歲之時已能不受外惑，這種定力不止在行事應然與否的問題上有確定不移的見解，更重要的是孔子對道德律的把握，已經由外在的處事準則進而體認到生命中的內在道德本質；孔子體認到道德之於人生是最重要的，因而在行事爲人方面一依道德原則，不爲名利所惑。孔子到了五十歲這個階段，由對仁心的體會與持守，進而孕育了深邃的形而上思想，領悟到道德的根源出於天，對天命遂有深切的體認。孔子到了六十之年達到耳順的階段，耳順的意思是「聲入心通」⑥，這是「聖」的內涵。⑦孔子七十歲而能從心所欲不踰矩，這是優入聖域後的生命形態。矩是準繩，是言行的規範，統言之稱爲禮；孔子言行不違禮是自然而然的，不是克復的結果。「從心

所欲」應放在德化生命的層次來說。禮文用以體現仁心德性，是行為的規範，是道德的表現形式，但仁心才是決定禮文存在價值的關鍵。所以，當生命與道德貫通為一的時候，起心動念一由仁心（即良知）作主，便能成就德化的生命，此時言行皆由道德本心自然流出。以此而言從心所欲不踰矩，並非說具體的言行無絲毫差忒。

五十而知天命

孔子自言在五十之年知道天命，《論語》記載了孔子五十六歲及五十九歲這兩年言及天命的資料。

> 子畏於匡，曰：「文王既没，文不在兹乎？天之將喪斯文也，後死者不得與於斯文也；天之未喪斯文也，匡人其如予何？」⑧

孔子時年五十六歲（魯定公十四年，公元前496年），在魯國從政無望，便與部分弟子出國，先到衛國，停留了十個月，再赴陳國，在赴陳途中，路經匡邑，為匡人拘留，其後獲釋。孔子被圍困於匡地時，說：「天之未喪斯文也，匡人其如予何」，這不是強作振奮，而是對生命內涵有極深的體會才能說出來；孔子自覺地肩負起文化使命，這是對生命的自覺；自覺的生命才有光彩，才能發揮強大的力量。孔子以極強的生命力來表現上天賦予於他的德性，這是君子自強不息的表現。⑨

孔子五十九歲（魯哀公二年，公元前493年）的時候，衛靈公卒，立流亡太子蒯聵之子輒，是為出公。晉趙鞅派陽虎護送蒯聵進入衛國戚邑，以此為據點與出公爭位。衛國政爭，事無可為，孔子遂帶領弟子離開衛國，到陳國去，途經曹、宋，在宋國會見了宋景公，由於孔子曾批評宋司馬桓魋，遂受到桓魋的加害，孔子師徒只得微服潛行，逃出宋國。孔子面對這次困厄，說：

> 天生德於予，桓魋其如予何？⑩

這種自信來自對生命的覺醒，對生命價值的執持，即是對人先天所具有的、超越而內在的德性的體認，有這樣的體認就是知天命。孔子的知天命，是對天人之間內在連繫的默會，這不是落在感性或知解理性方面，而是在成德道路上有了質的飛躍而產生的直覺把握所證成。因此，孔子說「不知命無以為君子」⑪，應該是對天命有深切體認後的說話，而天命所以可畏⑫，不在天降災禍，而在於天是德性的根源，是修德君子的出發

點及歸宿。

孔子說「天之未喪斯文也，匡人其如予何」、「天生德於予，桓魋其如予何」等話，固然含有宗教性質的體會，但由孔子四十不惑的道德進境而言，五十之年所知的天命，其內涵必然關涉德性，而對德性的徹悟會強化對文化方面的使命感，牟宗三先生說：

> 我國從孔子起，即是文化意識強。「文王既殁，文不在茲乎？」「天將以夫子為木鐸。」「吾非斯人之徒與而誰與？」這些話都表示其對時代的擔當。[13]
>
> 唯要講文化問題則必須道德意識強，然後才有歷史意識文化意識。[14]

可以說，孔子深厚的道德意識是與其歷史及文化意識結合在一起的，而孔子慨言天命，即在德性生命受到死亡威脅時所迫顯出來的抵抗力量，這是由德性所煥發出來無懼威武的強度生命力。

「仁」的内在性（内在德性）的把握

孔子對德性生命與氣性生命的價值有明確的判分，所以說：

> 朝聞道，夕死可矣。[15]

「朝夕」只是譬況之言，表達不重要，或價值不大的意思。「聞道」是對道有眞切的體認，如此則氣性生命得以提升為德性生命。生命雖然由形軀來支持，而形軀又以追逐物欲為基本訴求，但生命的價值不由物質生活的盈黜來決定；生命能煥發德性的光輝，道德人格即能挺立；德性生命的護持，遠較形軀的存活為重要；生死是形軀的必經過程，但與德性生命相較，其重要性顯然大為降低，所以會有「捨生取義」的道德抉擇。人若在精神上把握到道（道德的形上根源）的意義並且能身體力行的時候，則形軀的死亡不足以為憾事。能把握仁的實義，亦就能把握道的實義。孔子與顏淵的對話反映了孔子對仁的深層體認：

> 顏淵問仁。子曰：「克己復禮為仁。一日克己復禮，天下歸仁焉。為仁由己，而由人乎哉？」顏淵曰：「請問其目。」子曰：「非禮勿視，非禮勿聽，非禮勿言，非禮勿動。」顏淵曰：「回雖不敏，請事斯語矣。」[16]

顏淵向孔子請教如何實踐「仁」，孔子先引古志「克己復禮為仁」之言，然後解釋

說:「一日克己復禮，天下歸仁焉。爲仁由己，而由人乎哉？」古志之言，是以「仁」指謂一種道德修養的態度，而孔子則點出在修身的過程中，一旦能眞正做到克己復禮，便體會到萬物與我爲一的境界，這時，宇宙萬類，包括修德者自己皆在「仁體」的涵蓋之中，這就是一體之仁的境界。修德者自己亦變成道德的載體，涵潤在德性的光輝之中。所以，孔子不以時間長短來決定修德工夫的深淺，而是以當下把握爲準。「天下歸仁」明示天下間事事物物皆爲「仁體」所攝受，因爲事事物物皆由仁心判決其是非得失。「四勿」中的視、聽是斷絕外界的誘惑；言、動是規範自己身心的表現。故踐仁成德是要內外雙管齊下，有大決心，下大工夫，要做到「君子無終食之間違仁，造次必於是，顚沛必於是」⑰，就是自強不息的君子，只有這樣一息不懈的修德，才能化掉私欲，達到一體之仁的道德境界。

必有對生命的深度反省而後達至對內在德性的把握。孔子與宰我之間有關喪期長短的對話，反映了孔子對內在德性的把握。

> 宰我問：「三年之喪，期已久矣。君子三年不爲禮，禮必壞；三年不爲樂，樂必崩。舊穀既沒，新穀既升，鑽燧改火，期可已矣。」子曰：「食夫稻，衣夫錦，於女安乎？」曰：「安！」「女安則爲之！夫君子之居喪，食旨不甘，聞樂不樂，居處不安，故不爲也。今女安，則爲之！」宰我出。子曰：「予之不仁也！子生三年，然後免於父母之懷。夫三年之喪，天下之通喪也，予也有三年之愛於其父母乎！」⑱

孔子以父母對子女初生三年的褓育期來解釋喪期三年的意義，表現了報恩反本的道德思想。三年之喪不論是否眞的普遍施行，但這樣做是爲了求心之所安；孔子以安不安來反質宰我縮短喪期的想法，這反映了孔子對心靈所表現出來的「不安」有很深的體會。由安與不安點出仁與不仁，是把「仁」的層次放在個人心靈深處的道德性及價值性的反應之上。宰我安心於喪期一年的做法，因爲喪期一年對生活秩序的影響較三年喪期爲小，而三年之喪的損失太大，如果行三年的喪期，宰我內心反而感到不安。宰我以實際效益來衡量問題，所以他的安與不安建基於利害得失之上，因此，在對待喪期的問題上，孔子與宰我的觀點互相對立，即反映了道德思想與功利思想不可協調的一面。

性與天道

從帛書《易傳‧易之義》所載孔子言「本性仁義」[19]，可知孔子對人性的體會已經超越了氣性的傳統觀點，而把握到開闢生命價值的德性層。「本性仁義」實言德性爲性分所本有，也是仁與性的契合點。從帛書《易傳》所反映出來的情形，孔子晚年對《周易》的熱愛已近沉迷的地步，帛書《易傳‧要》云：

> 夫子老而好《易》，居則在席，行則在囊。[20]

孔子研《易》的態度是觀其義理，明達德義，這自然深化孔子的道德形上體會。孔子說：

> 《易》，我後其祝卜矣！我觀其德義耳也。幽贊而達乎數，明數而達乎德，又仁守者而義行之耳。贊而不達於數，則其爲之巫；數而不達於德，則其爲之史。史巫之筮，鄉之而未也，好之而非也。後世之士疑丘者，或以《易》乎？吾求其德而已，吾與史巫同涂而殊歸者也。[21]

在《周易》的研究上，孔子開闢了尋研義理的新方向，這在當時實在是第一家，所以子貢也未能掌握到孔子的研究方向而諸多質問，但孔子對自己研究方向的劃時代意義是十分清楚的，所以說與史、巫同途而殊歸，又因爲在被視爲筮書的《周易》開闢價值之源，亦很容易招致誤解，所以說「後世之士疑丘者，或以《易》乎！」無論如何，孔子的研《易》對成就他的形上思想起了很大的作用。孔子說「仁遠乎哉？我欲仁，斯仁至矣！」[22]又說「爲仁由己，而由人乎哉！」[23]就是對成德的形上根源的當下體認而言的。孔子深切體會到仁是內在德性，故「本性仁義」的提出，標誌了孔子已把握到性分中此一超越而內在的道德根源，使孔子的人性觀突破了傳統生之謂性的層次，而開出心性論的第一章。

> 子貢曰：「夫子之文章，可得而聞也；夫子之言性與天道，不可得而聞也。」[24]

子貢所慨歎的顯然不是生之謂性的氣性義，因爲孔子所言有關氣性的內容已經很多，而且很有深度，擇列其要者如下：

（1）孔子曰：「君子有三戒：少之時，血氣未定，戒之在色；及其壯也，血氣方

剛，戒之在鬥；及其老也，血氣既衰，戒之在得。」㉕

（2）孔子曰：「生而知之者上也，學而知之者次也；困而學之，又其次也；困而不學，民斯爲下矣。」㉖

（3）子曰：「中人以上，可以語上也；中人以下，不可以語上也。」㉗

（4）子曰：「性相近也，習相遠也。」㉘

（5）子曰：「唯上知與下愚不移。」㉙

凡此皆孔子對生之所以然之性的體認，而且皆屬氣性方面的。至於子貢以性與天道對言，則性的意義便如《中庸》所言「天命之謂性」的性，是生命中超越而內在的德性。㉚

氣性生命能從本質上轉化並提升爲純德性的存在體，則生命必然有德性的內容，否則，無源之水實難以持久。孔子對生命的體認已經達到了「一體之仁」的境界，所以能照察到生命中的德性內容，孔子即在性分上照見了道德的根源，並由此接通了天人之間的眞實聯繫，而這聯繫是就道德一面而言的。

就文獻所載，孔子言天命是指德性的形上根源，言天道則指涉整個宇宙的存在。然而天道生生的存在狀況雖可默會而難以言詮，所以孔子雖有悟於天道而難以言明，因而不欲言，故門弟子亦不能多聞，子貢之歎，即因此而起。

子曰：「予欲無言。」子貢曰：「子如不言，則小子何述焉？」子曰：「天何言哉！四時行焉，百物生焉，天何言哉！」㉛

四時周行，百物繁孳，無時或休。孔子透過自然界現象而表現出對天道生生不已的體悟。魯哀公問及天道的內容，孔子的回答更爲深切。

公曰：「敢問君子何貴乎天道？」孔子對曰：「貴其不已，如日月東西，相從不已也，是天道也；不閉其久，是天道也；無爲而物成，是天道也；已成而明，是天道也。」㉜

天道「不已」即《周易・乾象傳》所言的「天行健」。天道內容藉經驗界的現象表現出恆久不息的特徵，如日月的東西相從，亘古如斯。萬物各遂其生，所謂四時行，百物生，天何言哉，即無爲而物成的體會。天道不言，鼓萬物而不與聖人同憂，但天地變化草木蕃，生生之義，卻昭昭然無有隱瞞。

結語

　　孔子在踐仁成德的過程中孕育出道德的形上學思想，由專研《周易》而深化了他的哲學思維。孔子由對道德的執持，而注意到人的修德與成德能力，遂發現行仁，不只是遵守外在的行為規範，而且是由仁心所驅使；孔子對「仁」有了根源性的體認後，對人性即有全新的認識，而提出「本性仁義」的人性新義，如此即可上接天命，天人合一之義即由德性接通，從而開拓了道德的形上學的規模，由此下開《中庸》及孟子的義理架構。

註　釋

①天道與天命的內涵並不一致，而本文重點在處理孔子的天命思想，而非天道的內容。有關天道與天命的異同，筆者另有專文論述。

②《逸周書》的「三《訓》」（《度訓》、《命訓》、《常訓》），其成篇時間當在春秋早期，至少在魯襄公以前，說見黃懷信：《逸周書源流考辨》（西安市西北大學出版社，1992年1月），頁91－93。

③蒙文通：《古學甄微·儒家哲學思想之發展》，成都巴蜀書社，1987年7月。

④《論語·為政》

⑤《論語·八佾》

⑥朱熹註語，見《四書集註》。

⑦帛書《德行》（即帛書《五行篇》）有言「（一、11）聞君子道，聰也。聞而知之，聖也。」見魏啓鵬撰：《德行校釋》，成都巴蜀書社，1991年8月，頁17。

⑧《論語·子罕》

⑨《周易·乾卦象傳》云：「天行健，君子以自強不息。」天行（天道）健與人的自強不息連繫，不是說外在的、形式的傲效，而是一種內在的，不容已的表現，因為體道者已與天道齊同，德化生命體現天道生生的特徵便是在進德修業上精進不懈。

⑩《論語·述而》

⑪《論語·堯曰》

⑫《論語·季氏》孔子有言「畏天命」。

⑬牟宗三先生主講、蔡仁厚教授輯錄：《人文講習錄》之十二〈時代使命與文化意識〉，台北學生書局，1996年2月，頁59。

⑭《人文講習錄》之卅一〈理智、美學與道德意識〉，頁159。

⑮《論語・里仁》

⑯《論語・顏淵》

⑰《論語・里仁》

⑱《論語・陽貨》

⑲筆者有專文論述「本性仁義」之語為孔子所言，見《從帛書〈易傳〉重構孔子之天道觀》《鵝湖學誌》十三期，1994年12月。

⑳見朱伯崑主編：《國際易學研究》第一輯。北京華夏出版社，1995年1月，頁28。

㉑同上。

㉒《論語・述而》

㉓《論語・顏淵》

㉔《論語・公冶長》

㉕《論語・季氏》

㉖《論語・季氏》

㉗《論語・雍也》

㉘《論語・陽貨》

㉙《論語・陽貨》

㉚孔子所言與天道相對的性義應以《中庸》、《孟子》的義理來衡定。見黃彰健《周公孔子研究》，台北中央研究院史語所，1997年4月。

㉛《論語・陽貨》

㉜《論語・哀公問》

于法開救治難產孕婦所牽涉的佛家戒律問題

曹仕邦

　　仕邦在1994年發表《中國沙門外學的研究－漢末至五代（以下簡稱「外學」）》①一書，其中曾引用《高僧傳》中的〈于法開傳〉的內容；作為華夏沙門通習醫術的證據之一，因為于法開②曾救治一位難產頻危的孕婦，助她順利產下嬰兒③。一位男性法師而替孕婦接生，此舉不免涉及了佛家戒律方面的問題。現在蒙《新亞學報》遠道來書邀稿，因援筆就《外學》中所未言及的；從律學角度來探討一下這問題。為了方便論述，今先引史文以見。梁釋慧皎（497？－554？）《高僧傳》（大正藏編號2059）卷4〈晉剡白山于法開傳〉略云：

　　　　于法開（約361－365時人），不知何許人。善放光（般若經）及法華（經），又祖述耆婆④，妙通醫法。嘗乞食投主人家，值婦人在草危急，眾治不驗，舉家遑擾。（于法）開曰：此易治耳。主人正宰羊欲為淫祀，（于法）開令先取少肉作羹，（使婦人）進竟，因氣針之。須臾，羊膜裹兒而出。升平六年（361），孝宗（東晉穆帝，345－361在位）有疾，（于法開）視脈知不起，不肯復入⑤，康獻皇后（324－384）令曰：帝小不佳，昨呼于公視脈，亙到門不前，種種辭憚，宜收付廷尉。俄而帝崩，獲免（頁350上）。哀帝（362－365在位）時，累被詔徵（頁350中）。

　　傳稱于法開某次到寺外乞食之時發現施主家中有一孕婦難產，情況危急，在開公到來之前用過種種方法醫治都無效，他們正在宰了一頭羊準備祭神求冥祐⑥。精通醫術的于法開一見，馬上教主人將已宰的羊取少許肉作羹湯，讓孕婦吃了，趁着她喫後血氣運行之際，開公替她施以針灸，果然，她順利產下麟兒⑦。

　　從戒律的觀點看，上面所述涉及如下的問題：第一，以肉類治病，涉及和尚鼓勵在

家人吃肉的問題。第二，殺羊取肉，涉及了殺戒的問題。第三，一位男性法師而給婦女施針灸手術，如此豈能不觸及她的肌膚？這便涉及婬戒的問題了。

那麼，于法開之所爲是否犯了戒規？仕邦檢查過律典之後，發現他半點末犯，醫術過程完全依律而行！何以言之？這就要徵引律文爲證了。

于法開曾替東晉穆帝治病，又在哀帝時累被詔徵。而東晉轄下領土有淮河以南的半個中國，《十誦律》當時在這一廣大地區非常流行，爲大部分寺院採用作爲軌範僧尼行爲的守則⑧因此。有關問題應從這部律典去找答案。現在依上述三問題的次序加以論述。據東晉時若弗多羅（Punyatara，卒於404），鳩摩羅什（Kumārajīva，344－413）和曇摩流支（Dharmaruci，約405－413時人）共譯的《十誦律》（大正藏編號1435）卷26〈七法〉中的〈醫藥法〉略云：

> 有一比丘病，服下藥（即瀉藥）須肉，看病人⑨即往摩訶斯那優婆夷所，優婆夷（upasika，女居士）即持物與婢，使買肉與看病人。婢持物遍波羅捺城求肉，不能得，王波摩達斷殺故。優婆夷思惟：一比丘病，服下藥須肉，不能得。若不得肉，或當增病。如是思惟已，提利刀入室，自割體肉，持與婢，曰：汝好熟煮與比丘。看病人持去，病比丘不知何肉，便食，病從是得差，摩訶斯那優婆夷極患瘡痛，不能出入起坐，夫聞己，大嗔！佛（知此事後）種種因緣訶（諸比丘）已，（曰）：諸比丘，從今不應噉人肉，人脂，人血，人筋，若噉，犯偷蘭遮（頁185下－186上）。

同書同卷略云：

> 佛在舍衛國，長老施越病狂，受他語（受他人建議）噉生肉飲血，犯病當差。佛種種因緣讚持戒已，語諸比丘，從今日若如是病，聽噉生肉飲血，應屏處噉，莫令人見（頁185上）。

同書卷55〈問順行法第五〉略云：

> 肉是時藥，煮取脂是七日藥，燒作灰是盡形藥（頁405下。）

從上面所引，知道《十誦律》是容許比丘爲了治病需要而吃肉飲血或以肉類作藥引的，只是吃生肉之時不可爲人所見而已。律文又指示「肉是時藥」，緣於印度恆河流域

苦熱（佛陀住世時僅在恆河中下游布教，是治佛教史的人所共知的事），肉類過了一天便變壞不能食用。煮肉取脂，可以保留七天。而燒作灰是「盡形藥」，大抵當時印度人認爲肉類燒成灰之後可以永久保留吧！

至於那位女居士割自己的肉給比丘治病，是個特例。事緣當日波羅捺城禁屠而買不到肉，情急之下，只好自割肌肉來結善緣。因此事後佛陀也制訂了不許吃人類血肉來治病，若犯此得偸蘭遮（Sthūlatyaya）重罪⑩的戒規。

再者，佛戒不特准許沙門喫肉來治病，更許他門在日常生活中食「三淨肉」。《十誦律》卷26略云：

> 佛集僧已，告諸比丘；三種不淨肉不應噉。何等三？若見，若聞，若疑。何云見？自見是（畜）生爲我奪命，如是「見」。云何聞？可信人邊，聞是（畜）生爲汝殺，如是「聞」。云何疑？有因緣故生疑，（例如）是處無屠兒；無（畜生）自死，是主人惡⑪能故（意）爲我奪命，如是「疑」。是三種不淨肉不應噉。三種淨肉聽噉。何等三？若眼不見，耳不聞，心不疑。云何不見？自眼不見是（畜）生爲我故奪命，如是「不見」。云何不聞？可信優婆塞（Upasaka，男居士）人邊，不聞是（畜）生爲我奪命，如是「不聞」。云何不疑？心中無有緣生疑，是中有屠兒，家有（畜生）自死者，是主人善，不做（意）爲我奪命，如是「不疑」。是三種淨肉聽噉（頁190中）。

除了《十律》之外。同樣東晉時佛陀耶舍（Buddhayasas，約413時人）所譯的《四分律》（大正藏編號1428）卷42〈藥揵度之一〉也有極接近的講法，略云：

> 佛集比丘告言：自今已去，若故爲殺者不應食，若故見，故聞，故疑，有如是三事因緣不淨肉，我說不應食，若見爲我故（而）殺，若從可信人邊聞爲我故殺；若見（施主）家中有頭，有皮，有毛，若見有腳，血；又復此人能作十惡業，當是殺者，能爲我故（而）殺，如是三種因緣不清淨肉，不應食。有三種淨肉應食。若不見爲我故殺，不聞爲我故殺，若不見家中有頭、腳、皮、毛、血、又彼人非是殺者，乃至持十善，彼終不爲我斷衆生命，是三種淨肉應食（頁872中）。

上引兩種律典內容大同小異，可互相補充，今更加以說明如下：律文指示沙門在下列情況之下可以吃肉。第一，施主並非緣於款待我這出家人而宰殺畜生取肉，而我也非

親眼看着殺生的進行，則我這沙門可以喫這塊肉。又吃肉之前，未聞信得過的人說這份肉是特地為了供養我而準備；而是在我到達前早已宰殺取得的，則我這沙門可以喫這塊肉。更有進者，在吃肉之前，未有任何足以起疑的蛛絲馬跡，使我疑心這塊肉是特地為了供養我而殺生取得（例如附近有屠戶供應肉類，或施主家中曰有畜生自死，故開剝取肉。更不見施主家中有畜生的頭、腳、皮、毛、血等殺生後的遺跡等），則我這沙門可以喫這塊肉。因此，依天竺傳統，出家人吃上述條件下的「三淨肉」，並不犯戒。

當然，如今華夏的出家人都是素食主義者，然而《高僧傳》和唐代釋道宣（596－667）所撰《續高僧傳》（大正藏編號2060）對「蔬食」比丘特別在傳中標示，足見唐以前的中土同家人並非人人茹素。

至於素食傳統的建立，恐怕是梁武帝（502－552）在位）向境內僧內頒下〈斷酒肉文〉：不許出家人飲酒食肉[12]之後的發展。在印度和西域，則有些小乘寺院根據上述戒規而天天喫「三淨肉」[13]。

好了，既然沙門本身被允許為了治病的需要而進服血肉；更允許在上述三種情況之下吃「淨肉」，如今于法開以羊肉煮羹作藥助產婦行血，而且這頭羊是在開公進行醫療之前早已宰殺，並非和尚授意施捨，因此是屬於「淨肉」，是以于法開之所為並未犯戒。何況，他是命人弄羊羹給病人吃而非自己進食！

至於針灸，僧傳雖未指出下針的穴位所在，但施下針治之時，為了固定穴位，醫師定必用手指緊按下針穴位的旁邊；以免肌肉滑動或顫抖而出岔子，刺岔了穴可不是玩的！然則不管于法開在何處下針，他定要接觸病婦這一部位的肌膚（按穴之時不能由助手代按），然則他豈非因手觸女身而犯戒？《十誦律》卷57〈波羅夷法初戒〉略云：

> 有比丘在要牛群中行，惡牛欲觸比丘，走到女人上，女人拖捉比丘，比丘出手推却。是比丘心生疑：我將無得波羅夷[14]？以是白佛，佛言：不犯，從今日應安徐行牛群中。有一比丘，看井，墮井中，井中先有女人。比丘墮上，女人抱捉比丘，比丘推却。有居士入僧坊，井上看見是比丘，即時牽上，出時與女人俱出。居士問言：比丘與女人是中作何等？比丘言：是女人先墮我後墮。是比丘生疑，我將無得波羅夷耶？以是事白佛，佛言：無罪，從今日應一心看井，莫令墮。有一乞食比丘，中（午）前着衣持鉢入舍衛城乞食，到小門中欲入，有女人欲出，二人肩相觸。是比丘生疑，我將無得波羅夷耶？以是事白佛，佛言：若無心，無罪，今後應

徐徐行乞食。有比丘、女人共乘船渡水，船沒水中，女人抱捉比丘，比丘推却。比丘後生疑，我將無得波羅夷？以是事白佛，佛言：不犯，從今日當徐徐乘船（頁425下－426上）。

據上引律文，知道比丘若緣於無心之失或因意外而碰觸女人的身體，或被女人抱捉，並不算犯了淫戒。其中可注意的。是乞食比丘在舍衛國的小城門處跟女人擦肩而過一事，佛陀指出倘使這不是故意揩油，則不算犯戒。換言之，比丘在絲毫沒有慾心的情況下接觸了異性的身體，是無罪的。

然而《十誦律》的述說尚嫌不夠清楚，現在更引《四分律》所述作補充⑮。其書卷57〈調部三〉略云：

時有女人笑捉比丘，比丘疑。佛問言：比丘，汝覺觸受樂不？答言：不！佛言：無犯。比丘笑捉女人亦如是（頁986下）。

同書同卷略云：

時有大女童為水所漂，比丘見己，慈念即接出。（比丘自）疑，佛問言：汝比丘覺觸受樂不？答言：不！佛言：無犯。時有磨香女人為水所漂，比丘見，慈念即接出。（比丘自）疑，佛問言：汝覺觸受樂不？答言：不！佛言：無犯。時有比丘戲笑捉女人手，疑，佛問言：比丘汝覺觸受樂不？答言：不！佛言：不犯，捉脚亦如是。時女人戲笑捉比比丘手，比丘疑，佛問比丘：汝覺觸受樂不？答言：不！佛言：無犯，捉脚亦如是（頁987上）。

《四分律》進一步說明了當比丘接觸異性身體之時，以觸及之際比丘的內心有無「受樂」的快感作判斷。故不但女人捉比丘手足，抑比丘捉女人手足，若出諸開玩笑而比丘無「覺觸受樂」之感，《四分律》視為不犯淫戒。而拯救「大女童（指接近成年的女童）」或成年女子於水中，為了救人，心中當然沒「覺觸受樂」之感而不算犯了戒規！

好了，讓我們回過頭來看看于法開的行針。他進行針灸。非聚精會神不可，何況這次手術關係母子兩條人命！然則開公下針之際；手指按住穴位旁邊之肌膚之際，他又豈能產生「覺觸受樂」的快感？恐怕于法開當時因凝神聚意而弄到滿頭大汗哩！因此，我們可以肯定開公施行針治之時不會有「覺觸受樂」的性快感，自然也不犯姪戒！

註　釋

①東初出版社，台北，民83年，11月。這部拙作更在次年5月作初版二刷。

②于法開法號中的「于」字，標示了他的祖師是來自于闐國（今新疆省和闐縣）的西域沙門。

③參拙作《外學》頁883 – 889。

④耆婆（jīvaka）是印度古時傳奇性的童年神醫，所謂「祖述耆婆」即謂于法開通醫術。然而開公所習是中國傳統的岐黃之術而非天竺的醫方明，請參拙作《外學》頁394 – 396的〔4〕所考。

⑤于法開診察之後，知道晉穆帝的病不會痊癒而不肯再入宮的原因，在於倘使明知病情無救而依然施藥治理的話，則皇帝駕崩之日，他可能成為代罪羔羊而被誣醫死君主的死罪。觀乎某曾照顧一位「最高領袖」健康的御醫所撰回憶錄，述及上述領袖大行之時，他差點被扣上醫死偉人的大帽子，可為殷鑑！

⑥史文中的「淫祀」指拜祭不正當的神祇（例如江南的所謂「五通神」之類）。

⑦所謂「羊膜裏兒而出」，大抵指胎衣包着嬰兒排出母體。

⑧參仕邦的未刊博士論文 *The Transformation of Buddhist Vinaya in China* 頁20 – 28。這未刊之作有一冊存於澳洲國立大學（The Australian National University）的圖書館中，可通過館際借書（Inter – Library Loan）而借閱。

⑨「看病人」指侍候病者的護理人員，參拙作〈十誦律中有關醫療的資料〉頁13 – 15的〈瞻病細則〉條，刊於《南洋佛教》151期，新加坡，1981。

⑩偷蘭遮是僅次於波羅夷（Parājika）的重罪，唐釋道宣（596 – 667）《四分律刪繁補闕行事鈔》（大正藏編號1804）卷中之一〈篇聚名篇〉略云：「如行淫時，至彼人邊，或欲摩觸身；未交前，是偷蘭遮。期行淫事，故摩觸，非為戲樂，故成偷蘭遮」（頁47中）。上述道宣對「偷蘭遮」罪的舉例是：當一位佛教沙門為了想行淫（而非為了開玩笑）而摩觸異性或同性的身體；但尚未進交媾之際，便犯上此罪。這是可以大眾面前懺悔求恕的諸罪中最嚴重的一種罪。

⑪「主人惡」指施主性惡，好殺生。

⑫〈斷酒肉文〉收錄於唐釋道宣編集的《廣弘明集》（大正藏編號2103）卷26、頁294中 – 303下。關於梁武帝何以禁止沙門飲酒食肉；而出家眾又如何反抗？請參顏尚文博士的未刊學位論文《梁武帝「皇帝菩薩」理念的形成及政策的推展》頁203 – 223之所論。這篇論文，國立師範大學的圖書館應存有一冊。

⑬唐義淨三藏（635 – 713）《大唐西域求法高僧傳》（大正藏編號2006）卷上〈質多跋摩傳〉略云：「有一人，與北道使相逐至縛渴羅國。於新寺小乘師處出家，名質多跋摩，將受具而不食三淨（肉）。其師曰：如來大師親開五正，既其無罪，汝何不食？對曰：諸大乘經具有分別，是所舊習，性不能改。師曰：我依三藏，律有成科。汝之引文，非吾所學。若懷別見，我非汝師！遂強令進，（質多跋摩）乃掩泣而食，方為受具」（頁3下）。這故事說一位華人追隨唐朝派往印度的使者從北道住入天竺之後，此人在一所小乘佛教的寺院出家，其師要他在接受具足戒之前喫「三淨肉」。雖然這法號名質多跋摩的華僧用大乘經典所載的理論來婉拒，但其師不肯接受，並申明若不吃肉便不授戒。結果，這華僧只好帶淚將淨肉吞入肚腸。上述故事，足見西方有些有些小乘寺院，是以吃淨肉為生的。此外，唐代玄奘三藏（602 – 664）口述，釋辯機（約645 – 649時入）筆受的《大唐西域記》（大正藏編號2087）也記載了一些西域僧徒吃淨肉的情況。其書卷1略云：「阿耆尼國（本註：舊曰焉耆〔今新疆焉耆縣〕），伽藍十餘所，僧

徒二千餘人，習學小乘敎，戒行律儀，潔清勤勵。然食雜三淨，滯於漸敎矣」（頁870上）。同書同卷略云：「屈支國（本註：舊曰龜茲〔今新疆省庫車縣〕）伽藍百餘所，僧徒五千人。習學小乘敎。經敎律儀，取則印度。尙拘漸敎，食雜三淨，潔清耽翫」（同頁）。這兩國的小乘沙門，都是「潔清」於律儀但卻喫三淨肉爲生。所謂「雜三淨」，指不管甚麼肉，只要在「三淨」的情況之下便可供沙門食用之謂。走筆至此，想起廣東人的佛敎居士之中有人持「期齋」（即遇上佛敎節日那天纔吃素而非長期蔬食）。當此類居士吃肉之時，別人便稱他們在「食雜」，此語應該源出玄奘書中的「食雜三淨」。

⑭波羅夷（參〔10〕）指淫、盜、殺、妄語這四項最嚴重的罪行，沙門犯上其中一條的，便要被永遠逐出僧團，不許回頭求恕再作出家人。如今這位比丘曾用手推開女子，因此自疑上述行爲是否了淫戒？

⑮古時中國僧伽認爲不同的律典，是可以互相徵引作爲對某一律典解釋不明白之處作補充之用的。例如遵行《十誦律》寺院遇上寺中有沙門犯戒而律文對所犯的戒應如何判定；如何處分講得含糊之時，寺衆可以引其他律典如《四分律》、《僧祇律》等的律文作補充，甚至可以依其他律典的指示來作處置。參拙作〈從歷史與文化背景看佛敎戒律在華消沉的原因〉頁59－60，刊於《中華佛學學報》第6期，台北民82年。

景印香港新亞研究所《新亞學報》（第一至三十卷）

略論李白五言律詩之格律

韋金滿

一、前言

詩至唐而極盛，作家輩出，而李白則為表表者也。李白志高才大，寄意詩歌，有如鸞鳴鶴唳，格高氣逸，而音調雄渾。其所述作，每感諷時事，以致其忠愛之忱，或託言遊仙，以抒其曠達之思。[1]故自宋以來，學者多舉其思想內容而探析論之，對其格律，鮮有盡其肯綮，尤以五言律詩為然。夫律詩之構成也，即在聲韻律三者，此即漢語文聲容之美之發揮。聲謂平仄，韻謂協韻，律則指篇章句讀辭藻對仗之規律也。[2]吾今撰論此文，即試從聲韻律三者探討李白五言律詩之格律，冀能對其詩所以為美，及盡美而未盡善之點，作不偏不倚之檢討，亦以為探究李白詩歌者闢一蹊徑云耳。

根據清王琦註《李太白全集》，李白存詩一千零三十八首，[3]其屬五言律詩者，依筆者判定，約有一百一十首。[4]

二、平仄

我國家聲，分平上去入四聲。平謂之平，上去入三聲統謂之仄。大抵人情有喜怒哀樂之殊，字音有浮切輕重之異，故能使四聲善為運用，則言者分明，聽者愉快，而吟哦朗誦，尤見聲情相稱，感染力必更深者也。茲分七項論李白五律之平仄如次：

1.拗救

近人王力有言：

> 詩人對於拗句，往往用「救」。拗而能救，就不為「病」。所謂「拗救」，就

是上面該平的地方用了仄聲，所以在下面該仄的地方用平聲，以為抵償；如果上面
該仄的地方用了平聲，下面該平的地方也用仄聲以為抵償。⑤

（1）本句自救

李白五律屬此類者，共得八首九句，如：

寂寥無所歡　〈宿五松山下荀媼家〉第二句

月光明素盤　〈仝上〉第六句

鳳來何苦飢　〈贈柳圓〉第二句

一條江練橫　〈雨後望月〉第四句

往來江樹前　〈對雨〉第八句

案：以上五句，第一字拗仄，故第三字以平聲救之。

揮手自茲去　〈送友人〉第七句

今古一相接　〈謝公亭〉第七句

陶令去彭澤　〈贈臨洺縣令晧弟〉第一句

何處夜行好　〈遊秋浦白笴陂二首之一〉第一句

案：以上四句，第一字拗平，故第三字以仄聲救之。

（2）對句相救

李白五律，其對句相救用平拗仄救者只得四首四次，用仄拗平救者，則有五十一首
七十次。茲舉例說明如下：

平虜將軍婦，入門二十年。　〈平虜將軍妻〉首聯

吾愛崔秋浦，宛然陶令風。　〈贈崔秋浦三首之一〉首聯

蟠木不彫飾，且將斤斧疏。　〈詠山樽二首之一〉首聯

天作雲與雷，霈然德澤開。　〈放後遇恩不霑〉首聯

案：以上四聯，上句第一字拗平，下句第一字以仄聲救之，故屬平拗仄救者也。至如：

暖風花遶樹，秋雨草沿城。　〈送袁明府任長江〉頸聯

海雲迷驛道，江月隱鄉樓。　〈寄淮南友人〉頸聯

島花開灼灼，汀柳細依依。　〈送客歸吳〉頸聯

出時山眼白，高後海心明。　〈雨後望月〉頸聯

韋金滿　略論李白五言律詩之格律　　55

樂哉絃管客，愁殺戰征兒。　〈初月〉頸聯

水紅愁不起，風線重難牽。　〈對雨〉頸聯

野花妝面溼，山草紐斜齊。　〈曉晴〉頸聯

送君從此去，迴首泣迷津。　〈江夏送張丞〉尾聯

碧雲斂海色，流水折江心。　〈送鞠十少府〉頷聯

贈君卷葹草，心斷意何言。　〈留別龔處士〉尾聯

露如今日淚，苔似昔年衣。　〈望夫石〉頷聯

併隨人事滅，東逝與滄波。　〈金陵三首之三〉尾聯

案：以上各聯，上句第一字拗仄，下句第一字以平聲救之，故屬仄拗平救也。又如：

巖種朗公橘，門深杯渡松。　〈送通禪師還南陵隱靜寺〉頷聯

道人制猛虎，振錫還孤峰。　〈送通禪師還南陵隱靜寺〉頸聯

一見醉漂月，三杯歌棹謳。　〈楚江黃龍磯南宴楊執戟治樓〉頸聯

亂流若電轉，舉棹揚珠輝。　〈至鴨欄驛上白馬磯贈裴侍御〉頷聯

六代帝王國，三吳佳麗城。　〈贈昇州王使君忠臣〉首聯

案：以上諸聯，上句第三字拗仄，下句第三字以平聲救之，亦屬仄拗平救也。若乎：

崔令學陶令，北窗常晝眠。　〈贈崔秋浦三首之三〉首聯

以上一例，則不獨本句自救，而對句亦相救者也。

2.黏對

　　所謂「黏」者，乃指下聯首句與上聯次句第二字之平仄相同之謂也，反之，應用平者用仄，應用仄者誤用平，則稱之為「失黏」；所謂「對」者，乃指上下二句之平仄兩兩相反之謂也，反之，則稱之為「失對」。茲分別舉例說明如下：

（1）失黏

綜觀李白五律，失黏者共十首，幾佔全部百分之十，計為：⑦

（1）首聯失黏者五首，如：

斗酒勿為薄，寸心貴不忘。

坐惜故人去，偏令遊子傷。

離顏怨芳草，春思結垂楊。

揮手再三別，臨岐空斷腸。

〈南陽送客〉

剪落青梧枝，灉湖坐可窺。

雨洗秋山淨，林光澹碧滋。

水閒明鏡轉，雲繞畫屏移。

千古風流事，名賢共此時。

〈與賈至舍人於龍興寺翦落梧桐枝望灉湖〉

案：以上二例，其首聯用仄起調式，其頷頸尾三聯則用平起調式也。

吾多張公子，別酌酣高堂。

聽歌舞銀燭，把酒輕羅霜。

橫笛弄秋月，琵琶彈陌桑。

龍泉解錦帶，爲爾傾千觴。

〈夜別張五〉

我來竟何事？高臥沙丘城。

城邊有古樹，日夕連秋聲。

魯酒不可醉，齊歌空復情。

思君若汶水，浩蕩寄南征。

〈沙丘城下寄杜甫〉

我家北海宅，作寺南江濱。

空庭無玉樹，高殿坐幽人。

書帶留青草，琴堂冪素塵。

平生種桃李，寂滅不成春。

〈題江夏修靜寺〉

案：以上三例，其首聯用平起調式，其頷頸尾三聯則用仄起調式也。

（2）頸聯失黏者二首，如：

去國登茲樓，懷歸傷暮秋。

天長落日遠，水淨寒波流。

秦雲起嶺樹，胡雁飛沙洲。

蒼蒼幾萬里，目極令人愁。

〈登新平樓〉

醉別復幾日，登臨遍池臺。

何時石門路，重有金樽開。

秋波落泗水，海色明徂徠。

飛蓬各自遠，且盡千中杯。

〈魯郡東石門送杜二甫〉

案：以上二例，其頸聯用平起調式，其首頷尾三聯則用仄起調式也。

（3）頸尾二聯失黏者兩首，如：

訪古登峴首，憑高眺襄中。

天清遠峰出，水落寒沙空。

弄珠見遊女，醉酒懷山公。

感嘆發秋興，長松鳴夜風。

〈峴山懷古〉

我有吳越曲，無人知此音。

姑蘇成蔓草，麋鹿空悲吟。

未誇觀濤作，空鬱釣鼇心。

舉手謝東海，虛行歸故林。

〈贈薛校書〉

案：以上二例，其首頷二聯用仄起調式，而頸尾二聯則用平起調式也。

（4）四聯皆失黏者一首，如：

行歌入谷口，路盡無人躋。

攀崖度絕壑，弄水尋迴溪。

雲從石上起，客到花間迷。

淹留未盡興，日落群峰西。

〈春日遊羅敷潭〉

案：此首各聯皆用平起調式。⑧

（2）失對

試觀李白五律，其屬「失對」者，多達二十九首三十九句，幾佔全部五律百分之二十六。茲臚列說明如下：

竹色溪下綠，荷花鏡裏香。　〈別儲邕之剡中〉

案：上句「下」與下句「裏」同爲仄聲。

高閣橫秀氣，清幽併在君。　〈過崔八丈水亭〉

案：上句「秀」與下句「在」同爲仄聲。

明宰試舟楫，張燈宴華池。　〈秋夜與劉碭山泛宴喜亭池〉

案：上句「舟」與下句「華」同爲平聲。

全勝若耶好，莫道此行難。　〈見京兆韋參軍量移東陽二首之二〉

案：上句「勝」與下句「道」同爲仄聲。

欲別心不忍，臨行情更親。　〈江夏送張丞〉

案：上句「不」與下句「更」同爲仄聲。

忽聞悲風調，宛若寒松吟。　〈月夜聽盧子順彈琴〉

案：上句「風」與下句「松」同爲平聲。

楚水清若空，遙將碧海通。　〈江夏別宋之悌〉

案：上句「若」與下句「海」同爲仄聲。

風靜楊柳垂，看花又別離。　〈送友生遊峽中〉

案：上句「柳」與下句「別」同爲仄聲。

獨傷千載後，空餘松柏林。　〈謁老君廟〉

案：上句「傷」與下句「餘」同爲平聲，而上句「載」又與下句「柏」同爲仄聲。

伯陽仙家子，容色如青春。　〈送李青歸華陽川〉

案：上句「家」與下句「青」同爲平聲。

四明三千里，朝起赤城霞。　〈早望海霞邊〉

案：上句「千」與下句「城」同爲平聲。

紅顏老昨日，白髮多去年。　〈代美人愁鏡二首之一〉

案：上句「昨」與下句「去」同爲仄聲。

鉛粉坐相誤，照來空淒然。　〈代美人愁鏡二首之一〉

案：上句「相」與下句「凄」同爲平聲。

　　　　但恐佳景晚，小令歸棹移。　　〈遊秋浦白笴陂二首之一〉

案：上句「恐」、「景」與下句「令」、「棹」同爲仄聲。

　　　　白日行欲暮，滄波查難期。　　〈送張舍人之江東〉

案：上句第四字本當爲平聲，此用「欲」字爲仄聲；下句第四字本當爲仄聲，此用「難」字爲平聲。

　　　　五月分五洲，碧山對靑樓。　　〈楚江黃龍磯南宴楊執戟治樓〉

案：上句第四字本當爲平聲，此用「五」字爲仄聲；下句第四字本當爲仄聲，此用「靑」字爲平聲。

　　　　函谷如玉關，幾時可生還？。　　〈奔亡道中五首之四〉

案：上句第四字本當爲平聲，此用「玉」字爲仄聲；下句第四字本當爲仄聲，此用「生」字爲平聲。

　　　　秀才何翩翩，王許回也賢。　　〈同吳王送杜秀芝舉入京〉

案：上句第四字本當爲仄聲，此用「翩」字爲平聲；下句第四字本當爲平聲，此用「也」字爲仄聲。

　　　　搖曳帆在空，清流順歸風。　　〈在水軍宴韋司馬樓船觀妓〉

案：上句第四字本當爲平聲，此用「在」字爲仄聲；下句第四字本當爲仄聲，此用「歸」字爲平聲。

　　以上諸例，足爲李白五律「失對」之明證也。

3.遞用

　　律詩八句，若用首句入韻式，則第一、三、五、七句末字，便可備「平上去入」四聲之遞用也。蓋四聲之調值，各有不同。昔人有言：

　　　　平聲哀而安，上聲厲而舉，去聲清而遠，入聲直而促。⑨

換言之，律詩遞用四聲，讀之必自有抑揚抗墜，鏗鏘悅耳之妙。

　　試觀李白五律，其用首句入韻式者共十九首，能四聲遞用者共六首，約佔百分之三十二。舉證如下：

　　　　秀才何翩翩！王許回也賢。

暫別廬江守，將遊京兆天。

秋山宜落日，秀木出寒煙。

欲折一枝桂，還來雁沼前。

〈同吳王送杜秀芝舉入京〉

案：翩、守、日，桂四字，爲平上入去也。

海鳥知天風，竄身魯門東。

臨觴不能飲，矯翼思淩空。

鐘鼓不爲樂，煙霜誰與同？

歸飛未忍去，流淚謝鴛鴻。

〈贈任城盧主簿潛〉

案：風、飲、樂，去四字，爲平上入去也。

十萬羽林兒，臨洮破郅支。

殺添胡地骨，降足漢營旗。

寒闊牛羊散，兵休帳幕移。

空餘隴頭水，嗚咽向人悲。

〈胡無人行〉

案：兒、骨、散，水四字，爲平入去上也。

秋浦猿夜愁，黃山堪白頭。

青溪非隴水，翻作斷腸流。

欲去不得去，薄遊成久遊。

何年是歸日？雨淚下孤舟。

〈秋浦歌十七首之二〉

案：愁、水、去，日四字，爲平上去入也。

斗酒渭城邊，壚頭醉不眠。

梨花千樹雪，楊葉萬條煙。

惜別傾壺醑，臨分贈馬鞭。

看君穎上去，新月到應圓。

〈送別〉

案：邊、雪、醑，去四字，為平入上去也。

犬吠水聲中，桃花帶露濃。

樹深時見鹿，溪午不聞鐘。

野竹分青靄，飛泉掛碧峰。

無人知所去，愁倚兩三松。

〈訪戴天山道士不遇〉

案：中、鹿、靄，去四字，為平入上去也。

吾考乎李白五律除平上去入四聲遞用外，亦有上去入三聲相間使用者，共五十八首，幾佔全部百之五十三，如：

〈峴山懷古〉，首出女興四字，為上入上去。

〈太原早秋〉，歇早月水四字，為入上上上。

〈宴陶家亭子〉，宅鏡日妙四字，為入去入去。

〈贈別鄭判官〉，哀意盡畔四字，為平去上去。

〈送友生遊峽中〉，垂此叫酒四字，為平去上去。

〈望夫石〉，儀淚女內四字，為平去上去。

〈贈薛校書〉，曲草作海四字，為入上入上。

〈贈錢徵君少陽〉，酒日飲獵四字，為上入上入。

〈月夜聽盧子順彈琴〉，月調手沒四字，為入去上入。

〈登新平樓〉，樓遠樹里四字，為平上去上。

〈江夏別宋之悌〉，空外日淚四字，為平去入去。

〈平虜將軍妻〉，婦悅帳井四字，為上入去上。

〈遊秋浦白笴陂二首之一〉，好雪晚興四字，為上入上去。

〈江夏送張丞〉，忍月水去四字，為上入上去。

〈送鞠十少府〉，興色劍別四字，為去入去入。

〈渡荊門送別〉，外盡鏡水四字，為去上去上。

〈送張舍人之江東〉，去遠暮月四字，為去上去入。

皆其例也。

4.平頭

所謂「平頭」，據劉善經曰：

> 平頭詩者，五言詩第一字，不得與第六字同聲；第二字不得與第七字同聲。
> 同聲者，不得同平上去入四聲，犯者名爲犯平頭。[10]

就律詩而言，上句第一字與下句第一字同平聲，不足爲病；同上去入聲，一字即病也。
吾觀乎李白五律，兩句之中，第一字與第六字使用仄聲者，共三十九處，其犯平頭病
者，則有十二處，約佔全部百分之三十一。譬若：

> 我行懵道遠，爾獨知天風。　〈魯城北郭曲腰桑下送張子還嵩陽〉
> 盡日扶犁叟，往來江樹前。　〈對雨〉
> 抱琴時弄月，取意任無絃。　〈贈崔秋浦三首之二〉

以上三處，上句第一字與下句第一字同爲上聲。

> 漢陽江上柳，望客引東枝。　〈望漢陽柳色寄王宰〉
> 大音自成曲，但奏無絲琴。　〈贈臨洺縣令皓弟〉
> 送行奠桂酒，拜舞清心魂。　〈魯邵堯祠送吳王之琅琊〉
> 弄珠見遊女，醉酒懷山公。　〈峴山懷古〉
> 故人建昌宰，借問幾時迴。　〈對酒醉題屈突明府廳〉

以上五處，上句第一字與下句第一字同爲去聲。

> 白玉一杯酒，綠楊三月時。　〈贈錢徵君少陽〉
> 白雪亂纖手，綠水清虛心。　〈月夜聽盧子順彈琴〉
> 玉蟾離海上，白露濕花時。　〈初月〉
> 白沙留月色，綠竹助秋聲。　〈題宛溪館〉

以上四處，上句第一字與下句第一字同爲入聲。

5.蜂腰

所謂「蜂腰」，據劉善經云：

> 蜂腰者，五言詩第二字，不得與第五字同聲。[11]

不得同聲者，此亦即謂不得同用上去入聲也。吾觀乎李白五律，一句之中，第二字
與第五字使用仄聲者，共一百九十三處，其犯蜂腰病者，則有三十八處，約佔全部百分

之二十。其中同用上聲者七次，如：

　　　　爲我一揮手　〈聽蜀僧濬彈琴〉

　　　　釣水路非遠　〈贈臨洺縣令皓弟〉

　　　　訪古登峴首　〈峴山懷古〉

　　　　藉草依流水　〈江夏送張丞〉

　　　　舉手謝東海　〈贈薛校書〉

　　　　平虜將軍婦　〈平虜將軍妻〉

　　　　與爾情不淺　〈送族弟凝之滁求婚崔氏〉

以上七句，第二字與第五字，同用上聲也。

其同用去聲者十五次，舉例如下：

　　　　野燕巢官舍　〈贈江油尉〉

　　　　獨掛延陵劍　〈宣城哭蔣徵君華〉

　　　　錦帳郎官醉　〈寄王漢陽〉

　　　　跪進彫胡飯　〈宿五松山下荀媼家〉

　　　　月下飛天鏡　〈渡荊門送別〉

　　　　張翰江東去　〈送張舍人之江東〉

　　　　昨夜巫山下　〈宿巫山下〉

　　　　一罷廣陵散　〈自溧水道哭王炎三首之三〉

以上八句，第二字與第五字，同用去聲也。

其同用入聲者十六次，舉例如下：

　　　　莫作千年別　〈送李青歸華陽川〉

　　　　復作淮南客　〈寄淮南友人〉

　　　　拂拭皎冰月　〈代美人愁鏡二首之一〉

　　　　橫笛弄秋月　〈夜別張五〉

　　　　地即帝王宅　〈金陵三首之一〉

　　　　箭逐雲鴻落　〈觀獵〉

　　　　歲落眾芳歇　〈太原早秋〉

　　　　蟠木不彫飾　〈詠山樽二首之一〉

臨驛卷緹幕　〈至鴨欄驛上白馬磯贈裴侍御〉

以上諸句，第二字與第五字，同用入聲也。

6.鶴膝

　　四聲相間遞用，讀之必聲調鏗鏘，倘連用兩上、兩去、兩入，或連用三上、三去、三入，不獨有單調之感，抑且犯「鶴膝」之病也。所謂「鶴膝」，據劉善經云：

　　　　四曰鶴膝，五言詩第五字不得與第十五字同聲。言兩頭細中央麤似鶴膝也。⑫

質言之，下聯出句之末字，切不可與上聯出句之末字同聲也。綜觀李白五律，犯鶴膝之病者，亦復不少，茲臚列說明如下：

　　（1）二上連用─凡十二首，如：

　　　　〈奔亡道中五首之四〉：關水語哭四字，爲平上上入。

　　　　〈題宛溪館〉：好水色上四字，爲上上入去。

　　　　〈贈孟浩然〉：子冕聖仰四字，爲上上去上。

　　　　〈贈崔秋浦三首之二〉：令月酒黍四字，爲去入上上。

　　　　〈魯郡東石門送杜二甫〉：日路水遠四字，爲入去上上。

　　　　〈感遇四首之二〉：菊蕙酒採四字，爲入去上上。

　　　　〈陪宋中丞武昌夜飲懷古〉：夜月水淺四字，爲去入上上。

　　　　〈金陵三首之三〉：國少草滅四字，爲入上上入。

　　　　〈過崔八丈水亭〉：氣水斷去四字，爲去上上去。

　　　　〈對雨〉：目毳起叟四字，爲入去上上。

　　　　〈題江夏修靜寺〉：宅樹草李四字，爲入去上上。

　　　　〈杭州送裴大澤時赴盧州長史〉：遠戀日者四字，爲上上入上。

　　（2）二去連用─凡八首，如：

　　　　〈贈郭季鷹〉：道位食仞四字，爲去去入去。

　　　　〈寄淮南友人〉：國詔道客四字，爲入去去入。

　　　　〈別儲邕之剡中〉：道去綠姥四字，爲去去入上。

　　　　〈贈昇州王使君忠臣〉：國寄靜策四字，爲入去去入。

〈見野草中有名白頭翁者〉：去裏鏡誚四字，爲去上去去。

〈詠山樽二首之一〉：飾勢並拭四字，爲入去去入。

〈金陵三首之二〉：勢戶草月四字，爲去去上入。

〈送友人入蜀〉：路起棧定四字，爲去上去去。

（3）二入連用—凡十四首，如：

〈贈臨洺縣令皓弟〉：澤曲遠國字，爲入入上入。

〈送殷淑三首之二〉：月日去別四字，爲入入去入。

〈奉餞高尊師如貴道士傳道籙畢歸北海〉：見劫竹近四字，爲去入入去。

〈留別龔處士〉：地宅峽草四字，爲去入入上。

〈放後遇恩不霑〉：雷至國室四字，爲平去入入。

〈楚江黃龍磯南宴楊執戟治樓〉：洲戟月盡四字，爲平入入去。

〈夜別張五〉：子燭月帶四字，爲上入入去。

〈贈崔秋浦三首之三〉：縣好落客四字，爲去上入入。

〈雨後望月〉：散合白扇四字，爲去入入去。

〈代美人愁鏡二首之一〉：鏡月日誤四字，爲去入入去。

〈南陵五松山別荀七〉：荀奏石別四字，爲平去入入。

〈侍從遊宿溫泉宮作〉：將月肅氣四字，爲去入入去。

〈送李青歸華陽川〉：子洞魄別四字，爲上去入入。

〈送王孝廉覲省〉：合色轉夜四字，爲入入上去。

（4）二上二去連用—僅一首，如：

〈贈崔秋浦三首之一〉：浦柳事去四字，爲上上去去。

（5）二上二入連用—僅一首，如：

〈秋夜與劉碭山泛宴喜亭池〉：楫客盡海四字，爲入入上上。

（6）二去二入連用—共二首，如：

〈金陵三道之一〉：日宅觀去四字，爲入入去去。

〈送友人〉：郭別意去四字，爲入入去去。

（7）三上連用—僅一首，如：

〈聽蜀僧濬彈琴〉：綺手水暮四字，爲上上上去。

（8）三去連用—共六首，如：

〈送袁明府任長江〉：靑去樹內四字，爲平去去去。

〈尋雍尊師隱居〉：天道臥暮四字，爲平去去去。

〈春感〉：北樹面上四字，爲入去去去。

〈贈江油尉〉：裏舍過尉四字，爲上去去去。

〈沙丘城下寄杜甫〉：事樹醉水四字，爲去去去上。

〈送族弟凝之滁求婚崔氏〉：淺鏡下路四字，爲上去去去。

（9）三入連用—共三首，如：

〈贈漢陽輔錄事二首之一〉：意索白客四字，爲去入入入。

〈謝公亭〉：處月日接四字，爲去入入入。

〈題許宣平菴壁〉：詩跡索鶴四字，爲平入入入。

由上觀之，李白五律犯「鶴膝」之病者，多達四十八首，幾佔全部百分之四十四矣。《聲調四譜圖說》嘗載云：

> 無論五律、七律，其重要之法有二：一爲一句之中，四聲俱備。二爲第一句、第三句、第五句、第七句之末一字，不可連用兩上聲，或兩去聲、或兩入聲。必上、去、入相間。律詩備此二法，讀之必聲調鏗鏘，方盡四聲之妙。[13]

然則，李白對四聲之調用，似欠變化之能事者矣。

7.齟齬

所謂「齟齬」，日人遍照金剛有云：

> 齟齬病者，一句之內，除第一字及第五字，其中三字有二字相連，同上去入是。如曹子建詩云「公子敬愛客」，「敬」與「愛」是其中三字，其二字相連，同去聲是也。元兢曰：「平聲不成病，上去入是重病。」[14]

吾考乎李白五律，一句之內，除第一字及第五字，其中三字有二字相連用仄聲者，凡四百三十一次，其犯齟齬病者，共九十四次，約佔全部百分之二十二。其中二字相連同用上聲者，共三十二次，舉例如下：

樽酒表丹誠 〈送袁明府任長江〉

韋金滿　略論李白五言律詩之格律　　67

山草紐斜齊　　〈曉晴〉

風景每生愁　　〈謝公亭〉

羅衣舞女嬌　　〈寄王漢陽〉

勸爾早耕田　　〈贈崔秋浦三首之二〉

吾子訪閒居　　〈送別〉

秦雲起嶺樹　　〈登新平樓〉

鍾期久已沒　　〈月夜聽盧子順彈琴〉

白水遶東城　　〈送友人〉

空懷戀主情　　〈觀胡人吹笛〉

以上諸句，二字相連同用上聲之例者也。

二字相連同用去聲者，共四十一次，如：

還應掃釣磯　　〈送客歸吳〉

此地舊長安　　〈金陵三首之一〉

西來定未遲　　〈望漢陽柳色寄王宰〉

桃花帶露濃　　〈訪戴天下道士不遇〉

獨自下寒煙　　〈尋雍尊師隱居〉

吾愛孟夫子　　〈贈孟浩然〉

高門大士家　　〈宴陶家亭子〉

因逢桂樹留　　〈寄淮南友人〉

承恩賜御衣　　〈溫泉侍從歸逢故人〉

取意任無絃　　〈贈崔秋浦三首之二〉

即其例也。

二字相連同用入聲者，共二十一次，如：

欲折一枝桂　　〈同吳王送杜秀芝舉入京〉

寂滅不成春　　〈題江夏修靜寺〉

行歌入谷口　　〈春日遊羅敷潭〉

松高白鶴眠　　〈尋雍尊師隱居〉

不知白日暮　　〈觀獵〉

15

頁　30－75

日色促歸人 〈魯郡堯祠送吳五之琅琊〉

飄落欲何依 〈感遇四首之二〉

天長落日遠 〈登新平樓〉

不覺碧山暮 〈聽蜀僧濬彈琴〉

雙鬟白玉童 〈在水軍宴韋司馬樓船觀妓〉

即其證也。

遍照金剛嘗曰：

若犯上聲，其病重於鶴膝。[15]

上官儀亦曰：

犯上聲，是斬刑；去入，亦絞刑。[16]

然則，李白犯齟齬之病者，幾佔全部五分之一，亦復不少矣。

三、協韻

詩之有韻，猶柱之有礎。礎不穩則柱必傾；韻不穩則詩必劣。詩之工拙，大半關繫於韻，故押韻之法，不可不深究者也。茲分兩項論述李白五律協韻之梗概如下。

1.押韻之方式

觀夫李白五律，其押韻方式可分四類：

（一）平起調，首句入韻者一共三首，如：

我吟傳舍詩，來訪真人居。

煙嶺迷高跡，雲林隔太虛。

窺庭但蕭索，倚柱空躊躇。

應化遼天鶴，歸當千歲餘。

〈題許宣平菴壁〉

別離楊柳青，樽酒表丹誠。

古道攜琴去，深山見峽迎。

暖風花遶樹，秋雨草沿城。

自此長江內，無因夜犬驚。

〈送袁明府任長江〉

（二）平起調，首句不入韻者一共三十八首，如：

青山橫北郭，白水遶東城。

此地一為別，孤蓬萬里征。

浮雲遊子意，落日故人情。

揮手自茲去，蕭蕭斑馬鳴。

〈送友人〉

玉瓶沽美酒，數里送君還。

繫馬垂楊下，銜盃大道間。

天邊看綠水，海上見青山。

興罷各分袂，何須醉別顏？

〈廣陵贈別〉

（三）仄起調，首句入韻者一共十六首，如：

髣髴古容儀，含愁帶曙輝。

露如今日淚，苔似昔年衣。

有恨同湘女，無言類楚妃。

寂然芳靄內，猶若待夫歸。

〈望夫石〉

楚水清若空，遙將碧海通。

人分千里外，興在一杯中。

谷鳥吟晴日，江猿嘯晚風。

平生不下淚，於此泣無窮。

〈江夏別宋之悌〉

（四）仄起調，首句不入韻者一共五十三首，如：

見說蠶叢路，崎嶇不易行。

山從人面起，雲傍馬頭生。

芳樹籠秦棧，春流遶蜀城。

升沉應已定，不必問君平。

〈送友人入蜀〉

吾愛孟夫子，風流天下聞。

紅顏棄軒冕，白首臥松雲。

醉月頻中聖，迷花不事君。

高山安可仰？徒此揖清芬。

〈贈孟浩然〉

換言之，李白喜用首句不入韻之體式也。

2.落韻

一般而言，近體律絕，通常俱平韻，且全篇一韻，除排律外，俱不得用通轉韻。昔唐人裴虔餘曾作七絕一首，其上聯押一「垂」字，下聯押一「歸」字，績溪胡仔譏之曰：「檢廣韻集韻略，『垂』與『歸』皆不同韻，此詩為落韻矣。」[17]

吾觀乎李白五律，間有用通轉韻之詩，共五類六首，譬如：

（一）有以上平一東與二冬韻通協者——一首，如：

犬吠水聲中。桃花帶露濃。

樹深時見鹿，溪午不聞鐘。

野竹分青靄，飛泉北碧峰。

無人知所去，愁倚兩三松。

〈訪戴天山道士不遇〉

案：此首「濃、鐘、峰、松」四字，屬上平二冬韻，而「中」字，則屬上平一東韻。

（二）有以上平四支與五微韻通協者——一首，如：

髣髴古容儀，含愁帶露輝。

露如今日淚，苔似昔年衣。

有恨同湘女，無言類楚妃。

寂然芳靄內，猶若待夫歸。

〈望夫石〉

案：此首「輝、衣、妃、歸」四字，屬上平五微韻，而「儀」字，則屬上平四支韻。

（三）有以上平四支與六魚韻通協者——一首，如：

> 我吟傳舍詩，來訪眞人居。
> 煙嶺迷高跡，雲林隔太虛。
> 窺庭但蕭索，倚柱空躊躇。
> 應化遼天鶴，歸當千歲餘。

〈題許宣平菴壁〉

案：此首「居、虛、躊、餘」四字，屬上平六魚韻，而「詩」字，則屬上平四支韻。

（四）有以上平九佳與下平六麻韻通協者——一首，如：

> 四明三千里，朝起赤城霞。
> 日出紅光散，分輝照雲崖。
> 一餐咽瓊液，五內發金沙。
> 舉手何所待？青龍白虎車。

〈早望海霞邊〉

案：此首「霞、沙、車」三字，屬上平六麻韻，而「崖」字，則屬上平九佳韻。

（五）有以下平八庚與九青韻通協者—二首，如：

> 胡人吹玉笛，一半是秦聲。
> 十月吳山曉，梅花落敬亭。
> 愁聞出塞曲，淚滿逐臣纓。
> 卻望長安道，空懷戀主情。

〈觀胡人吹笛〉

案：此首「聲、纓、情」三字，屬上平八庚韻，而「亭」字，則屬下平九青韻。

> 別離楊柳青。樽酒表丹誠。
> 古道攜琴去，深山見峽迎。
> 暖風花遶樹，秋雨草沿城。
> 自此長江內，無因夜犬驚。

〈送袁明府任長江〉

案：此首「誠、迎、城、驚」四字，屬上平八庚韻，而「青」字，則屬上平九青韻。

以上六首，俱爲李白五律落韻之明証也。雖然宋人王安石於七律起句，好用通轉

韻,是乃破體,不足爲法也。⑱

四、對仗

對仗爲詩之容色,亦爲修辭之功。漢語文一字一型,一字一音,一字一義;其字型即天然而可以雙排並寫,無長短不齊之弊。其字音即天然而可以陰陽清濁,左右相應。其字義即天然而可以駕鴦鸂鰈,比翼聯鑣。此爲中國文字天然而特具之美質。近體律絕,既以齊言,字型盡其整齊之美,平仄盡其和聲之美,而對偶則盡其字義與色彩之美者也。故五七律,中兩聯必對爲定式。近人王力有言:

> 對仗是律詩的必要條件。就一般情形而論,律詩的對仗是用於頷聯和頸聯,換句話說,就是第三句和第四句對仗,第五句和第六句對仗。⑲

質言之,凡上下兩句,字數相等,句法相侔,平仄相對者,名之曰「對仗」。

吾觀乎李白五律,其對仗之方式有如下七種:

1. 頷聯相對而頸聯不對者,共四首,約佔全部百分之四,如:

> 東風日本至,白雉越裳來。
> 獨棄長沙國,三年未許回。
>
> 〈放後遇恩不霑〉
>
> 如何青草裏,亦有白頭翁?
> 折取對明鏡,宛將衰鬢同。
>
> 〈見野草中有名白頭翁者〉
>
> 桃花飛淥水,三月下瞿塘。
> 雨色風吹去,南行拂楚王。
>
> 〈宿巫山下〉
>
> 我行憶道遠,爾獨知天風。
> 誰念張仲蔚,還依高與蓬。
>
> 〈魯城北郭曲腰桑下送張子還嵩陽〉

2. 頸聯相對而頷聯不對者,共十六首,約佔全部百分之十五,如:

日暮紫鱗躍，圓波處處生。

涼煙浮竹盡，秋月照沙明。

〈觀魚潭〉

拂拭皎冰月，光輝何清圓。

紅顏老昨日，白髮多去年。

〈代美人愁鏡二首之一〉

何謝新安水？千尋見底清。

白沙留月色，綠竹助秋聲。

〈題宛溪館〉

爲我一揮手，如聽萬壑松。

客心洗流水，遺響入霜鐘。

〈聽蜀僧濬彈琴〉

日出紅光散，分輝照雪崖。

一餐咽瓊液，五內發金沙。

〈早望海霞邊〉

十月吳山曉，梅花落敬亭。

愁聞出塞曲，淚滿逐臣纓。

〈觀胡人吹笛〉

子雲叨侍從，獻賦有光輝。

激賞搖天筆，承恩賜御衣。

〈溫泉侍從歸逢故人〉

青龍山後日，早出海雲來。

流水無情去，征帆逐吹開。

〈送殷淑三首之二〉

吾師四萬劫，歷世遞相傳。

別杖留青竹，行歌蹋紫煙。

〈奉餞高尊師如貴道士傳道籙畢歸北海〉

長安一相見，呼我謫仙人。

21

昔好杯中物，今爲松下塵。

〈 對酒憶賀監二首之一 〉

庾公愛秋月，乘興坐胡床。

龍笛吟寒水，天河落曉霜。

〈 陪宋中丞武昌夜飲懷古 〉

當時百萬戶，夾道起朱樓。

亡國生春草，王宮沒古丘。

〈 金陵三首之二 〉

雨洗秋山淨，林光澹碧滋。

水閒明鏡轉，雲繞畫屏移。

〈 與賈至舍人於龍興寺剪落梧桐枝望灉湖 〉

浮雲本無意，吹落章華臺。

遠別淚空盡，長愁心已摧。

〈 贈別鄭判官 〉

故人楊執戟，春賞楚江流。

一見醉漂月，三杯歌棹謳。

〈 楚江黃龍磯南宴楊執戟治樓 〉

倏忽城西郭，青天懸玉鉤。

素華雖可攬，清景不同遊。

〈 掛席江山待月有懷 〉

3.頷聯及頸聯俱用對仗者，共五十八首，約佔全部百分之五十二，舉例如下：

路歷波濤去，家唯坐臥歸。

島花開灼灼，汀柳細依依。

〈 送客歸吳 〉

魚躍青池滿，鶯吟綠樹低。

野花妝面濕，山草紐斜齊。

〈 曉晴 〉

空庭無玉樹，高殿坐幽人。

書帶留青草，琴堂冪素塵。

〈 題江夏修靜寺 〉

古岫披雲毳，空庭織碎煙。

水紅愁不起，風線重難牽。

〈 對雨 〉

4.首三聯相對者，共十八首，約佔全部百分之十六，譬若：

渡遠荊門外，來從楚國遊。

山隨平野盡，江入大荒流。

月下飛天鏡，雲生結海樓。

仍憐故鄉水，萬里送行舟。

〈 渡荊門送別 〉

歲落眾芳歇，時當大火流。

霜威出塞早，雲色渡河秋。

夢遶邊城月，心飛故國樓。

思歸若汾水，無日不悠悠。

〈 太原早秋 〉

曲巷幽人宅，高門大士家。

池開照膽鏡，林吐破顏花。

綠水藏春日，青軒祕晚霞。

若聞絃管妙，金谷不能誇。

〈 宴陶家亭子 〉

紺殿橫江上，青山落鏡中。

岸迴沙不盡，日映水成空。

天樂流香閣，蓮舟颺晚風。

恭陪竹林宴，留醉與陶公。

〈 流夜郎至江夏陪張史及薛明府宴興德寺南閣 〉

5.尾三聯相對者，共三首，約佔百分之三，如：

我有吳越曲，無人知此音。

姑蘇成蔓草，麋鹿空悲吟。

未誇觀濤作，空鬱釣鼇心。

舉手謝東海，虛行歸故林。

〈贈薛校書〉

借問剡中道，東南指越鄉。

舟從廣陵去，水入會稽長。

竹色溪下綠，荷花鏡裏香。

辭君向天姥，拂石臥秋霜。

〈別儲邕之剡中〉

風靜楊柳垂，看花又別離。

幾年同在此，今日各驅馳。

峽裏聞猿叫，山頭見月時。

殷勤一杯酒，珍重歲寒姿。

〈送友生遊峽中〉

6. 四聯皆用對仗者，共五首，約佔全部百分之五，如：

樓觀岳陽盡，川迥洞庭開。

雁引愁心去，山銜好月來。

雲間連下榻，天上接行杯。

醉後涼風起，吹人舞袖迴。

〈與夏十二登岳陽樓〉

白玉一杯酒，綠楊三月時。

春風餘幾日？兩鬢各成絲。

秉燭唯須飲，投竿也未遲。

如逢渭水獵，猶可帝王師。

〈贈錢徵君少陽〉

六代帝王國，三吳佳麗城。

賢人當重寄，天子借高名。

巨海一邊靜，長江萬里清。

韋金滿　略論李白五言律詩之格律　　　**77**

應須救趙策，未肯棄侯嬴。

〈贈昇州王使君忠臣〉

斗酒勿為薄，寸心貴不忘。

坐惜故人去，偏令遊子傷。

離頻怨芳草，春思結垂楊。

揮手再三別，臨岐空斷腸。

〈南陽送客〉

試發清秋興，因為吳會吟。

碧雲歛海色，流水折江心。

我有延陵劍，君無陸賈金。

艱難此為別，惆悵一何深。

〈送鞠十少府〉

7.頷聯與頸聯俱不用對仗者，共六首，約佔全部百分之五，如：

天行乘玉輦，飛燕與君同。

更有歡娛處，承恩樂未窮。

〈長信宮〉

登舟望秋月，空憶謝將軍。

余亦能高詠，斯人不可聞。

〈夜泊牛渚懷古〉

故人建昌宰，借問幾時迴。

風落吳江雪，紛紛入酒杯。

〈對酒醉題屈突明府廳〉

魚龍動陂水，處處生波瀾。

天借一明月，飛來碧雲端。

〈遊秋浦白笴陂二首之二〉

玉臺北寶鏡，持此意何如？

坦腹東牀下，由來志氣疏。

〈送族弟凝之滁求婚崔氏〉

25

頁　30 － 85

還同月下鵲，三繞未安枝。

夫子即瓊樹，傾柯拂羽儀。

〈贈柳圓〉

由上觀之，李白五律之對仗欠穩且失者，共二十六首，幾佔全部四分之一，宜乎冒春榮
甚原詩說所云：

律詩以對仗工穩為正格，有全首俱不對者，太白多此體，皆屬變格。[20]

更有一事不得不明言者：盛唐五律，對仗只有一聯者，雖為常見，[21]如王維之〈送
賀遂員外外甥〉[22]、高適之〈題愼言法師故房〉[23]、儲光羲之〈寒夜江口泊舟〉[24]、梁
鍠之〈猙氏子〉[25]，率皆變例，間為之可耳，不足多法也。況夫律詩最重對偶，苟對偶
之句，配搭不勻，便不工矣。[26]

五、結語

綜合上述，庶可知李白五律之格律之得失優劣所在，宜乎近世唐詩選本，對李白之
古風樂府，採之頗多，至其律詩，採之則較少，此其由也。茲為明晰起見，特將上述各
項表之如下，並以總結本文。

	項目	內容	數量	百分率
平	拗救	本句自救	8首	7%
		對句相救	55首	50%
	黏對	首聯失黏	5首	5%
		頸聯失黏	2首	2%
		頸尾二聯失黏	2首	2%
		四聯失黏	1首	1%
		失對	29首	26%
	遞用	平上去入四聲連用	6首	32%
		上去入三聲間用	58首	53%
	平頭	同用上聲	3次	8%
		同用去聲	5次	13%
		同用入聲	4次	10%
	蜂腰	同用上聲	7次	4%
		同用去聲	15次	8%
		同用入聲	16次	8%
仄	鶴膝	二上連用	12首	11%
		二去連用	8首	7%
		二入連用	14首	13%
		二上二去連用	1首	1%
		二上二入連用	1首	1%
		二去二入連用	2首	2%
		三上連用	1首	1%
		三去連用	6首	5%
		三入連用	3首	3%
	齟齬	二上連用	32次	7%
		二去連用	41次	10%
		二入連用	21次	5%
協韻		平起調，首句入韻	3首	3%
		平起調，首句不入韻	38首	35%
		仄起調，首句入韻	16首	15%
		仄起調，首句不入韻	53首	47%
		落韻	6首	5%

27

	項目	內容	數量	百分率
對 仗		頷聯相對	4首	4%
		頸聯相對	16首	15%
		頷聯及頸聯皆相對	58首	52%
		首三聯相對	18首	16%
		尾三聯相對	3首	3%
		四聯皆相對	5首	5%
		頷聯及頸聯皆不對	6首	5%

註　釋

①參見凌子鎏《唐詩選本李白詩採選統計》，第1頁，香港中文大學崇基學院出版，1964年。

②參見何師敬群《詩學纂要》上編，第6頁，遠東書局印行，1974年9月。

③計有：卷之二，古風五十九首；卷之三至卷之六，樂府詩一百四十九首；卷之七至卷之二十五，古近體詩七百七十九首；卷之三十，古近體詩五十一首。中華書局出版，1977年9月。

④判定詩體之準則，須視其形式以爲判分之根據。例如〈送張舍人之江東〉一首，李攀龍《古今詩刪》及唐汝詢《唐詩解》均作五古；又如〈聽蜀僧濬彈琴〉一首，沈德潛《唐詩別裁》謂爲五古。以吾觀之，該二首之音調雖爲古體，惟其平仄、對仗及押韻則均爲律體，故吾判定其爲五律。至如〈送楊山人歸嵩山〉一首，雖用平韻，但其平仄及對仗，均不合格律，故吾判定其爲五古，餘皆準此。又考李白〈送趙雲卿〉與〈贈錢徵君少陽〉二詩，題雖不同，詩句則一，故吾亦只選計一首。

⑤見王力《漢語詩律學》、第1章第8節第91頁，上海教育出版社，1962年。

⑥全上。

⑦近體詩歌，有定式之聲調，此聲調，即不外起句入韻與不入韻之兩體，平起仄起之兩調而已。其調式如下：

甲.平起調，起句入韻式：

〈首聯〉平平仄仄平（韻）仄仄仄平平（韻）

〈頷聯〉仄仄平平仄　平平仄仄平（韻）

〈頸聯〉平平平仄仄　仄仄仄平平（韻）

〈尾聯〉仄仄平平仄　平平仄仄平（韻）

乙.平起調，起句不入韻式：

〈首聯〉平平平仄仄　仄仄仄平平（韻）

韋金滿　略論李白五言律詩之格律　　　　　　　　　　　　　　**81**

〈頷聯〉仄仄平平仄　平平仄仄平（韻）

〈頸聯〉平平平仄仄　仄仄仄平平（韻）

〈尾聯〉仄仄平平仄　平平仄仄平（韻）

丙.仄起調，起句入韻式：

〈首聯〉仄仄仄平平（韻）平平仄仄平（韻）

〈頷聯〉平平平仄仄　仄仄仄平平（韻）

〈頸聯〉仄仄平平仄　平平仄仄平（韻）

〈尾聯〉平平平仄仄　仄仄仄平平（韻）

丁.仄起調，起句不入韻式：

〈首聯〉仄仄平平仄　平平仄仄平（韻）

〈頷聯〉平平平仄仄　仄仄仄平平（韻）

〈頸聯〉仄仄平平仄　平平仄仄平（韻）

〈尾聯〉平平平仄仄　仄仄仄平平（韻）

⑧盛唐詩人，往往不縛於律而失黏者，如李頎〈題璿公山池〉，前二聯俱失黏；如崔顥〈黃鶴樓〉，前三
　聯俱失黏；如高適〈送李寀少府〉，頸聯失黏；如岑參〈送李司馬歸扶風〉，後二聯俱失黏；如王維
　〈賈至早朝〉，起結俱失黏；如杜甫〈詠懷古跡五首之二〉，首聯失黏。率皆效古，不足爲法也。

⑨引見唐元和韻譜。

⑩引見日人遍照金剛《文鏡秘府論・文二十八種病》，第169頁，學海出版社印行，1974年1月。

⑪仝上，第174頁。

⑫仝上，第177頁。

⑬引見簡明勇《杜甫七律研究與箋註》第2篇第1章第2節第94頁，五洲出版社，1973年3月。

⑭仝註10，第194頁。

⑮仝上。

⑯仝上。

⑰見胡仔：《苕溪漁隱叢話》。

⑱參見何師敬群《詩學纂要》上編，第10頁，遠東書局印行，1974年9月。

⑲見王力：《漢語詩律學》，第1章第13節，第142頁，上海教育出版社，1962年。

⑳引見孫琴安《唐五律詩精評》，第179頁，上海社會科學院出版，1991年。

㉑王力《漢語詩律學》云：「律詩雖規定用對仗，還有些稍存古法，偶然在頷聯裏免用。」第1章第13節第
　144頁，上海教育出版社，1962年。

㉒王維〈送賀遂員外外甥〉詩：

南國有歸舟，荊門泝上流。

蒼茫葭菼外，雲水與昭丘。

檣帶城烏去，江連暮雨愁。

猿聲不可聽，莫特楚山秋。

㉓高適〈題愼言法師故房〉詩：

精廬不住子，自有無生鄉。

過客知何道？裴徊雁子堂！

浮雲歸故嶺，落月還西方。

日夕虛空裏，時時聞異香。

㉔儲光羲〈寒夜江口泊舟〉詩：

寒湖信未起，出浦纜孤舟。

一夜苦風浪，自然生旅愁。

吳山遲海月，楚火照江流。

欲有知音者，異鄉誰可求？

㉕梁鍠〈猧氏子〉詩：

杏梁初照日，碧玉後堂開。

憶事臨妝笑，春嬌滿鏡臺。

含聲歌扇舉，顧影舞腰迴。

別有佳期處，青樓客夜來。

㉖參見劉坡公《學詩百法》第82頁，上海古籍書店印行，1981年9月。

韓人李睟光《芝峰類說》解杜諸條析評

鄺健行

韓國學者李睟光（1563－1614）[①]著《芝峰類說》20卷，當中卷9至卷12凡4卷，綜論中韓詩文及作者。李氏採用常見的筆記形式，分條述論。他述論杜詩之處不少，粗略計算，當在百條上下，涉及的範圍很是廣泛，有就杜詩整體論說者，如：

古人謂李白為仙才，李賀為鬼才。又謂李白為詩聖，杜子美為詩史。胡宗愈言：杜子美凡出處去就，悲歡憂樂，一見於詩，讀之可以知其世，故謂之詩史。余謂詩而為史，亦詩之變也。

有就個別篇章或詞語褒貶者，如：

羅大經曰：杜陵有全篇用俗語者，不害為超妙，如：「一夜水高三尺強，數日不可更禁當。南市津頭有船賣，無錢即買繫籬傍。」「江上被花惱不徹，無處告訴欲顛狂。」「白頭老罷舞復歌，杖藜不寐誰能那。」是也。楊誠齋多效此體，痛快可喜云。余謂以此格為超妙痛快，則不可知也。

有拿杜詩跟其他詩人同類作品甚至是韓國詩人的作品比對者，如：

杜詩「紅入桃花嫩，青歸柳葉新」；李白「寒雪梅中盡，春風柳上歸」；王荊公詩「綠攪寒蕪出，紅爭煖樹歸」；此三詩皆用「歸」字，而古人以荊公詩為妙甚。余謂不然，老杜巧而費力，荊公欲巧而尤穿鑿，李白為近自然。

杜詩云：「江流天地外，山色有無中。」古人以為絕唱。宋詩云：「山從平地有，水到遠天無。」語意似巧而氣力欠健。又東人有金剛山一句云：「地勢北高山不盡，天容東闊海無窮。」人或稱佳，然乃是兒稚語，無足掛齒牙耳。

有就句子或詞語的解釋提出意見者，如：

1

杜詩「江湖多白鳥，天地有蒼蠅」。以上句「冥冥欲避矰」觀之，白鳥乃指鷗鷺而言。註者以白鳥為蚊蚋，恐不是。

如此之類，不一而足。讀者注意到他的解杜條文特別多，所以本文準備在這方面進行分析討論。所謂「解杜」，即對杜詩中的句子、詞語或單字作表面以至深層意義的解釋，這跟一些條文講褒貶比對、帶有比較濃重的主觀成分不同。本文規定，解釋文字能作具體指說的，才加析評；凡是模棱兩可的，則置而不論；譬如以下條文：

杜詩「竹根稚子無人見」。按《冷齋夜話》引唐人食筍詩曰：「稚子脫錦褓。」韓子蒼以謂「稚子」筍名。或謂稚子指小兒，乃因所見而言。未知孰是。

「未知孰是」也就是無法提出具體指說，便屬置而不論之列。至於像上文所引「江湖多白鳥」條，則清楚表達了個人的看法，不管恰當與否，都作論評。另外有些條文談論動植物名稱，雖也表達了李氏的個人看法，不過一方面對句意的理解不一定有大幫助，再則也欠缺現代生物學上的認證，所以也暫時按下不談。

根據上面的準則，最後選出《芝峰類說》解杜文字四十多條。本文就是據此四十多條進行討論。所據文本為韓國趙鍾業教授1996年所編《修正增補韓國詩話叢編》中收錄的《芝峰類說》②。該書收錄在《叢編》第二冊中，由283頁到404頁。本文析評，主要拿明中葉及以前——主要是宋代，個人接觸到而又比較流行或易得的杜詩註本解說或者學者的個別議論文字，和《芝峰類說》中的解說相比對，以見李睟光的解杜沿襲之處、發揮之處、或者發明之處等等。有時也參考韓人李植《纂註杜詩澤風堂批解》（以下簡稱《澤風堂批解》）③和李睟光以後即明萬曆之後一些中國學者論杜的專著，特別是《錢箋》和《仇註》。此外，韓國近代學者全英蘭在其《韓國詩話中有關杜甫及其作品之研究》一書中④第二章第一節、摘錄《芝峰類說》中論杜甫若干條文的討論文字，撰寫時亦加注意。

以下析評解杜的條文，先後次序，一依原書。

一、

杜詩曰：「莫令鞭血地，再濕漢臣衣。」註：「《漢書》云：『禁中非刑人鞭血之地。』鞭血地，指禁中也。」余謂以《漢書》非鞭血之地為用事，則似不成語。杜詩中如此強造處多矣。

詩句出〈遣憤〉[5]。李睟光謂二句「似不成語」，是「強造語」，那是因為禁中本來不是鞭血之地，詩人卻偏把鞭血地看成禁中，句意恰與原典含義相反之故。

各種舊註，除郭知達輯的《九家集註杜詩》（以下簡稱《九家註》）不引《漢書》，其他各註個人較多接觸者，文字跟《芝峰類說》所引者相同，只是未作如李氏般的評議。稍後於李睟光的韓人李植反而在其《澤風堂批解》有所表示：「曰鞭血地，恐別有所指，若謂是禁中，則粗惡矣。」同樣批評杜詩造語的不當。後來《仇註》對舊註引《漢書》亦有意見，結論是：「可見舊註引《漢書》『禁中非刑人鞭血之地』，於此無涉。」而《錢註杜詩》則另引回紇可汗榜箠唐臣事來代替《漢書》。

平情而論，把本來不是鞭血地的禁中用「鞭血地」三字代指，當然屬於「強造」；李睟光評議恰當。

二、

杜詩「白夜月休弦」。按佛書：望前曰白月，望後曰黑月；蓋用此也。唐詩：「月黑雁飛高，單于夜遁逃。」其曰「月黑」，亦以胡兵月虧則退故也。

詩句出〈夜二首・其一〉[6]。「白夜」一詞，宋人諸註本無說，元、明諸本經檢閱者[7]，亦無解說，顯示此詞起碼未為多數註家留意。李睟光用佛典作說明，見出讀書用心。《杜臆》雖然也說：「佛家以前半月為白夜[8]」，然而時間比李睟光稍晚了[9]。不過李睟光把「月黑雁飛高」的「月黑」同時也指為後半月月虧之時，未免稍見膠固，因為「月黑」「月明」，口中常語。「月黑」只指沒有月色的晚上，不一定必含有「望後」之意。「月黑」和「黑月」字序顛倒，意義便不一定相同。

3

三、

杜詩：「楊王盧駱當時體，輕薄為文哂未休。爾曹身與名俱滅，不廢江河萬古流。」蓋言四子當時別作一體，輕薄為文者哂之，然爾曹身名俱滅，而四子聲名不替，與江河同流於萬古云爾。今按楊慎詩曰：「輕薄哂王楊，群兒謗李杜。光焰萬丈長，江河千古注。」是也。

詩題為〈戲為六絕句・其二〉⑩。「輕薄」句可以有兩種不同解釋，在於看解者怎樣定詩句的主語。如是主語為楊王四子，則是四子為文輕薄，被他人「哂未休」。如果主語是另一些人，則是其他輕薄為文之輩，對四子哂未休了。檢宋人註，除劉辰翁外，大抵用第一種解釋，即主語為楊王四子。註者大抵都引唐史中裴行儉對王勃等人的批評：「士之致遠，先器識而後文藝。勃等雖有文才，而浮躁淺露。」⑪這便是「輕薄」之證。另外註家再引趙次公說：「四子之文，大率浮麗，故公以之為輕薄為文，而哂之未休也。」⑫據此「爾曹」句應是杜甫「哂」四子之語。

李晬光顯然不同意多數宋人的解釋，他以為「輕薄」句的主語不是楊王四子，而是「哂」他們四人的另一批人；「爾曹」和四子是兩類人。他這番意思，劉辰翁批語中已道及：

> 如楊王盧駱亦豈易及哉？爾曹輕薄，不見稱數。第二詩又只借盧王反復言之，以為縱使不及漢魏風騷，皆異材也。爾曹自負不淺，然過都歷塊，乃可見耳，所以極形容前輩之未易貶也。註謂盧王為爾曹，是全失先後語意。

然則不妨說，李晬光的意見，正是由劉辰翁之類的舊註引出。事實上後人多不同意多數宋註的看法，而多傾向劉辰翁一路的解釋。李氏引楊慎詩句是一項證明。《仇註》的態度也是如此。仇兆鰲綜說本詩云：

> 此表章楊王四子也。四公之文，當時傑出，今乃輕薄其文而哂笑之。豈知爾輩不久銷亡，前人則萬古長垂，如江河不廢乎？

四、

　　古人謂杜子美父名閑，故詩中不使閑字。今按杜詩有云：「娟娟戲蝶過閒幔。」又：「曾閃朱旗北斗閒。」考諸韻府，則閑，止也；閒，暇也；通作閑。二字義本不同云。

　　「娟娟」句出〈小寒食舟中作〉，「曾閃」句出〈諸將五首・其一〉⑬。李睟光兩句均作「閒」，此與各宋本用「閑」者異。宋人對兩句的「閑」字有兩種看法：一、以為用父名入詩是不對的，譬如《杜陵詩史》引「洙曰」：「子美父名，集中兩處用『閑』字，皆非是。」二、杜甫用「閑」字，只是臨文不諱的規矩。譬如《草堂詩箋》在論「曾閃」句時云：「或……謂甫父名，詩不應用『閑』字，然按集又有『翩翩戲蝶閑過幔』之句，豈非臨文不諱之義乎？」《九家註》雖引「洙曰」，另段卻同時指出「臨文恐不自以為避」的說法。

　　李睟光指出「閑」「閒」二字意義不同。《九家註》解「曾閃」句如下：「北斗言長安，長安號北斗城也。諸將所以汗馬者，以西戎之逼也。然閃朱旗於北斗城中，而翻閑暇焉。」可見「北斗閑」之閑，有「暇」意，這便須用「閒」字為合。「過閑幔」之閑，宋本沒有解說，李氏大抵也據上述而類推改動。他捨「閑」用「閒」，未見有版本的依據，純從字義下判斷，也能算是一種合理的解說。

五、

　　老杜〈戲韋偃雙松圖歌〉⑭末云：「我有一匹好東絹，重之不減錦繡段，已令拂拭光凌亂，請公放筆為直幹。」按韋偃工畫老松，蓋畫大松為難，而非偃所長，故極其讚美，而以此終之，所謂戲也。

　　〈雙松圖歌〉末數句怎樣顯示出「戲」意，宋元人註本似未嘗指出。明人單復《讀杜詩愚得》卷七有所論列：「我有好絹，愛之重之，請為直幹，蓋譏世之好曲惡直者，亦戲之之詞耳。」既云「譏世」，則是「譏」而非「戲」，而「好曲惡直」之意是對世

人說，不是對韋偃說，這樣也無法跟題意扣合。李晬光認為：韋偃不擅長畫大松，詩人卻故意要他畫，這便流露出「戲」意。如此剖說，無疑扣合到韋偃本身去，比單復的解說可取。只是老松和大松之間，特點不一定相反。老松曲折，大松不一定筆直；大松是高大了，老松不見得必然矮小。所以以大松為直，以直松為大，並且一定和老松相反，恐怕未妥，因為「大」和「老」不是反義詞。儘管這樣，李晬光的解說已較前人進步。後來《仇註》引《杜臆》的話，便見圓滿：

> 韋之畫松，以屈曲見奇，直便難工。匹絹幅長，汝能放筆為直幹乎？戲之也。

「曲」「直」意相反，故意請一個擅畫屈曲樹幹的畫家畫直幹，頗見強人所難。熟人之間，提出這樣的要求，就是「戲」。

六、

> 杜詩曰：「兔應疑鶴髮，蟾亦戀貂裘。」註：「上句公自言其老，下句自言其貧。」余意以其月白，故兔疑鶴髮；天寒，故蟾戀貂裘。結句云：「斟酌嫦娥寡，天寒奈九秋」，亦承上之意也。

詩句出〈月〉（四更山吐月）[15]。言老言貧，趙次公說；宋人註本均引錄。如《九家註》引「趙云」：「上句則公自言其老，下句言其貧。鶴髮，老者之狀。庾信〈竹杖賦〉云：『余老矣，鶴髮雞皮』。貂裘，使蘇季子黑貂裘也。」按鶴髮即白髮，表示年老；蘇秦貂裘，表示寒酸；這是從句中用語去探測作者的心情。但李晬光則從另一角度談論詩句：月色如銀，照在頭上，髮如鶴羽之白，所以兔見之而疑；九秋之際，天氣轉寒，天上和人間無異，所以月殿上的蟾蜍亦戀我之貂裘。前者從兔的視角去寫，後者從蟾的心意去寫。李氏雖未表明不同意前人的看法，但循他解說的方向推論，「兔應」兩句便不一定含有言老言貧之意，只是純粹就「月」字着筆而已。後來《仇註》說：

> 月色臨頭，恐兔疑鶴髮；月影隨身，如蟾戀貂裘。從月色下寫出衰老淒涼之況。

《仇註》前四句跟李晬光看法有好些相通之處，但《仇註》始終放不下向來「言

老言貧」的意念，所以又有最後一句。

　　仔細考慮：註家以爲詩中言老，因爲有「鶴髮」一詞；詩中言貧，因爲有「貂裘」一詞。鶴髮扣老，倒還說得過去；貂裘扣貧，卻是不無可議。貂裘本是富逸——即「貧」的相反面——的象徵，趙註爲了扣合「貧」意，便牽扯到蘇秦失意、身穿骭髒敝裘一事上去，這怎能證明就是詩人下語時的本意？說貂裘爲黑貂裘，添字解句，未見可取。倒不如像李睟光那樣，從文本的脈絡推敲，旣較穩妥，又見新意。

七、

　　　　杜詩「九重春色醉仙桃」，蓋言桃花色紅如醉也。或以為仙桃謂桃實，則可謂桃花，則未穩云。

　　詩句出〈奉和賈至舍人早朝大明宮〉[16]。宋人解仙桃，可有三說。首先，諸家引〈漢武故事〉：

　　　　西王母齎其桃七枚獻帝，帝欲留核種之。王母笑曰：「此桃一千年生，一千年結實，人壽幾何？」遂止。西王母指東方朔曰：「此桃三熟，此兒已三偷也。」

　　其次是趙次公的說法：

　　　　春色着桃酣醉，然以宮中之物，故得以仙桃為言。[17]

　　此外還有「師曰」：

　　　　凡諸稱春者皆酒色……「春色醉仙桃」，言入朝飲酒，其色如桃。[18]

　　註本或三則全引，或引一至三則。細看上引文字，後二者所謂「仙桃」，讀者當下的反應大抵以果實而不是花朵的居多，不過畢竟還勉強可以看成果實或花朵都說得通。至於〈漢武故事〉則明言桃實和偷桃，肯定指果實來說的。李睟光在這裏明白指出：「醉仙桃」是桃花色紅如醉，不是桃子色紅如醉。他還進一步指出不宜把仙桃看成桃實，再把桃實轉換成桃花，這樣遣詞「則未穩」的。李氏之說較前人明晰。

八、

杜詩云:「軒墀曾寵鶴。」按衛懿公好鶴,鶴有乘軒者。說者以為「墀」字誤,改以「軒車」則善矣。余謂說者之見是矣,而「車」字亦未善。韓昌黎詠孔雀詩云:「坐蒙恩顧重,畢命守階墀,」「墀」字似或可矣。

詩句出〈投贈哥舒開府翰二十韻〉⑲。「寵鶴」一詞,宋人多引《左傳》閔公二年「衛懿公好鶴,鶴有乘軒者」作為出處。但「軒」是車子,註家遂懷疑不適宜跟解為臺階的「墀」字結合成詞。《九家註》引「趙云」:「杜預註云:『大夫乘軒。』而公今云『軒墀』何也?以待博雅辨之。」另《杜陵詩史》等引「余曰」:「《邵氏聞見錄》云:『子美軒墀曾寵鶴,如鶴乘軒。《左傳》註云:軒,大夫車也,非軒墀之軒,或以為病,惟知詩者能辨之。』」不過《草堂詩箋》引蔡夢弼的意見,稍為不同。蔡氏以為杜詩借用「軒」字,「非為病也」。可是怎樣具體借用,未嘗指出。張表臣《珊瑚鈎詩話》則主張改字:「若云軒車,則善矣。」墀「殆傳寫之謬。」⑳李睟光筆下的「說者」,即張表臣。李氏對張表臣的主張,肯定之中帶有不滿。他其實比較傾向留回「墀」字不改的。他引韓愈〈奉和武相公鎮蜀時詠使宅韋太尉所養孔雀〉詩末二句㉑,以見寫禽鳥蒙恩和「墀」字合用。然則鶴乘車子固然有據,即鶴守階墀亦未嘗不可,故曰「似或可矣。」

朱鶴齡註杜詩,引《韻會》:「簷宇之末曰軒,取車象也。」從而認為「借用無害。」這算是給蔡夢弼作解說。如果「軒」作「簷宇之末」解,自可與「墀」結合成詞。不過細看李睟光文字,他似乎還不曾把「軒」和「簷」拉在一起作理解。

九、

杜詩曰:「鄰人有美酒,稚子也能賒。」註:「放翁以『也』字作『夜』,最得村意云。」余謂詩意以為鄰家有酒,故稚子亦能賒來,此尤有味,作「夜」字未穩。

詩句出〈遣意二首・其二〉[22]。宋本如《杜陵詩史》、《九家註》、《分門集註》、《草堂詩箋》、《集千家註》均作「夜能賒」，而於「夜」字下另作小字註：「一作『也』。」《九家註》另作補充：「蓋由北人稱『也』爲『夜』，是以誤改耳。」下至元、明諸本，亦多作「夜能賒」者。但《批點杜詩》取「也」代「夜」，註云：「放翁以『也』字作『夜』音，最得村意。」李睟光所謂「註」，大概出此。目中所見，明人單復《讀杜詩愚得》用「也」字，但欠缺說明。《澤風堂批解》同樣作「也能賒」，並說：「『也』字勝，所謂童子適市，莫之或欺也。」而李睟光則似乎從「亦能」兩個虛字去體會題目「遣意」的意蘊，認爲用「也」比用「夜」意味更深長。

但清人仇兆鰲則從另一角度解說。《仇註》是作「夜能賒」的。按全詩云：「簷影微微落，津流脈脈斜。野船明細火，宿鷺起圓沙。雲掩初弦月，香傳小樹花。鄰人有美酒，稚子夜能賒。」仇氏剖析云：「首聯，將夜之景；次聯，入夜之景；三聯，久夜之景；末點夜字，上文皆有關束。」《仇註》這樣一分析，反而顯得「夜」字大是穩妥，殊非「也」字所能取代。

總之，李睟光一派的見解，雖然是一種意見，卻也不容易便說比舊說好。

十、

　　　杜詩「生憎柳絮白於綿」；又「糝徑楊花鋪白氈」。按宋楊巖曰：「柳花與柳絮不同，生於葉間作鵝黃色者，花也；結實已熟，亂飛如綿者，絮也。」然則古今詩人以絮爲花，以花爲絮者多矣。杜詩下句亦未免誤耳。

「生憎」句出〈送路六侍御入朝〉，「糝徑」句出〈絕句漫興九首・其七〉[23]。李睟光之意，以爲「糝徑」句中，「楊花」宜作「柳絮」，始與「白氈」意合（這裏暫不考慮聲調）。這是因爲楊花旣不飄飛鋪地，且色作鵝黃，不合「糝徑鋪白氈」的情景，反之柳絮則是這樣。因此他指出杜甫也未免「以絮爲花」，「糝徑」句不無疵誤。至「生憎」句的描寫則屬正確。

李睟光此段文字，引古人論楊花柳絮之別以後，指出詩人儘有寫花絮不分別的情況，杜詩是其中一例。驟讀之下，似乎是李氏個人的新見，實則宋人論楊花柳絮之誤

時，已同時指出杜句的不當。明人陶宗儀《說郛》卷21引楊伯嵒《臆乘》中〈柳花柳絮〉條可證：

> 柳花與柳絮，迥然不同。生於葉間，成穗，作鵝黃色者，花也；迨花既開，就蒂結實，其實之熟，亂飛如綿者，絮也。古今吟詠，往往以絮為花，以花為絮，略無分別，可發一笑。杜工部詩有「雀啄江頭黃柳花」，又有「生憎柳絮白於綿」之句，則花與絮不同，顯然可見。然又曰：「糝徑楊花鋪白氈。」得非又一時鹵莽而然也？

李氏引文，文字跟《臆乘》中的基本相同，則楊巖當即是楊伯嵒。又宋人朱彧《萍洲可談》卷上亦有一段論柳絮柳花文字，與楊伯嵒者相同[24]。然則李氏只是襲用前人的說法吧了。

十一、

> 杜詩〈杜鵑行〉[25]曰：「業工竄伏深樹裏。」車天輅嘗言杜鵑雛曰業工，出雜書云。而余意業工猶言能工，謂杜鵑善竄伏於深樹間也。

「業工」之義，宋明諸本無註，《仇註》亦然，倒是韓國人有不同解說，好像本段所引車天輅的「杜鵑雛」說，就是例子。車氏雖云出自雜書，可是不知何書，暫難查考。又李植《澤風堂批解》謂「業工當作業業，點句之誤也」。改動以後句意雖通，但畢竟想當然之詞。李睟光謂業工即能工，同樣無文籍上的佐證。他說「杜鵑善竄伏於深樹間」，杜鵑這項本領，未見記載；而且句子改「業工」為「能工」，跟上下文文意未盡扣合。然則他的解說，亦屬想像之詞居多。全英蘭《韓國詩話中有關杜甫及其作品之研究》139頁引李睟光此條，按語云：「李說甚是。」只是全氏未作解釋，無法明白她同意李氏的理由。[26]

十二、

　　杜詩曰：「籬邊老却淵明菊，江上徒逢袁紹盃。」釋者以為袁紹避暑為河朔飲，此言盛暑為客，秋盡未迴也。按華察詩曰：「袁紹風流今寂寞，何日江上更傳杯。」亦屬夏節，故用此語。然袁紹事恐別有出處，非指河朔飲也。

　　詩句出〈秋盡〉[27]。「江上」句，《杜陵詩史》註云：「洙曰：《典略》曰：『劉松、袁紹於河朔三伏之際，晝夜飲酒，至於無知，以避一時之暑，故河朔間有避暑之飲。』」宋人註釋均同。只是此次題目為〈秋盡〉，時節和袁紹三伏之飲不同；而且袁紹河朔之飲未涉江海水際（「河朔」不等於真正的江邊河邊）；凡此均足以引起李晬光對舊註準確性的懷疑，因此說「袁紹事恐別有出處」。

　　後人對宋註亦覺不安，《仇註》引楊慎說：「〈鄭玄傳〉[28]：『袁紹總兵冀州，遣使要玄大會賓客，玄最後至，乃延升上坐。身長八尺，飲酒一斛，秀眉朗目，容儀溫偉。』舊指河朔之飲，非是。」[29]不過即使用鄭玄事，也只能說是「鄭玄杯」而不是「袁紹杯」，況且杜詩中「江上」一詞仍無着落。楊慎新說，按理仍未盡洽人意。李晬光書中頗引楊慎說，他顯然是看過楊慎的作品的。他對宋註的懷疑，甚至有可能還是受到楊慎的啟發，可是他不逕用楊慎新說，只云「恐別有出處」，態度相當保留。倘使真是這樣，則他讀書不隨便附和的精神，倒是可取。

十三、

　　杜詩「蛟龍半缺落，猶得折黃金」，蓋折，當也，猶折價之折。

　　句出〈銅瓶〉[30]。折，宋人及以後作「準折」解，如《九家註》引「師曰」：「蛟龍蓋瓶上刻鑄之象，今雖缺落，猶可準折黃金，則其工巧可知。」「準折」即今語「公平折實價錢」之意。又《仇註》引楊慎曰：「折，當也。」李氏兼用楊慎及宋人說。

十四、

杜詩:「楊花雪落覆白蘋,青鳥飛去啣紅巾」,註者曲為之解。然余意「楊花雪落」云云,蓋即景說也。「青鳥飛去」乃宮使絡繹往來之意。而紅巾,唐時凡賜物,以紅巾包裹,故王建〈宮詞〉曰:「旋拭紅巾入殿門。」又曰:「縫得紅羅手帕子。」又曰:「重結香羅四出花。」是也。

二句出〈麗人行〉[31]。《杜陵詩史》、《分門集註》及《集千家註》引「洙曰」及「趙曰」,只指出青鳥與西王母故事以及紅巾的作用,不涉句中的隱喻成分。「楊花」句且無註。《九家註》引「趙曰」,也只是加上「且以託言昵戲之事矣」一句。但《草堂詩箋》跟上述諸註不同,註「楊花」句,引北魏太后與楊白花淫亂事:

後漢(漢宜作魏)孝文帝尊宣靈皇后胡先華為皇太后。後臨朝攝政,淫亂,幸楊白花。以意言之,則蘋為正而楊花為邪。言覆白蘋者,欲掩其惡也。此詩託意為刺楊氏作。柳子厚有〈楊白花〉詞云:「楊白花,風吹度江水。坐令宮樹無顏色,搖蕩春江千萬里。茫茫曉月下長秋,哀歌未斷城鴉起。」蓋廣子美之詩意也。

所謂「註者曲為之解」,主要指《草堂詩箋》的註。杜詩這兩句只宜看作客觀寫景,不必牽涉到譏刺楊氏穢事上面去,《批點杜詩》已有此說:「畫出次第宛然。『楊花』『青鳥』兩語,極當時寵從如雲、衝拂開合、綺麗駿捷之盛,作者之意,自不必人人能識也。」然則李氏所論,雖似新見,其實也只是恢復宋人如《杜陵詩史》或《批點杜詩》中的說法罷了。

十五、

杜詩「第五橋東流恨水」。註:「第五橋,長安城外送別之地。」按唐時長安中街名,有第一、第二、第三、第四、第五。又《綱目》註:「長安朱雀街東第五街等處,有流水屈曲,謂之曲江。」申從護詩所謂第五橋,蓋借用杜耳。

詩句出〈題鄭十八著作丈故居〉[32]。《九家註》：「（洙曰）第五橋、皇陂，皆長安郭外送別之地。」《杜陵詩史》、《分門集註》同。《九家註》又引「趙曰」補充：「皇子陂在萬年縣西南二十五里，第五未橋詳。」因爲「第五橋未詳」，李睟光便嘗試作說明。總的說來，他不同意第五橋在長安城外的說法，認爲第五橋在城中第五街。

按杜甫有〈陪鄭廣文遊何將軍山林十首〉[33]，第一首起聯云：「不識南塘路，今知第五橋。」《仇註》引《通志》云：「韋曲之西有華嚴寺，寺西北有雁鶩坡，坡西北有第五橋。」又引張禮〈遊城南記〉：「第五橋，在韋曲西，以姓得名。」而杜甫另有〈奉陪鄭駙馬韋曲二首〉[34]，第一首起句云：「韋曲花無賴。」《仇註》引《杜臆》：「韋曲，在京城三十里，貴家園亭、侯王別墅，多在於此，乃行樂之勝地。」又引《錢箋》：「《雍錄》：呂圖，韋曲在明德門外，韋后家在此，蓋皇子陂之西也。」由此看來，第五橋確在長安城外。「第五」是姓，不能作第一，第二，第三的數目次序看。李睟光引第五街有「流水屈曲」作說明，未合。且「流水屈曲，謂之曲江」，畢竟不曾說到橋。李氏對第五橋的解說未是。

十六、

杜詩曰：「空留玉帳術。」註云：「兵書也。唐〈藝文志〉有《玉帳經》一卷。」古賦曰：「轉絳宮之玉帳。」又曰：「居貴神之玉帳。」宋・張淏曰：「玉帳乃兵家厭勝之方位，主將於其方置帳，則堅不可犯。如正月建寅，則為玉帳，主將宜居，詳見《符應經》。李白詩曰：「身居玉帳臨河魁」是也。

句見〈奉送嚴公入朝十韻〉[35]。「註」指宋人註。《九家註》於此句下曰：「唐〈藝文志〉有《玉帳經》一卷，兵書也。」又引「趙云：「玉帳者，大帥將軍之帳。」宋人註大抵不出此，下至單復《讀杜詩愚得》尚然。

李睟光文字自「古賦曰」以下，全是宋人張淏補充解釋「玉帳」一詞的文字。但是由於句序先後有時顛倒，文句有時總撮和增刪，讀者或者誤會其中可能有部分是李氏的意見。按《說郛》引張淏《雲谷雜記》，首先批評註家對「玉帳」的解說「俱不得其詳」，接下去說：

按顏之推〈觀我生賦〉云：「守金城之湯池，轉絳宮之玉帳。」又袁卓〈遁甲專征賦〉云：「或倚其直使（原作『其□使』，據《仇註》補）之游宮，或居其貴人之玉帳。」蓋玉帳乃兵家厭勝之方位，謂主方於其方置軍帳，則堅不可犯，猶玉帳然。其法出於《黃帝遁甲》，以月建前三位取之。如正月建寅，則巳為玉帳，主將宜居。李太白《司馬將軍歌》云：「身居玉帳臨河魁。」「戌為河魁，謂主將之帳在戌也。

據張淏說，玉帳是主帥的軍帳，不會被敵人攻拔，其堅固如玉。要使軍帳堅固如玉，建立時便得依照一定的法則。這要看當年的「月建」是甚麼，根據「月建」來推算出立營帳的方位，法則是「月建」地支以後數三個數的位置。譬如當年正月建寅，那麼由寅數下去，寅的後第三個數為「巳」，則軍帳立在「巳」的方位，便是穩固，可稱為「玉帳」了。同樣正月如果建子，由子數三個數到「卯」，主帥軍帳建在卯位，也是玉帳了。

李晬光雖然引錄張淏文字，但是他刪去「猶玉帳然」、「以月建前三位取之」和「則巳為玉帳」三句，文意便不連貫明晰。由此看來，玉帳的真正意義，他是否完全掌握，還可考慮。

十七、

杜詩：「莫笑田家老瓦盆，自從盛酒長兒孫；傾銀注目驚人眼，共醉終同臥竹根。」註者以為瓦盆中喫飲。與傾銀玉之少年同醉臥於竹根之傍。《鶴林玉露》亦言如此。「《酒譜》曰：『醉倒終同臥竹根，』蓋以竹根為杯，見江淹集云。」余按庾信詩：「野爐燃樹葉，山杯捧竹根」、此亦以「竹根」為飲杯，但「臥」字未穩。竊意以古詩「銀杯同色試一傾」觀之，「傾銀注目」皆謂酒色。而結句乃言醉倒則與瓦盆同臥於竹根也。從《酒譜》作「醉倒」，似是。王半山詩云：「人與長瓶臥芳草」，亦此意。

詩為〈少年行二首・其一〉[36]。所引註，見《草堂詩箋補遺》[37]。羅大經《鶴林玉露》卷八：「蓋言以瓦盆盛酒，與傾銀壺注玉杯者同一醉也，尚何分別之有？」與《草

堂詩箋補遺》說法接近,故云「亦言如此」。

前人解此詩時,多着眼於「竹根」一詞的意義。杜田《補遺》引《酒譜》,以爲「竹根」是飲杯,並說事見《江淹集》。但此事宋人在《江淹集》未見,故諸家以爲疑。庾信詩「野爐」兩句,似乎把「竹根」看成飲器,可以作爲證據了,但「竹根」果眞解成飲器,杜句中「臥竹根」三字卻是難以說明白:飲杯怎樣臥?所以宋人多把「竹根」解成「竹林中」或「竹根之傍」的。李睟光拿「竹根」和王安石詩的「芳草」相比對,顯然也是持「竹林中」或「竹根之傍」之說的。

李氏補充解說的地方在「傾銀注玉」四字。《九家註》引「趙曰」:「銀、玉皆盛酒之器。」也就是羅大經說的銀壺玉杯。但李氏則以爲銀、玉皆是酒之色,即白色或碧色。他是受到古詩「銀杯同色試一傾」的啓發的,意念很新。不過意念雖新,不一定就是恰當。銀色碧色的酒如何便能「驚人眼」呢?只有貴公子們用金玉製造的酒器,跟田家的老瓦盆,其精美粗拙大不相同,眼皮淺薄的田家才會有目未嘗見的「驚眼」感覺。

此外,李氏解結句,似乎也欠準確。舊註說法是:少年和田家喝醉後,同臥竹根之傍。李氏則似乎解作田家醉倒之後,和瓦盆同臥在竹根之傍,跟王安石詩寫的人跟長瓶同臥在草地一樣。話雖如此,如果我們仔細咀嚼結句中的「共醉」「終同」兩詞,把「共」者「同」者看成爲人物——田家與少年,意義更順;若說田家與瓦盆,撇開詩中主角少年不顧,未免突兀而欠缺照應了。

十八、

按古樂府曰:「何時大刀頭,破鏡飛上天」,謂夫還期在月如破鏡時也。古詞「邊月破鏡飛」乃出於此。杜詩云:「悠悠邊月破。」註:「月破謂月將盡也。」然韓詩云:「新月憐半破,」乃月未滿時也。樊川亦云:「半破前峰月。」凡言月破,蓋謂半缺。或言破鏡,半月也,謂半月當還也。

杜句出〈雨〉(山雨不作泥)[⊗],韓愈句出〈合江亭〉,杜牧(樊川)句出〈池州送孟遲先輩〉。註文「月破謂月將盡也」,《草堂詩箋》語。其他宋註或無說,或雖有此意而文字不同。如《九家註》引「趙云」:「言破除之破,一月而去也。公有句云:

『二月已破三月來』，亦此破義。」後來《仇註》亦引「二月」句詩，並說：「月破，月殘也。」總而言之，註家均以爲接近月底時的缺月爲破月，月破限指月底時的缺月現象。然而李晬光引韓詩「新月憐半破」，指出「破月」也可用於上半月時的缺月，說法爲諸註家所未及。就常理言，既云半缺，則上半月的缺或下半月的缺都說得通的。誠然，「悠悠邊月破」下面句子爲「鬱鬱流年度」，說的是年光過去。下句句意如此，那麼「悠悠」句也以寫一月之將逝——也就是說「月將盡」——爲合。而且「月殘」所流露的衰颯意味，也跟整首詩的「旅人流落而悶」（《仇註》語）的情調配合。從這個層面說，舊註沒有錯；事實上李晬光也沒有說舊註錯了。他只是給「月破」添加新解，看來還是可取的新解。

十九、

古詩「障日錦屠蘇」。按晉太康中，天下商農通着大障日，童謠曰：「屠蘇障日覆兩耳」，此也。杜詩「走置錦屠蘇。」註：「屋名。」恐不是。蓋屠蘇有數義，與此義不同耳。

詩句出〈槐葉冷淘〉[39]。屠蘇主要有二義：一爲酒，一爲屋；各家均指出。《杜陵詩史》引「洙曰」：「蜀人元日入香葉漬酒而飲，謂之屠蘇。」又引杜田曰：「屠蘇，屋名。」兩種解釋都有附和者，而以附和杜田說的較多。《九家註》引「趙云」：「錦屠蘇指御前帳屋，馳貢此冷淘，先置之帳屋憩泊，以俟進也，故下句云「路遠思恐泥」焉。後來《仇註》論「願隨金騕褭，走置錦屠蘇」曰：「對冷淘而思入獻」、「此思馳貢冷淘」，而以帳屋之說爲是。但《草堂詩箋》則持相反看法：

屠蘇……或以為屋名，或以為酒名……

今詳此詩，蓋言酒也。遣馬走取屠蘇，欲其速也。甫意謂有槐葉冷淘香飯蘆筍，皆奇物。更得屠蘇相兼，尤為美也。

李晬光不同意屠蘇爲屋名之說。他當然知道屠蘇另有酒名一義，可是他不提出來加以肯定。這似乎表示他對傳統的兩種解說都不滿意或不盡滿意，可是自己又拿不出一個

廓健行　韓人李睟光《芝峰類說》解杜諸條析評　　　　　**99**

更有力的說法。

二十、

　　老杜〈別贊上人〉詩曰：「楊枝晨在手。」⑩東坡詞曰：「盆水靑楊枝。」按
佛書：「晨嚼齒木」，註：「楊枝淨齒也。」又《隋書》云：「眞臘國人，每朝澡
洗，以楊枝淨齒，讀誦經咒。」今俗呼齒木爲楊枝，疑以此也。或謂術家以楊枝灑
水云，恐不然。

　　楊枝的作用，據宋人註，約有兩種，一是用來灑水。《九家註》引杜田《補遺》：
「佛經曰：手把楊枝，遍灑甘露之水。」一是食後用來咀嚼淨齒。《補遺》又引《僧祇
律》云：「楊枝，齒木也，食畢持之嚼。」咀嚼淨齒之說，除《九家註》引述外，宋人
各本或者不引，或雖引而不贊同。《杜陵詩史》謂「徒爲贅矣」；《草堂詩箋》斥爲
「謬說」。楊枝灑水說爲各本採納，《草堂詩箋》並進一步說明：「言以楊枝洗淨梵唄
也。」李睟光顯然不同意多數宋註贊成的楊枝灑水說，他傾向咀嚼淨齒的意見，然而不
是在食後，而是在淸晨起來以後，他根據的是佛書「晨嚼齒木」的記載，再加上《隋
書》卷83〈南蠻傳‧眞臘〉的文字作爲證明。李睟光的說法不一定對，不過從詩意看，
「楊枝洗淨梵唄」一語較難理解。梵唄怎樣給楊枝水洗淨？很不好說。至於早晨淨齒，
不過是日常生活實況。佛敎徒淸晨確有淨齒的習慣的，柳宗元〈晨詣超師院讀禪經〉起
句「汲井漱寒齒」可證，淨齒用井水或者用楊枝，用品不同，目的還是一樣。

二十一、

　　杜詩「燈前細雨簷花落」。按徐稺與陳蕃書曰：「簷花細雨，豈不願承一夕
敎」云云，蓋用此也。

　　詩句出〈醉時歌〉⑪。但此句有作「簷前細雨燈花落」者。宋人本子，作「燈前」

「簷花」的爲《九家註》、《草堂詩箋》；其餘作「簷前」「燈花」。但《澤風堂批解》和《仇註》則同李晬光引句。

《九家註》引：「趙云」釋「簷花」：「近乎簷邊之花也。」註中並歷引前人用「簷花」一詞的詩句，以見此詞不是「生造」的，完全可以入詩。《杜陵詩史》諸本句中無「簷花」一詞，只有「簷前」一詞，可是同樣引趙註論「簷花」一語，十分可怪。

諸本雖證明「簷花」一詞的來歷，卻不曾對「細雨」一詞有說明，註家大抵認爲此詞淺白，不必解說。李晬光引徐稺書，使人見出「細雨」「簷花」有共同出處。然則杜詩中兩詞合用，益見自然；倘作「簷前」「燈花」，反覺前人文字的依據少了。李氏引徐稺書，其他各註未及，殊覺可取。

只是嚴輯《全東漢文》，此信未見，或者別有出處，待進一步查證。

二十二、

杜詩「罘罳朝共落」，蓋指殿角網而言。段成式云：「人多呼護雀網爲罘罳，誤矣，」漢文紀：未央東闕罘罳災。簷角網不應獨災而不及殿宇。《古今註》：「罘罳，屏也，合板爲之，亦築土爲之。每門闕殿舍皆有之，今之照牆也。」

詩句出〈奉送郭中丞兼太僕卿充隴右節度使三十韻〉[42]。段成式語見《酉陽雜俎》續集卷之四〈貶誤〉，原作「士林間多呼殿檐栭護雀網爲罘罳，其淺誤也如此。」「罘罳」之義，宋人葉□（原闕此字）《愛日齋叢鈔》卷一有詳細說明。文中引宋程大昌《演繁露》，以爲前人的解說有五：

其一：鄭康成引漢闕以明古屏，而謂其上刻爲雲氣蟲獸者是。

其二：顏師古註本鄭說，兼屏闕言之……曰：「罘罳，謂連屏曲閣也，以覆重刻垣墉之處，其形罘罳，一曰屏也。」

其三：漢人釋罘罳爲「復思」，雖無其制而特附之。義曰：臣朝君，主罘罳下而復思。

其四：崔豹《古今註》依倣鄭義……析以爲二，闕自闕，罘罳自罘罳。曰：「漢西京罘罳，合板爲之，亦築土爲之。」作者進一步分析崔豹之意：「詳豹之

意，以築土者為闕，以合板者為屏也。」

其五：唐蘇鶚謂為網戶。《演義》曰：……罘，浮也；罳，絲也。謂織絲之文，輕疏浮虛之貌，蓋宮殿窗戶之間網也。⁴³

趙次公註「罘罳」，《九家註》錄入，所言不出上述各點。趙註引崔豹語，則曰：「罘罳，屏也。」趙次公以為罘罳為網（蘇鶚說）和罘罳為屏（崔豹說，唐人段成式說同）均可取，尤以「為屏」說為長。

詳觀李睟光文字，似乎傾向蘇鶚說，但又提到《古今註》，未作否定，顯然是趙次公的態度。

二十三、

杜詩曰：「雨抛金鎖甲，苔臥綠沈槍。」謂以綠飾其柄也。《初學記》曰：「人以綠沈漆（原作柒）竹管遺王羲之。」《侯鯖錄》云：「綠沈，竹名；又古弓名。」以綠為飾也。

詩句見〈重過何氏五首・其四〉⁴⁴。「綠沈」之義，說法紛紜，宋註之中，有以為弓名者，有以為精鐵者，有以為以綠為飾者，有以為以綠色之物沈沫其柄者⁴⁵。李睟光合末二意作解說，然而不算是個人的主見，大概是本於宋人吳曾及明人楊慎的。吳曾《能改齋漫錄》卷4有〈綠沈〉條，先辯趙德麟《侯鯖錄》中竹名之說的錯誤，然後下結語曰：「槍稱綠沈，則以綠為飾。」而王羲之的「綠沈漆竹管」也就是以綠為飾的筆管。楊慎《升菴詩話》卷8有〈綠沈〉條：「以綠沈色為漆飾其柄。」

二十四、

杜詩「霜皮溜雨四十圍」。沈存中云：「四十圍是七尺徑，無乃太細長乎？」按《說郛》曰：「以人兩手大指頭相合為一圍，一圍是一小尺。如〈泰山記〉『泰山廟中柏皆二十餘圍』是也。」

句出〈古柏行〉[45]。杜甫形容孔明廟前老柏，寫這麼兩句：「霜皮溜雨四十圍，黛色參天二千尺。」沈括（存中）論杜句的意見，見所著《夢溪筆談》卷23〈譏謔〉則。沈括謂「太細長」，指二千尺高的樹幹只有七尺直徑來說的。沈括的評論，後人反響不少，主要有兩種：一是以爲詩中的「二千尺」「四十圍」，不能作實數而只能作極度形容之詞看。好像宋人王安國《學林新編》便說：「四十圍、二千尺亦姑言其高且大也。詩人之言當如此，而存中乃拘以尺寸校之，則過矣。」清人朱鶴齡明言「四十圍、二千尺，皆假象爲詞，非有故實。」《仇註》則指計較具體粗細，「皆爲鄙說。」另一種反響，則以爲沈括所說的具體數字「七尺徑」不準確，計算之下，直徑要超過七尺的，因此杜甫詩中的老柏不是「太細長」。李晬光引《說郛》代表己見，顯然屬於後一種反響。

《杜陵詩史》及《九家註》均引黃朝英《緗素雜記》中反對沈括「七尺徑」說的文字：

> 古制以圍三徑一。四十圍即百二十尺。圍有百二十尺，即徑四十尺矣，安得云七尺也。若以人兩手相合爲一圍，則是一小尺，即徑一丈三尺三寸，又安得云七尺也。

所謂「圍三徑一」，即我們今天的圓周率。圓周：直徑＝3.1416：1，簡單說成3：1，即「圍三徑一」。古人對一圍的長度解說不一，當中有三說跟本文的討論有關：

（1）五寸說。《古今韻會舉要・微韻》：「圍，一圍五寸。」

（2）三尺說。《莊子・人間世》：「絜之百圍。」陸德明《經典釋文》：「李云：『徑尺爲圍，』蓋十丈也。」這是說，直徑爲一尺的圓周稱爲「圍」，然則一圍就是三尺了。

（3）一尺說。所謂「兩手相合爲一圍」。這是說人兩手大姆指相接，各向左右張開後的長度；這個長度古人以爲是一尺左右。

沈括恐怕是持「五寸說」的。一圍五寸，即兩圍爲一尺，那麼樹周四十圍便是二十尺，據「圍三徑一」的定理，二十尺除以三，直徑便是七尺左右。黃朝英則是拿「三尺說」和「一尺說」反駁沈括（《說郛》編者陶宗儀亦持「一尺說」）：樹周四十圍即一百二十尺，那麼樹幹直徑便是四十尺了。即使一尺作一圍計，樹周四十圍即四十尺，四

十尺除以三,直徑也有一丈三尺三寸的。

由於各人對「圍」字的理解不同,計算結果各異,其間不存在誰錯誰對的問題。李晬光引《說郛》,表示他不認同沈括的說法,心底其實想洗去杜詩「太細長」之譏吧了。

二十五、

杜詩〈紫宸退朝〉曰:「花覆千官淑景移。」又:「退朝花底散,歸院柳邊迷。」因此後人遂謂唐朝殿前種花柳云。余按杜甫為拾遺時,乃在鳳翔行在。所謂「紫宸」,即鳳翔行殿,非長安之宮闕。如〈早朝大明宮〉,亦鳳翔耳。

「花覆」句出〈紫宸殿退朝口號〉,「退朝」二句出〈宣政殿退朝晚出左掖〉[47]。〈早朝大明宮〉全題為〈奉和賈至舍人早朝大明宮〉[48]。所謂後人,實指朱子。《朱子語類》卷128云:「唐殿廷間種花柳,故杜詩云:『香飄合殿春風轉,花覆千官淑景移。』又云:『退朝花底散。』」

李晬光的說法不對。三詩均作於長安,寫的也是長安的宮闕,不是寫鳳翔行在。茲從以下四方面作說明:

(1)宋人杜甫年譜,如呂大防譜、魯訔譜或黃鶴譜,均謂肅宗至德二載夏天,杜公在鳳翔上謁,拜左拾遺。隨以上疏救房琯,觸怒肅宗,八月,放還鄜州省家,不久返回鳳翔。同年十月,肅宗還長安,公扈從。明年乾元元年正月至六月,公在長安。〈紫宸〉等詩,均在長安作,故《魯譜》在「乾元元年」條下云:「春,公有〈紫宸〉、〈退朝口號〉、〈虞賈至朝大明宮〉……等詩。」

(2)諸詩均描寫春景:「香飄合殿春風轉」(〈紫宸殿退朝口號〉)、「春殿晴曛赤羽旗」(〈宣政殿退朝晚出左掖〉)、「九重春色醉仙桃」(〈奉和賈至舍人早朝大明宮〉)。既是春景,則必在長安,不可能在鳳翔。

(3)三詩寫到的殿名:大明宮,宣政殿,紫宸殿,均建在長安,史籍記載明明白白。李氏謂是鳳翔行殿,不知何據。

(4)唐代長安宮殿前確種花柳,其他詩人亦見題詠。賈至《早朝大明宮呈兩省僚

友》有句云：「千條弱柳垂青瑣」，岑參和作亦有句云：「花迎劍佩星初落，柳拂旌旗露未乾。」凡此均是證明。

二十六、

杜詩曰：「知章騎馬似乘船。」按晉阮咸醉騎馬欹傾，人指而笑曰：「簡老子騎馬如乘船行波浪中。」下句「眼花落井水底眠」。按晉王祥憑肩輿，頭不舉，其親戲之曰：「子眼花，在井底，身在水中，睡亦不醒耶？」蓋用此也。

詩句出〈飲中八仙歌〉[49]。阮咸、王祥事出蘇軾註，《草堂詩箋》、《分門集註》、《集千家註》均引錄。《仇註》以為「偽蘇註所引阮咸、王祥事，俱係安撰，今削去」。李睟光不知《蘇註》為偽，加以引用。即使《蘇註》不偽，他也不過據前人成說過錄，未見新意。

二十七、

杜詩「江湖多白鳥，天地有蒼蠅。」以上句「冥冥欲避矰」觀之，白鳥乃指鷗鷺而言。註者以白鳥為蚊蚋，恐未是。

詩句出〈寄劉峽州伯華使君四十韻〉[50]。「蒼蠅」，諸本作「青蠅」。

宋人註「白鳥」有二說：《九家註》引《杜詩補遺》：「一說謂鷗鷺之類，《詩》言『白鳥翯翯』是也；喻賢者之潔白而棄置江湖間。一說謂白鳥蚊蚋也，以譬喻小人；言賢者居亂世欲隱而為蚊蚋所嚼，欲出則為青蠅所汙，是無逃於天地之間矣。」觀宋人及仇兆鰲等註，或兩說並存，或雖兩說並存而略傾向蚊蚋說（如《仇註》）；或棄去鷗鷺說，只用蚊蚋說（如《草堂詩箋》）。單獨肯定鷗鷺說的，中國明代學者似未見。李睟光從上文「冥冥欲避矰」連繫下文，以為白鳥宜解為鷗鷺，因為矰可傷鷗鷺，不會傷及微小的蚊蚋；分析很見用心。另外《澤風堂批解》指出：如果白鳥也解成蚊蚋，那麼上下句一樣，都從讒譖的角度立意，反而顯得單調無變化，所謂「兩句皆說讒，成甚律

度」，也很有見地。不過話雖如此，卻也很難確定鷗鷺說必是、蚊蚋說必非的。我們最多在不否定蚊蚋說的基礎上，同時承認李睟光的看法，也能言之成理。

二十八、

> 杜詩「戰連唇齒國，軍急羽毛書」。註：「有急則插羽於檄，謂之羽檄。」今加一「毛」字，則乃剩語。

詩句出〈贈李八祕書別三十韻〉[51]。註謂王洙註：「魏武奏事曰：若有急則插羽於檄，謂之羽檄。」《杜陵詩史》、《九家註》、《草堂詩箋》等宋本均引錄。王洙註的眞偽且不論，即以詩的本文論，羽就是毛，用「羽檄」或「羽書」已足，不必「羽」「毛」合用，其理至明。李睟光評「毛」字爲「剩語」，那是對的。

二十九、

> 杜詩「煖老須燕玉」。按古樂府：「燕趙多佳人，美者顏如玉，」是也。《白虎通》曰：「七十臥非人不煖，適四方，乘安車，與婦人俱，」蓋用此意。註者以寧王煖玉杯爲證，非也。

詩句出〈獨坐二首・其一〉[52]。「須」或作「思」，但這不影響到對本句的討論。所謂「寧王煖玉杯」，《九家註》在「煖老」句下註云：「唐寧王有煖玉鞍。又有煖玉盃，以爲飲器，不煖而自熱。」宋人各本均引錄。解說者以原句「燕玉」爲「煖玉鞍」或「煖玉盃」，增字釋詞，已不很妥當；而且「燕」字無着。再者，獨坐之際，用玉盃取暖，也不一定只有老人才需要，所以「煖玉杯」之註不很合適，至爲明顯。而傳統上另有一種解法，宋人亦加徵引。如《九家註》引「趙云」：「燕玉以言婦人也。古詩云：『燕趙多佳人，美者顏如玉，』」故摘『燕玉』兩字以對『楚萍』（按『煖老』爲聯中上句，下句爲『充饑憶楚萍』）。待燕玉之人而煖，則孟子所謂七十非人不煖是也。」李睟光認同趙次公的說法，並且還補上《白虎通》一條證明資料[53]。誠然抱女子

取暖，從道德觀點特別是從後世的道德觀點看，極不妥當，所以《澤風堂批解》堅持要「當以煖玉盃爲是」，指出煖玉盃寫飲酒，憶楚萍寫吃，所謂「以酒對食亦的」。《澤風堂批解》並且進一步指出如果燕玉解成美女佳人，「則大褻，又非所當言。」後來《錢箋》撮引《搜神記》卷11雍伯故事：「雍伯葬父母於無終山，有人與石一斗，令種之，玉生其田。北平徐氏有女，雍伯求之，要以白璧一雙。伯至玉田，求得五雙，徐氏妻之。」[55]錢氏並云：「在北平西北百三十里，有無終城，即故燕地也。」《仇註》認同《錢箋》說，謂燕玉應當是「玉田種玉事。」錢、仇二家用意也在擺除「非人不暖」的「褻說」，但細讀《搜神記》記載，畢竟未能解明「須燕玉」三字。總之，如果撤除道德上的考慮，則宋人和李晬光所主張的「待燕玉而煖」的說法，要比其他二說明晰了當。

三十、

老杜贈張翰林詩曰：「天上張公子。」按漢成帝常與張放微行，時謠曰：「張公子，時相見。」蓋張垍乃燕公張說之子，尚公主，故比之於張放。若他姓則不得稱公子耳。

詩句出〈贈翰林張四學士垍〉[55]。「張公子」三字，宋人引「洙曰」釋其中「公子」二字：「公子，公侯之子孫，美張翰林也，故稱天上，言非人間人。」又引「本中曰」：「凡詩人於姓張者得曰張公子，……今言天上，以其在禁中，如天上也。」此據《杜陵詩史》註，《九家註》、《分門集註》、《集千家註》同具此意。唯《草堂詩箋》有所補充：「暗以張放比張垍也……前漢趙皇后傳：成帝時有童謠歌曰：『燕燕尾涎涎，張公子，時相見。』謂富平侯張放也。」李晬光看來主要是在《草堂詩箋》解釋的基礎上發揮的。張垍是公侯之子，又尚主，與帝廷相近，身份和漢成帝時的張放相近，所以可以襲用時人稱張放爲張公子一名，別姓是不得稱公子的。

不過這裏有一個問題：宋註明言「公子，公侯之子孫」，則不管公侯的姓氏如何，其子孫都可以稱爲公子。譬如《仇註》卷3〈夏日李公見訪〉：「遠林暑氣薄，公子過我遊。」這位李公是唐朝宗室，可算公侯子孫，然而姓李，可是詩中呼之爲公子。然則

他姓之人也可稱公子了。又《仇註》卷3〈送張二十參軍赴蜀州因呈楊五侍御〉:「好去張公子,通家別恨添。」張參軍儘管姓張,但赴蜀爲官,不在帝廷,跟張放和成帝的親近大不相同。另外詩中也不曾暗示或明寫他有顯赫家門。可是詩人稱之爲「張公子」。以上兩例都能動搖李睟光的判語,使人懷疑他的判斷是否絕對準確。

三十一、

老杜金華山觀詩曰:「上有蔚藍天。」註:「蔚與鬱同,茂蔚之藍也。金華山有三十六洞天,蔚藍天乃洞天之名也。」韓子蒼用其語云:「水光山色盡蔚藍。」似未妥。

詩句出〈冬到金華山觀因得故拾遺陳公學堂遺跡〉㊿。李睟光提到的註文,出《草堂詩箋補遺》,李氏略作刪減,原文如下:

蔚與鬱同。藍或作繿,音同,謂金華仙觀之洞天,其青色如茂蔚之藍也。《度人經》:「鬱藍王明天。」□世韓駒出涪州即事詩:「憮然不悟身何處,水色山光盡蔚藍。」

又《杜陵詩史》及《分門集註》引「師氏」曰:

金華神仙有三十六洞天八十一福地。蔚藍天乃洞天之名。金華山有觀,故云云。

綜合各註,似乎可作如下理解:金華山有神仙三十六洞天,其中一個洞天附近或上下方浮現茂蔚的藍色,故洞天名蔚藍天。詩人以洞天之名轉移作形容山上道觀之用,說到底三字還是看作名詞。但韓駒(子蒼)卻把「蔚藍」二字抽出作形容詞,形容山光水色,跟杜詩原意及此詞本意有出入,所以李睟光說「似未妥」。

不過從另方面看,「蔚藍」一詞既有「茂蔚之藍」的意思,則用來作形容詞,又似未嘗不可。詩人用字遣詞,不必一定硬照原來的意義的。《杜陵詩史》又引「趙曰」:「蔚藍則茂蔚之藍。今詩人言水曰按藍,則天之青亦可言蔚藍。近世韓子蒼出汴州即事詩云:『恍然不悟身何處,水色山光盡蔚藍。』」趙次公文字便沒有對韓駒用字不滿之

意。

李晬光批評韓駒遣詞未妥，並非初見，他可能會受到陸游的影響。陸游《老學庵筆記》云：

> 蔚藍天乃隱語天名，非可以義理解也。杜子美〈梓州金華山詩〉云：「上有蔚藍天，垂光抱瓊臺。」猶未有害。韓子蒼乃云：「水色山光共蔚藍，」乃直謂天與水之色如藍矣，恐又因杜詩而失之。

陸游對杜句已不無微辭，對韓駒詩句則明白指責了。

三十二、

> 杜詩「畫圖省識春風面」，卓復元嘗謂「省」猶「暫」也。余按醫書有云：「省能轉側」。「省」當讀如減省之省。李紳〈除江西觀察使奉詔不之任〉詩：「省抛紅旆辭榮寵，」是也。

句出〈詠懷古跡五首・其三〉[57]。「省識」之「省」，唯《九家註》引「趙云」：「公言在畫圖之中，得識昭君之美態，如春風之面。」則「省識」為「得識」，「省」者「得」也。元・虞集《杜律虞註》：「春風面不可見，所可記而識之者，畫圖之容耳。」則「省」有「記」意。《澤風堂批解》以「察識」為「省識」，則「省」是「察」了。李晬光同意卓復元之說，以為「省猶暫也」，並引其他文字資料為證。

《仇註》引朱瀚說，「省乃省約之省，言但於畫圖中略識其面也。」則「省」是「約略」的意思。《仇註》影響力最大，今人解這一句，大抵會據《仇註》講的。

不過仔細推求，李晬光的解釋其實也不無可取，不見得一定不如《仇註》。

「畫圖」句的主語，據趙、虞二註，應是杜甫。整句的意思，《仇註》是：杜甫在畫圖中約略識得昭君美麗的容貌；李氏的是：杜甫在畫圖中短暫地認識到昭君美麗的容貌。杜甫所見的昭君像，大抵出於後人之筆，不是毛延壽原畫，所以畫中人十分好看，這從詩人用「春風面」三字形容，可以推知。《仇註》以「省」為「略」，那是認為杜甫可能想像昭君真人之美，還要勝圖畫一籌，所以只能據圖畫的約略印象，作進一步推

想。李氏以「省」爲「暫」，那是認爲畫中人很漂亮，然而詩人只能有過短暫時間的觀賞；二者的說法其實都講得通的。

三十三、

　　杜詩云：「家家養烏鬼，頓頓食黃魚。」烏鬼，一曰鸕鷀，蜀人皆養之捕魚。一曰猪，一曰老烏，一曰烏蠻（蠻應作蠻）。小說言烏蠻戰者死，多與人爲癘，故禳之。此詩當是言老烏神或烏蠻鬼也。余聞車天輅言：往日本時，見倭人畜鸕鷀以捕魚，此可證也。

　　詩句出〈戲作俳諧體遣悶二首・其一〉[⊗]。何謂烏鬼？古今人有許多不同說法。即使在宋代，已是說法紛紜，《草堂詩箋》加以綜合云：「諸家詩話，烏鬼之說有四焉。或以爲烏豬，或以爲烏野神，或以爲烏蠻鬼，或以爲鸕鷀。」事實上烏鬼之說不止此，蔡夢弼本人即以爲以上四說「皆非」。他認爲烏鬼應指烏鴉神而言。他根據《詩詞事略》：「三峽荊楚間祀烏爲神，所謂神鴉也。」又說：「唐元稹字微之，貶江陵士曹，作百韻，有云：『病賽烏稱鬼，巫占瓦代龜。』稹自繫曰：『南人染病則賽鬼。楚巫列肆，悉賣瓦卜。』則烏鬼之名當以此爲是也。」李睟光的老烏神，似乎是蔡夢弼的神鴉，而不是烏野神。烏鬼另外一種可能是烏彎（蠻）鬼，那該是戰死的蠻人的鬼魂。

　　李睟光爲甚麼不用烏豬說或鸕鷀說？原因他沒有講出。但《集千家註》引黃鶴說：「若是養鸕鷀與豬，則未見異俗可怪，當是養鬼無疑。」黃鶴的意見不無道理，可供參考；也許李睟光以黃鶴之說爲然。

　　李睟光文字段末引韓人車天輅的話，指出日本人用鸕鷀捕魚，作爲蜀人也會用鸕鷀捕魚的證明。不過這並不表示李睟光主張烏鬼就是鸕鷀了。「此詩當是言老烏神或烏彎（蠻）鬼」一句，說得明白。全英蘭謂李睟光「以鸕鷀爲烏鬼」[⊗]，讀文本不仔細。

三十四、

杜詩「早時金盌出人間」。註引茂陵玉盌事證之。余謂此則玉盌，不當改作金盌。按盧充入崔少府墓，與崔小女為婚，崔氏與金盌，充詣市賣之。崔女姨曰：「我妹女亡，贈以金盌着棺」云，疑用此也。

詩句出〈諸將五首·其一〉[60]。註引茂陵玉盌事者，《杜陵詩史》引杜田《補遺》云：「沈烱行經漢武通天臺，為表奏之。其略曰：甲帳珠簾，一朝零落；茂陵玉盌，遂出人間。」諸本均加引錄。又盧充事各本亦載，《杜陵詩史》引「洙曰」：「《孔氏志怪》曰：『盧充家西有崔少府墓，一日，見一府舍門，進見少府，與崔少女為婚。三日，崔曰：君可歸，女生男當以相還。居四年，三月三日，臨水戲，忽見崔氏並少府抱兒還充。又與盌，並贈詩一首。充取兒、盌及詩，女忽不見。充詣市賣盌，崔女姨曰：我妹之女（未）嫁而亡，贈以金盌着棺中』」云。李晬光於二舊註，以盧充事之註為是，因為這則故事中，出人間的確是金盌而不是玉盌，與杜句合。

然而本詩首句云：「漢朝陵墓對南山」，寫帝王陵墓而用上志怪小說中的墓穴，究竟不妥，故蔡夢弼云：「余謂漢朝陵墓，蓋用茂陵故事也。但金、玉字不同。以盧充故事復有金盌，或者疑之。」又說：「『金盌』當作『玉盌』，但避『玉魚』字，故改作『金盌』。」平心而論，「玉盌」典故才能切合詩意，只是「玉」字有妨。所以《仇註》引《杜詩博議》作調停解說：「戴叔倫〈贈徐山人〉詩：『漢陵帝子黃金碗，晉代仙人白玉棺。』」可見玉魚、金碗，皆用西京故事，實與漢朝陵墓相應。但漢後稗史自《西京雜記》、《風俗通》、《拾遺記》諸書外，傳者絕少，無從考據耳。盧充幽婚，恐尚非的證。」

三十五、

杜詩「山城乳酒下青雲」。楊慎曰：「《孝經緯》云：『酒者乳也。』」王者施天乳以哺人。梁張率詩『似乳更堪珍』是也。」

句出〈謝嚴中丞送青城山道士乳酒一瓶〉[51]。句中「城」，諸本作「瓶」。按近人楊文生《楊慎詩話校箋・詩話續補遺》卷2錄〈乳酒〉條[52]：

《孝經緯》曰：「酒者乳也。」梁張率〈對酒〉詩：「如華良可貴，似乳更堪珍。」杜子美詩：「山城乳酒下青雲，」本此。

可見李睟光全用楊慎資料。但他刪去楊文最後三句，又不明說全則文字由楊文而來，再加上「是也」兩個帶判定性的字眼，使得讀者會產生是李睟光的個人意見的錯覺。

三十六、

杜詩「御氣雲樓敞，含風帳殿高」。註：「御氣、含風，二殿名。」然沈佺期九日侍宴詩曰：「御氣向金方，憑高薦羽觴。」宋之問詩曰：「御氣鵬霄近，升高鳳野開。」御氣蓋是高爽之義，非必殿名也。含風若果殿名，則不當言帳殿矣。

詩句出〈千秋節有感二首・其二〉[63]。「帳殿」他本或作「綵仗」。宋人註本，未見提到「御氣」「含風」是宮殿名稱。單復《讀杜詩愚得》云：「詩言昔日千秋節，於御氣含風之殿，大陳聲樂。」李睟光是看過單註的[64]，則他的所謂註，大抵出於此類後人著作。翻檢清人徐松《唐兩京城坊考》或日人平岡武夫編的《唐代的長安與洛陽》，未見長安有御氣殿和含風殿的記載。且據詩句，「御氣」還不能是殿名，最多只能稱作「御氣樓」，然而御氣樓一名也不見諸文籍。李睟光不以「註」說為然，那是對的。他既徵引前人的詩句去解釋「御氣」一詞，又從遣辭的角度論「含風」不能作殿名，說得很具體。後來《仇註》也認為御氣含風不能作殿名看，然而未作論辨，不如李氏明晰。

三十七、

杜詩「為君沽酒滿眼酤」。註：「滿前士卒皆勞之也。」又《韻府群玉》曰：「滿眼酤，酒器也。」余意此說恐未穩。按蜀人以筒沽酒，筒上有穿繩眼，欲近其

眼也。所謂「酒憶郫筒不用沽」，蓋是也。

詩句出〈入奏行贈西山檢察使寶侍御〉⑥。「沽酒」之「沽」，各本作「酤」。所謂「註」，指《杜陵詩史》等文字，但《草堂詩箋》則用筒上繩眼解釋，李晬光顯然據此。不過哪一種說法爲佳，不易指說。

三十八、

《送孔巢父》詩云：「深山大澤龍蛇遠。」按《晉書》陸喜曰：「孫皓無道，若龍蛇其身，沈默其質，潛而勿用，則第一人也。」詩語蓋出於此。龍蛇蓋謂蟄藏之義。

詩句出〈送孔巢父謝病歸遊江東兼呈李白〉⑥。宋人註本均引《左傳》襄公二十一年叔向之母對兒子的話：「深山大澤，實生龍蛇。」作爲詩句的出典，沒有人引《晉書》⑥去分析的。不過從詩意推敲，李晬光提出「蟄藏」的看法，似乎極能配合詩意，值得留心。按《左傳》記載，叔向之母妒忌叔虎之母美麗，一心不讓她生孩子，對叔向說了「深山大澤，實生龍蛇」兩句話，用意是「吾懼其生龍蛇以禍女（汝）」。在叔向之母心中，龍蛇是能飛騰竄動、足以幹出大事來的東西；這便跟詩中強調潛退的原意對不上了。杜甫寫詩時心裏有沒有陸喜的話，固然難知；但拿陸喜的話去闡析詩意，倒是恰當。然則李氏的議論，不能說沒有見地。

三十九、

杜詩「光細弦欲上，影斜輪未安。微升古塞外，已隱暮雲端」。註者以爲首句喻肅宗位不正、德不充也。頷聯喻即位於靈武，爲張后、李輔國所蔽也。末句「庭前有白露，暗滿菊花團」，比成功之小也。余謂此詩不過形容初月而記其所見，註者好生牽合，過矣。

詩題爲〈初月〉⑥。所引四首即詩的首、頷兩聯。「肅宗位不正」一語，《集千家

註》說得最明確。註引「鶴曰」：「詩意屬肅宗即位於靈武。詩曰：『影斜輪未安』，喻其未正位於京師也。」又《九家註》引「師曰」：「『光細』二句，譏肅宗始明而終暗也。」「始明終暗」即「德不充」意。本詩頷聯寫肅宗「德不充」的具體表現事例之一：爲張后及李輔國所蔽。此意各註本均引《杜補遺》說：「『已隱』句，喻肅宗爲張后及李輔國所蔽。」末聯「比成功之小」說，宋註本未見，但《澤風堂批解》已云：「『庭前有白露』，露乃天之恩澤，雅之事也。『暗滿菊花團』，謂天之澤止及於庭前之菊，其成功之少也。」可見李氏必有所據。

李睟光論詩，不主張過分穿鑿牽合，像上面第十四則論〈麗人行〉「楊花雪落覆白蘋」兩句就是一例。他論〈初月〉詩，所持態度相同。

四十、

杜詩云：「黃羊飫不羶，蘆酒還多醉。」《綱目》註曰：「北人謂獐爲黃羊。」小說曰：塞上有黃羊，取其皮爲裘襦。又胡人造酒，以蘆管吸之，故云。余按高適詩云：「虜酒千鍾不醉人。」蓋虜酒不烈故也。「蘆」作「虜」，則尤似有味。

詩句出〈送從弟亞赴安西判官〉[59]。「還多醉」，諸本作「多還醉」。宋人註本，唯《草堂詩箋》於「蘆酒」句下有說：「大觀三年，郭隨使虜，嘗舉此詩以問虜使時立愛。立愛云：『黃羊野物，可以獵取，食之不羶。蘆酒麋穀醞成，可撥醅，取不醡也。但力微，飲多即醉。』……『蘆』，蔡肇又作『虜』，引『虜酒千杯不醉人』爲證，今兩存之。」又《錢箋》引莊綽《雞肋編》：「『關右塞上有黃羊，無角，色同麞鹿，人取其皮爲裘襦。土人造嚼酒，以蘆管吸於瓶中。』杜詩黃羊蘆酒，蓋謂此也。」李睟光言論，有可能據此二者而發。他所稱小說，或是《雞肋編》。另加《綱目》註對黃羊作補充說明。所引高適詩句，已見《草堂詩箋》。

李氏認爲「蘆」若作「虜」，「則尤似有味」。從個人的欣賞角度說，固然不妨這樣看，但杜詩原文，恐怕仍以作「蘆酒」爲是。據高適詩，可見虜酒不會醉人，這跟「多還醉」的意思有衝突。寫成「虜酒多還醉」，顯然不合事實。

四十一、

　　杜詩「震雷翻幕燕，驟雨落河魚」，蓋以震雷，故幕上之燕驚而翻翅；驟雨，故河魚隨之而落也。以目前所見記之而已。註者謂幕燕，幕上為燕形以係飾者；河魚乃水面之塵所結成者；其見拙矣。尾句「相邀愧泥濘，騎馬到階除。」蓋以泥濘故，欲其直到階除而下馬也，不必引沈遜事矣。

　　詩句出〈對雨書懷走邀許主簿〉[⑦]。所謂「註者」，指黃鶴註。《集千家註》引「鶴曰」：「幕燕猶檐烏門龜之類，謂幕上為燕形以係飾者；河魚乃水面之塵所結成者，如釜生魚也。公秋述懷云：『臥病長安旅次，多雨生魚。』此義也。」至於沈遜事，宋人多引蘇軾註：「沈遜見徐陵，會文士，騎馬至階除，下馬，坐客與陵皆惡之，遜自若。良久，揮玉塵，高談清逸，闔坐傾伏。」

　　這裏李晬光不同意黃鶴的說法，而認為「幕燕」當是帳幕上驚飛的真正燕子。這樣的意見，和《九家註》等所引《左傳》文字有相通之處。《左傳》襄公二十九年，公子札曰：「夫子在此，猶燕巢於幕上。」「驟雨」句的理解，主要放在「落」字上面。《九家註》云：「雨中魚落，今亦有之。」這是指下雨時魚從雲端掉下。《仇註》轉引〈汝南先賢傳〉作證：「葛玄書符着水中，大雨淹至。復書符投雨中，須臾落大魚數百頭。」此事因非常見，故《九家註》謂「今亦有之」。誠然，「驟雨落河魚」也可解為大雨之際，河中魚類下潛。《仇註》引慈水姜氏曰：『驟雨落河魚』與『細雨魚兒出』，照看自明。雨細則魚浮而上淰，雨驟則魚落而潛伏也。」」正是此意，但此不是《九家註》本意，味「今亦有之」四字可知。李晬光謂「驟雨，故河魚隨之而落」。句中「之」字指「雨」，然則他是把句子解成河魚隨雨掉下來的。這就是說，他接受了《九家註》的講法，並且拿來反對較後出的鶴註的。

　　至於末聯註文，《仇註》因為是偽蘇軾註，刪去。然而李晬光未必曉得此註為偽，他只是覺得所寫事實與沈遜無關，不必引用。不過也不妨這麼說，此註如果不偽，沈遜之事如果是真的，一如李氏所相信的那樣，那麼光從詩句的用字用詞看，說是可能會受到記載沈遜故事的文字的影響，也不為過。

四十二、

　　　　杜詩曰：「匡牀竹火爐。」匡，安也，出《淮南子》。李白詩曰：「匡坐至夜分，」亦是。又曰：「匡山讀書處。」按〈廬山記〉：周時匡谷先生結廬於山，故號匡廬山，有梁昭明讀書處。

　　「匡牀」句出〈觀李固請司馬弟山水圖三首・其一〉，「匡山」句出〈不見〉[71]。李睟光釋「匡」爲「安」，引《淮南子》作證，不是他的新見。《九家註》於詩末引「夢弼曰」：「《淮南子》：『匡牀弱席非不寧』，許愼註：『匡，安也。』」李氏據此。「匡山讀書處，」杜甫指李白曾在匡山讀書。[72]匡山所在地，古人有二說：或以爲江西匡廬山（如《杜陵詩史》中引「鄭曰」），或以爲四川彰明大匡山（如諸本所引杜田《補遺》所論）。李睟光似乎傾向李白在江西匡廬山讀書一說，但此說宋人已頗多不表同意。《補遺》明言：「所謂匡山，乃彰明之大匡山，非匡廬也。」吳曾《能改齋漫錄》卷6〈匡山非廬山〉條附和《補遺》，後人也多抱此看法，《仇註》就是如此。《仇註》引楊愼《丹鉛錄》：「若以爲匡廬，太白非九江人，何得言歸來乎？」然則廬山雖有匡山之名，到底跟詩句文字連繫不緊密，李氏主張當未是。

四十三、

　　　　杜詩曰：「牆頭過濁醪。」王建宮詞曰：「宮人手裏過茶湯。」過猶遞送也。

　　詩句出〈夏日李公見訪〉[73]。宋人概引「蘇註」說陶侃事：陶侃對鄰人說「貧不能備醴餌。」於是「鄰人密於牆頭度以濁酒隻鷄，遂成終日之樂」。以「度」釋「過」。按「度」有「遞送」意，元好問詩「莫把金針度與人」（〈論詩三首・其三〉）可證。然則李睟光「遞送」之意，或由「度」字而來。

四十四、

　　杜詩曰：「鄉里小兒項領成。」王世貞文曰：「為兒童項領所窘。」按漢〈呂強傳〉云：「群邪項領。」註：「項領，自恣也。」詩語蓋此於此，而世貞用杜詩者也。

　　詩句出〈投簡咸華兩縣諸子〉[74]。「小兒」，諸本作「兒童」。「項領」一詞雖見《後漢書・呂強傳》，最早實見於《詩經》。《詩・小雅・節南山》：「四牡項領。」〈毛傳〉：「項，大也。」〈鄭箋〉：「四牡者，人君所乘駕，今但養大其領，不肯為用，喻大乃自恣，王不能使也。」「群邪項領」一語，趙次公註引，但未引李晬光提到的「註」文。「自恣」二字，原出〈鄭箋〉，只是李氏不曾明言。

四十五、

　　杜詩「晨霞朝可餐」，韓湘詩曰：「凌晨咀絳霞。」按平明為朝霞，日中為正陽，日入為飛泉，夜中為沆瀣，並天玄地黃為六氣，服之令人不飢。人有急難阻絕之處，如龜蛇服氣則不死。又曰：春食朝霞，夏食正陽，秋食飛泉，冬食沆瀣。又五色流霞謂日景也。項曼卿言：仙人以流霞一盃飲之，是也。

　　詩句出〈空囊〉[75]，但文字有作「晨霞高可餐」者（《分門集註》），有作「明霞高可餐」者（《仇註》）。李晬光文字大半出《楚辭》註。〈遠遊〉：「餐六氣而飲沆瀣兮，漱正陽而含朝霞」。王逸註：「《陵陽子明經》言春食朝霞。朝霞者，日始欲出赤黃氣也。秋食淪陰。淪陰者，日沒以後赤黃氣也。冬飲沆瀣。沆瀣者，北方夜半氣也。夏食正陽。正陽者，南方日中氣也。並天地玄黃之氣，是為六氣也。」洪興祖《補註》曰：「李云：平日為朝霞，日中為正陽，日入為飛泉，夜半為沆瀣，天玄地黃為六也。」李氏先據《補註》，稍雜《逸註》；再撮引《逸註》，用「又曰」兩字隔開。「項曼卿」事見《抱朴子內篇・袪惑》（或作項曼都），謂項曼卿好道，遇仙，曰：「仙人但以流霞一盃與我，飲之輒不飢渴。」宋人註「晨霞朝可餐」句時，已引〈遠

游〉及《陵陽子明經》。又杜甫〈宗武生日〉（《仇註》卷17）末二句：「流霞分片片，涓滴就徐傾」，宋註已引《抱朴子》中項曼卿。又呂祖謙《詩律武庫》卷6有「沆瀣朝霞」條及「飲我流霞」條，同樣引《楚辭》及《陵陽子明經》及《抱朴子》，另杜公〈空囊〉及〈宗武生日〉詩句。至李睟光附引韓湘詩，他處似未見。

四十六、

　　杜詩「扶桑西枝封斷石，弱水東影浮長流」，蓋用駱賓王文「瀛海萬里，通波太液之池；鄧林千枝，交影甘泉之樹」。又皇明楊鎬文云：「弱水萬里，通波太液之池；扶桑千枝，交影上林之樹。」此則全襲駱文爾。

　　詩句出〈白帝城最高樓〉[76]。但各本「封」或作「對」[77]，「浮」或作「隨」[78]。古今註家多對詩句中名詞「扶桑」和「弱水」作解釋，《草堂詩箋補遺》則加釋句意：「以樓之高，故望見東海之扶桑。其向西之故，且與斷石相對隔也。」此釋「扶桑」句。又：「謂樓之高，故望見蓬萊山下弱水東流之影也。」此釋「弱水」句。又《仇註》引《朱註》云：「峽之高，可望扶桑西向；江之遠，可接弱水東來。」

　　仔細體味，「弱水」句中含駱文「通波」之意，「扶桑」句中含駱文「交影」之意；而杜詩駱文都是一句言水，一句言樹。李睟光以為詩出於文，或者可以從這方面說；至句式遣詞，則詩文二者實不相及。

　　李氏論楊鎬文句，與本文無關，不論。

四十七、

　　〈北征〉詩云：「陰風西北來，慘澹隨回鶻……送兵五千人，驅馬一萬匹。」[79]是一胡二馬也。馬永卿曰：「用兵之法，弓馬必副。《詩》云：『交韔二弓』，亦畏折也。」聞今西虜人皆二馬，蓋自古云爾。

　　馬永卿語，見所撰《嬾眞子錄》卷3。原文曰：「蓋胡人長於騎射，其所以取勝獨

以馬耳;故一胡有兩馬,此古法也。〈北征〉詩云:『陰風西北來,慘澹隨回鶻。其王願助順,其俗喜馳突。送兵五千人,驅馬一萬匹。』是知一胡兩馬也。中國若不修馬政,豈能勝之!蓋用兵之法,弓馬必有副,《詩》云:「交韔二弓,」備毀折也,與兩馬同意。」[38]李睟光主要刪錄馬文寫成。

小　結

從上面析評的各條看,李睟光解杜,可以有如下幾種情況:

一、他的意見正確可取,而且直到現在,似乎還未見別的學者提過,像第三十八條就是。

二、舊說儘管不能說錯,可是李睟光從另一角度看問題,提出另一種看法,頗覺新鮮可喜,像第十八條就是。

三、舊說比較含糊不清,李睟光作補充說明,問題便清晰得多了,像第七條就是。

四、李睟光有些意見,雖不全對,但總比前人的說法進了一步,像第五條就是。

五、李睟光有些看法。新是新了,可是似乎可以商榷,不過仍然有一定參考價值,像第十七條就是。

六、李睟光有些意見,幾乎可以肯定是不對的,像第十五條就是。不過這種事情學者不免,不足深怪。

七、李睟光有些議論,驟眼看來是他的創見,細按之下,其實依據前人說法,他只是不曾講明出處吧了。他或者就前人的說法再加發揮,或者在前人眾說中選出其一,像第十四第四十一條就是。

註　釋

①用中國紀年計算,李氏生於明世宗嘉靖四十二年,卒於明神宗萬曆四十二年。
②韓國大學社出版。

③李植（1584－1610）與李睟光同時而稍晚。

④臺灣臺北文史哲出版社，1990。

⑤《仇註》卷14。

以下詩句出處，悉據《仇註》，以便翻檢。宋、元、明各種版本引詩卷數，一般情況下不另標出。

⑥《仇註》卷20。

⑦宋人註本多用作參考者：

　　王十朋輯《王狀元集百家註編年杜陵詩史》（簡稱《杜陵詩史》）

　　郭知達編《九家集註杜詩》（簡稱《九家註》）

　　闕名編《分門集註杜工部詩》（簡稱《分門集註》）

　　蔡夢弼撰《杜工部草堂詩箋》（簡稱《草堂詩箋》）

　　徐居仁編、黃鶴補註《集千家註分類杜工部詩》（簡稱《集千家註》）

　　劉辰翁評點《集千家註批點杜工部詩》（簡稱《批點杜詩》）

　　元、明人註本多用作參考者：

　　范梈《杜工部詩范德機批選》

　　張性《杜律演義》

　　虞集《杜律虞註》

　　趙汸《杜工部五言註解》

　　單復《讀杜詩愚得》

　　王維禎《杜律頗解》

　　張綖《杜工部詩通》及《杜律本義》

　　《九家註》用洪業《杜詩引得》本（上海古籍出版社，1983），其他各書在黃永武主編的《杜詩叢刊》
　　內（臺灣大通書局，1974）

⑧卷9。

⑨《杜臆》作者王嗣奭，生於明萬曆四十五年（1566），卒於清順治五年（1648）。《杜臆》成書於順治二
　　年（1645）。

⑩《仇註》卷11。

⑪《新唐書・裴行儉傳》。

⑫用《九家註》引文。

⑬分見《仇註》卷23、卷16。

⑭《仇註》卷9，題目作《戲爲韋偃雙松圖歌》。

⑮《仇註》卷17。

⑯《仇註》卷5。

⑰以上兩則文字據《九家註》。

⑱文字據《杜陵詩史》。

⑲《仇註》卷3。

⑳卷1（據《歷代詩話》本）。

㉑《韓愈全集校註》610頁（屈守元、常思春校註，成都四川大學出版社，1996）

㉒《仇註》卷9。

㉓分見《仇註》卷12、卷9。

㉔《杜甫卷》上編第二冊405頁引（華文軒編，中華書局，1965）

㉕《仇註》卷10。

㉖中國近代學者對「業工」一詞亦有測解，茲不論。

㉗《仇註》卷11。

㉘指《後漢書・鄭玄傳》。

㉙見《升菴詩話》卷8〈袁紹盃〉條。《仇註》文字與《詩話》略異。

㉚《仇註》卷8。

㉛《仇註》卷2。

㉜《仇註》卷6，宋本題目或作〈題鄭十八著作丈〉。

㉝《仇註》卷2。

㉞《仇註》卷3。

㉟《仇註》卷11。

㊱《仇註》卷10。

㊲《九家註》及他本引趙次公說，文字稍見不同，如《九家註》：「其與田家自瓦盆中喫酒而共於一醉，終同臥在竹根之傍耳。」

㊳《仇註》卷19。

㊴《仇註》卷19。

㊵《仇註》卷8。

㊶《仇註》卷3。

㊷《仇註》卷5。

㊸轉引自《杜甫卷》上編第三冊961頁以下。

㊹《仇註》卷3。
　　李氏所引《初學記》文字，見第21卷〈文部・筆〉。原文爲：「王羲之筆經曰：有人以綠沈漆竹管及鏤管見遺。」所引《侯鯖綠》文字屬撮錄。原文是：「綠沈事，人多不知。老杜云：『雨拋金鎖甲，苔臥綠沈槍。』又皮日休〈竹〉詩云：『一架三百本，綠沈森冥冥。』始知竹名矣。又見吳淑〈事類賦・弓〉云：『綠沈亦復精堅。』註引《廣志》曰：『綠沈，古弓名。』」

㊺見《杜陵詩史》及《九家註》引。

㊻《仇註》卷15。

㊼二詩均見《仇註》卷5。

㊽《仇註》卷6。

㊾《仇註》卷2。

㊿《仇註》卷19。

(51)《仇註》卷17。

○52《仇註》卷20。

○53卷6〈致仕〉。

○54卷數據近人汪紹楹校註本《搜神記》（中華書局，1979）。雍伯，汪本作伯雍，楊姓。

○55《仇註》卷2。

○56《仇註》卷11。宋註本題目或無「遺跡」二字（如《九家註》）。

○57《仇註》卷17。

○58《仇註》卷20。

○59《韓國詩話中有關杜甫及其作品之研究》137頁。

○60《仇註》卷16。

○61《仇註》卷11。

○62成都四川人民出版社，1990。

　　據本書〈前言〉，〈詩話續補遺〉部分從《丹鉛總錄》、《升菴全集》、《升菴外集》和《升菴合集》
　　輯出。

○63《仇註》卷22。

○64李書中有〈杜詩江蓮搖白羽，天棘蔓青絲〉條：「天棘，註說多不的。今按單復註……。」

○65《仇註》卷10。

○66《仇註》卷1。

○67李睟光所引《晉書》文字，見卷54〈陸喜傳〉：「吳平……喜有〈較論格品篇〉曰：『或問予，薛瑩最
　　是國士之第一乎？』答曰：『以理推之，在乎四五之間。』問者愕然請問。答曰：『夫孫皓無道，肆其
　　暴虐。若龍蛇其身，沈默其體，潛而勿用，趣不可測，此第一人也。』」（文字據中華書局標點本）

○68《仇註》卷7。

○69《仇註》卷5。

○70《仇註》卷1。

○71《仇註》卷14、卷10。

○72詩云：「不見李生久，佯狂眞可哀。世人皆欲殺，吾意獨憐才。敏捷詩千首，飄零酒一杯。匡山讀書
　　處，頭白好歸來。」

○73《仇註》卷3。

○74《仇註》卷2。

○75《仇註》卷8。

○76《仇註》卷15。

○77如《九家註》、《草堂詩箋》等。

○78如《杜陵詩史》、《分門集註》等。

○79《仇註》卷5。

○80文字轉引自《杜甫卷》上編第一冊286頁。

景印香港新亞研究所《新亞學報》（第一至三十卷）

清初哲人廖燕

王　煜

一、廖燕思想在儒道之間

　　江西豫章（今南昌市）樟樹鎮廖氏宣義公，在明太祖洪武元年（1368）遷居廣東曲江（今韶關市）武成里，13傳至廖燕生（人也，夢醒；改名燕，字柴舟，1644－1705），因古人燕字從鳥和乙，指天地巨靈（如鵬或鳳）38歲時遂刪名中生字。20歲至23歲他在韶州竹林蓊鬱的綠韮山房讀書，兩年後捨棄科舉考試而專註詩古文辭。1677年吳三桂下屬馬寶侵略韶州引起痢疫，廖燕慘失家財及一妻兩女後作塾師餬口，澹歸和尚金堡（明朝遺民）訪探他，賞譽其詩「蒼秀骨重而神不寒」，令他師事金堡。37歲刻成《二十七松堂集》，廖燕改學醫，三載後嶺南詩人陳恭尹（元孝）讚許他「人眞妙人，文眞妙文」。他宣稱「眞功名是功蓋萬世」，名傳萬世，自許爲國士，深信作品永垂不朽。他尊大自然和整個社會爲無字天書，近似現代所謂社會大學。張載畫分天地（天命，義理）之性與氣質之性，廖燕只承認後者存在，又別扭地提出心、情、質的善惡非性之善惡。對宋明理學，他抑朱揚王；雖不排斥道佛兩敎，他反對佞佛追求福報。他在〈書戰國策後〉云：「士莫重於氣……。戰國之士類皆俊偉瑰奇，以一布衣揖讓人主之前，折衝俎豆之上，非其智謀獨絕也，其氣有以蓋之矣。嗚呼！自糊名易書之法行，而繩檢防範，使士皆囚首垢面以應朝廷之舉錯（措），其始固已喪天下士之氣矣；尙可復望其昂然振起，抵掌而談天下之事也哉！」他像莊周對任何權貴保持氣宇軒昂，可惜過度誇張科舉的惡劣副作用。

　　對商湯和周武王的合理革命，廖燕折衷朱元璋與孟子的批判，反對明太祖貶爲大逆不道的篡弑而肯定兩帝領導順天應人的革新。對朝廷正統問題，廖燕認爲正統僅表示統治天下，反對魏禧區分正統、偏統、竊統（合稱三統），而倡論位不論德。傳統文人不敢批評皇帝，廖燕〈高宗殺岳武穆論〉毅然譴責趙構利用秦檜防止徽欽二宗回朝。南宋

張栻之父張浚受朱熹所撰墓誌銘隱惡揚善，廖燕卻指責張浚依附秦檜逼害忠臣宗澤、李綱與岳飛。日本鹽谷世弘誤解他爲明朝遺民，但是恰當估價他的散文優於侯方域和魏禧。明治十七年（1884）近藤元粹仿沈德潛《唐宋八家文讀本》選編《明淸八大家文讀本》包含侯、魏、廖及袁枚。廖燕崇尙《戰國策》散文，承接李贄（卓吾）袁宏道的性靈派文風；儘管保留儒家韓愈（首倡不平則鳴）、柳宗元載道或明道的理想，強調「道」重於「文」，反傳統方面上，他慕悅李贄、金聖歎而陶冶魯迅、黃節（廣東順德人）及李金善作評點，廖燕發揚此學。部分儒家輕蔑功利，廖燕主張結合文學和事功。然而詩作上，他最受放棄事功的陶潛薰染；主張「性情眞則文自至」，要求「自闢境界，邁越前人」。淸人激賞孟浩然詩的禪悟，廖燕偏愛他「傲岸不馴，鳴其不平」。美學上，他注重「本色」「壯美」而非設色和優美，倡導「借彼物理，抒我心胸（悲忿）」；由於「性情散爲萬物，萬物復聚爲性情」；情字從性與月（肉），生於血肉之軀。

二、廖燕思想散論

1. 人性論

2. 論狂簡（狷）

3. 孔子、《莊子》與廖燕對管仲的褒貶

4. 老子和荀子自然主義對廖燕的感染

5. 廖燕深受莊周濡染

6. 《莊子・讓王》「（屠羊說（悅）」與廖燕勾勒的東皐屠者

7. 廖燕樂於八卦爐鍛煉思維

8. 自述學醫因緣——由道轉藝

9. 評子貢與達巷黨人

10. 論秦始皇與明太祖之愚民政策

11. 推崇柳宗元與蘇軾

12. 彈訶宋高宗和張浚

13.褒賞南明忠臣李元胤

14.稱讚金聖歎

15.慨歎人被錢勞役

16.以「識」指「惜」

17.稱許義犬竟能爲主復仇

18.不信神仙向南漢帝王獻金丹

19.融會儒道

20.調協儒佛

21.批評佛道兩教

22.緬懷惠能、德清與函昰三位高僧

23.反對在家奉祀神像

24.追悼僧友胡海

25.反駁歐陽修「詩窮而後工」說

26.談境遇與性情

27.論創作必需生活體驗和社會觀察

28.用「意」指形式因

29.廖燕筆下的新會畫家高儼

30.惋惜族弟如彭有才無命

31.英石美學

32.主張聖賢英傑塡補天地缺陷

33.談名勝與豪傑的關係

34.銘讚的哲思

35.否定堪輿術

廖燕的人性論

清初廖燕（柴舟，夢醒。1644－1705）發揚孟子論敵告不害的性無善惡說，增添言不盡意論云：

天地一性海也，萬物一性具也。天地萬物皆見役於性，而莫知其然，此豈可以言詮

3

哉！故善言性者，皆虛其說以待人之自悟，而不肯明指之。亦曰：物各有性，其道變化而無窮，而吾說不足以盡之。使不盡而盡之，天下後世之人，將指吾說以為口實。則呈說不足以明性，反足以晦性。豈聖人所敢出哉？孔子、子思是已。自孟子性善之說出，而荀卿、楊（揚）雄、韓愈之徒，善惡不同之說，紛紛而起矣。……牛羊犬馬皆同此性？而所以不同者，則牛羊犬馬之質異之也。天雨水一而已，而落地則有甘鹹之異者，以甘鹹之質亂之也。虎生而噬人，龍興雲雨以利萬物。使龍有知，必曰：吾不幸不為虎而不能噬人；虎亦曰：「吾不幸不為龍而不能興雲雨。則善惡豈龍虎之性哉！龍虎之質則然也。且彼四子（孟荀揚韓）嘗舉人以實（例證）之矣：曰堯舜，曰桀紂，曰堯之於丹朱，縣之於禹。雜舉以為善惡與上中下三品之說之驗，似足以盡性之變矣。不知此皆質之說也，非性之本也。有堯舜之質自善，有桀紂之質自惡。是質善非性善，質惡非性惡也。使有復其說者曰：

> 「后稷生而岐岐然，嶷嶷然，其後為興王之祖；叔魚之生也，其母視之，知其必以賄死。使叔魚幸生而岐岐嶷嶷，將何以定之哉？商臣蠭（蜂）目而豺聲，令尹子上知其必弒父；文王生有聖端，太王知其必興宗。使文王不幸生而蠭目豺聲，又將何以定之哉？使以為性惡乎，而文王非為惡之人；以為性善乎，而蠭豺非為善之質。將以何者為據耶？……人之質可以定善惡，而質之善惡不可以定性也。……微獨孔子、子思，即釋氏、老莊之徒，亦未嘗明言之。①

廖燕勉強分辨性質兩字意義分指先天和後天，恰似老子辨別勇敢兩字、荀子區分可能兩字，違反約定俗成的語意學，弊多於利。其次，廖燕不宜採取佛教神秘主義理解物性和人性。第三，老子「天地不仁，以萬物為芻狗」影響廖燕感歎萬物受天性勞役，告子與荀子感染他不信孟子性善論，甚至抨擊孟子「已落情字一邊」②而「孔子言性相近一語，已為包天包地之言」③，可惜柴舟未懂孔子「人之生也直」簡直是性善論先聲。第四，水質（性）無味，甜苦由於外來物。人性卻有天賦善惡傾向，或表現於聖賢與暴君誕生時期。叔魚不可能具備卓異聖相，正如堯舜不可能表現叛逆醜相。第五，食肉動物天性要噬其他動物，吸血蝙蝠天性要吸血，何必偏說這是質而非性！難道牠們須父兄教養才曉得吃肉飲血？不能噬人的動物非虎豹，不能興起雲雨的動物不稱為龍。廖燕的假設毫無哲學意義。第六，宋儒「氣質之性」相當於現代生物學「遺傳因子」（基因

gene），「天命之性」應指道德理性，即孟子「良知」或「良心」。明代唯氣派濡染廖燕強調前項。他拙於思辨，未能解釋堯舜兒子不肖大多由於母系遺傳。但是丹朱、商均劣於德，迥異於禹父鯀低於智（用堵塞法治水而不曉疏導）。第七，廖燕的最大盲點在將善惡盡歸於情：

> 性不可以改善言也，為其涉於情世。蓋善惡者，情之顯焉者也。情可言善，獨不可言惡乎？……荀子曰性惡，豈自荀子始哉！孟子一偏之說留之也。……以善視情，與以惡視情，無以異也。以善惡視情，與以善惡視性，又無以異也。……無善惡又何以「相近」耶？……何以言「修」（修道之謂教）耶？……言善者，以情代性之謂也。……惟聖人……略於言性而詳言復性，……言復性必微其力。力有可憑，雖愚人亦易盡也。……我雖不言性，而孝弟忠信之性已復矣。……使天下之人皆復其性，則雖不言性可矣，況善惡耶？……善惡畢竟是情，不是性。譬言人睡熟時，善念……惡念亦不生。此處便說無性可乎？邑侯談定齊先生見此論，謂予曰：「性畢竟是善。譬如強盜小人，亦有良心發現時。」予曰：良心發現四字，只此便是情了，與性何干？」先生首肯。④

《莊子》認為初民實踐仁義禮智信而根本不必宣傳及談論這些儒家德目，我肯定廖燕暗用莊學闡釋韓愈門徒兼姪婿李翱所倡復性在李廖之間，明代薛瑄、焦竑、高攀龍及清初潘平格（1610－1677）亦倡復性⑤，相當於老子「復命」。幸虧廖燕未跟李翱傳播禪宗式滅情復性說。佛學感染宋儒主張「存天理，滅人欲」，廖燕近陸王而遠程朱云：

> 自孟子認情作性，而程朱復以「理」解性；於是天下後世，只知有宋儒之學，而不復知有孔子之學矣。……子思……以天命二字解性，何等直截了當！而朱子另註云「性即理也」，理有是非，蓋道理之謂。今性既作理字解，下句道字又作何解？張橫渠言「形而後有氣質之性，善反之，則天地之性存焉。」判氣質一天地為二物。……天地既為氣質之所結成，則氣質即天地。……程朱亦於天命之外別求性解。頭上安頭，遂致因差果錯。豈非孟子一言流弊之過耶！予為此懼。⑥

廖燕不知堅持性善論的陸九淵早已反對畫分人心與道心、天理與人欲，或天命之性與氣質之性⑦

廖燕論狂簡（狷）

孔子以狂狷爲積極和消極，《莊子》用「猖狂」「苟簡」，表示無心或恬澹。廖燕則褒揚美德狂簡云：「堯狂者也，舜簡者也。堯不狂則不能讓天下，舜不簡則不能無爲而治。繼此，湯不狂則不能變揖讓爲征誅，文王不簡則不能三分（天下）有二以服事殷。推而極之，則天必爲狂，地必爲簡。天不狂則不能輕淸而上浮，地不簡則不能重濁而下墜。雜而舉之，則水必爲狂，山必爲簡；風必爲狂，而雲爲簡；」鳶爲狂，而魚爲簡。心思以及遠爲狂，而耳目手足以舉近爲簡。以及庶物，莫不有狂簡之分焉。此皆斐然成章，爲天地間所不可少之人物。若不狂不簡，則爲天地間之廢物而已矣，烏乎人！」⑧廖燕「狂簡」非相反詞，人（如海瑞等廉吏）可兼且這兩特性。不宜濫用此詞於無生命的天地、山水、風雲及魚鳥。「狂風」一語由於將「狂」引申爲「暴」，已將風人格化。但是無人稱驟雨爲簡雨。宇宙形成似狂而非簡。比起宇宙生化，周文王政治仍屬簡而不繁。儘管人心遠較星雲繁複。生物分類學上，脊椎動物門內，哺乳綱高於鳥綱，鳥綱高於魚綱。然而人類即可最狂，（如希特勒、毛澤東及撒旦姆或赫辛）；亦能最簡，如古希臘犬儒派及中國許由。廉吏在朝狂而在野簡。

孔子、《莊子》與廖燕對管仲的褒貶

《論語・八佾》載孔子批判「管仲之器小」，因爲他奢侈犯禮。〈子路〉篇述孔子肯定管仲政績云：「（齊）桓公九合諸侯，不以兵車，管仲之力也。如其仁！如其仁！」兵車代表武力，難得齊國此時不訴諸軍事。朱熹《論語集註》指出：「管仲雖未得爲仁人，而其利澤及人，則有仁之功矣。」仲尼心中，管子是文化巨人，功業（外王）而非修養（內聖）方面逼近仁者。《莊子》四篇談到管仲，〈至樂〉篇假托孔子援引管仲箴言『褚小者不可以懷大，綆短者不可以汲深，等於現代俗諺「頭小者不可以載大帽」。這寓言賞譽管仲的實踐智慧。〈達生〉篇另一寓言叙述管仲爲齊桓公駕車，竟於數日內無法開解見鬼後桓公的心結；齊士皇子告敖講鬼有「委蛇」，見他便近似霸主，這話立刻解除桓公情結。在同時同地，桓公見鬼而管仲不見鬼。作者暗示桓公權力欲膨脹，而管仲心理比桓公正常和健康。〈徐無鬼〉篇激賞管仲臨終向桓公推薦寬容的隰朋，而非終身不忘別人過失的廉潔善士鮑叔牙。孔莊對管子褒多於貶；儘管管仲不若晏嬰無懈可擊，如自奉甚儉。

廖燕同意子路、子貢譴責管仲不忠於公子糾，又稱許孔子對管仲和召忽的態度說：「桓公殺公子糾，召忽死之（殉主.），人臣之正也。管仲不能死，又相之（桓公），人臣之大逆也。子之言是也，諸儒解之者非也。程子以爲糾弟而桓（公）兄，仲輔之爭爲不義，可自勉以圖復功。……弟不宜與兄爭，仲當諍之於其先。若仲不知而妄爲之，爲不智；知而不諍，爲不忠。……仲當日徒以鹵（魯）莽舉事而惧（誤）糾於其始。及糾已死，復不能以死殉之，而負糾於其終。其罪已不可勝言，況又有君主之義耶！若許圖後功以蓋前衍，則凡反面事讎（仇）者皆可藉口功業，以掩其不忠之罪也。……朱子則言管仲有功而無罪。……則天下無復有罪之人矣！……仲之不忠也甚矣，豈一匡（天下）九合（諸侯）之功所能解也耶！若（召）忽者，雖與日月爭光可也。……孔子何以置忽而譽仲？曰：……若仲之功，人或未之知也。……君子表徵，此《春秋》之旨也。」⑨世俗多知召、管忠之問題而低估管仲成就，孔、朱矯正這過失，廖燕反省孔子對管仲既彈且讚道：「譏之如彼，而又許之如此，豈不自相矛盾耶？……朱子註（《論語》）『如其仁』二句，言誰如管仲之仁？……伊尹、周公皆不及之矣！豈孔子之意乎？……仁當作人，則此二章仁字皆當作人字看。二子（子路、子貢）疑仲不忠……故一以未仁爲問，言其不成得人云爾；一以非仁爲問，言其不是個人云爾。孔子……謂其功如其人矣。……許管仲是人而非仁，不益彰明較着也哉！」⑩柴舟的道德判斷比朱子嚴厲，可惜解錯「如其仁」，因爲「功如其人」是無意義的冗詞。

老子和荀子自然主義對廖燕的感染

《左傳・僖公五年》引《尙書・周書》云：「皇天無親，惟德是輔。」老子提出「天道無親，惟與（贊同）善人。」皇天或天道不免受人格化。荀子〈天論〉發揮老子「天地不仁，以萬物爲芻狗」披露的自然主義，清初廖燕更對《禮記》的天道福善禍淫觀大唱反調：「有善惡則不能無福善禍淫，而亦不能無福淫禍善。……天之權也。……虎豹至惡，以其噬人而言也。若人則豈惟能噬虎豹，並天地所生之萬物，無不爲其刀火齒腹之餘。……以天之道論之，則人噬萬物又爲惡之極矣。則是天反將茫然不知誰爲善誰爲惡，誰可降福誰可降禍，而因以雜降其禍福。則顏回安得不夭，盜跖安得不壽耶？況惡者，生而爲惡也；善必誘掖獎勵而後爲善，非生而爲善者也。……天之權在禍福。天之欲尊用甚權，則又在福淫而禍善。……使人心危疑而顚倒。……莫知所適從。……

使天道福善禍淫之理一毫不爽（差忒），則人將知懼禍而趨福。……人皆爲善矣。……皆君子而無小人，皆智賢而無愚不肖，皆富貴而無貧賤，則聖賢之禮樂文章可不用，而天下之紀綱法度皆可不設矣，儒者……轉疑天道之無知，而因有賞善罰惡之條；釋者（佛教徒）……轉信鬼道之有驗，而因有輪迴果報之教。」[11]荀子性惡論之「惡」囿限於人類中心主義，包括貶抑野獸吃人爲罪惡。難怪農婦雖懷婦人之仁，仍倡殺絕虎豹犀鱷，不懂生態平衡及食物鏈的奧妙。如要保護環境，必須超越或克服（日本喜言「超克」）狹隘的人類中心主義，同情野外動物食肉維生的本能。人類淨化心腸，可終生吃素戒葷而不濫施刀火；但是不能強逼虎豹食譜改成蔬果。人類中心主義將人的道德觀投射於禽獸，世俗逐鄙薄猛獸爲惡。幸虧道家超克儒家立場，啓迪廖燕在天道層面訶彈萬物之靈反爲萬惡之極。假設「天」如上帝有意志或人格，也難決定對人類降福或禍。倘若把心一橫，索性弄「權」亂降一通，「惡」果就是福淫禍善。例如顏淵賢良早逝、展跖殺人如麻而長久享樂，即得王充所言遭命。現實世界善惡常欠同質果報。即不能勉勵好人行善，又未能嚇阻壞蛋作惡。善男信女或須訴諸宗教天堂地獄神話，可惜廖柴舟僅知佛教輪迴觀而未曉耶、回諸教。荀子、王充等唯氣派像老莊肯定天道無知，廖燕似信天道有知，縱使天道必定福善禍淫，不能保證小人皆抗拒誘惑，躍爲君子；甚至徹底捨離他律道德，恪守自律道德，致令禮教法制淪爲冗贅的桎梏。儘管人皆自律君子，道德無懈可擊，也需發達的教育和科技應付天災，豈能都聰慧且富貴！廖燕粗率得混淆德智與環境或主體與客體的限制；主體方面再不分德和智，重犯不少儒家的謬誤。

廖燕深受莊周濡染

在傳奇《續訴琵琶》第二齣〈悟眞〉，廖燕作曲〈貓兒墜〉透露理想云：「好悟透，洙泗淵源，鷲嶺羅浮。適纔道人見教極是，我於今還要努力上進，參透聖賢仙佛，做個天下第一等的人，方遂我的心願。」[12]字面上他嚮往三教合一，洙泗、鷲嶺（靈鷲山）與羅浮山依次代表儒釋道聖地，尤其是抱樸子葛洪在羅浮山煉丹終老。然而柴舟不信道佛兩教，雖自稱儒者而深受莊周沾漑。《莊子・人間世》篇假托顏回宣示處世哲理三原則：與天爲徒、與人爲徒、與古爲徒。「古」辯證地融合天、人，一般隱逸與天爲徒。柴舟〈蓬蘆歌贈吳太章〉說：「天地爲蘆誰復蘆，廣陵（今揚州）吳子聊以娛。吳子多奇猶負氣，倜儻直與天爲徒。生平在客如在家，走馬看盡長安花。又來吾粵探韶

石，迴身衣袖生烟霞……蘧然一覺成大笑，與君共踏桃花天。」[13]廖燕暗用孟浩然賞花和莊子夢蝶兩典故。他曾並言孔、莊與隱士：「仲尼論隱見（現指出仕），莊生齊得喪；要之各有懷，情至不可強。」「逸民隱巖穴，不願逢王公。……豈徒行己樂，亦復憫人窮。讀《易》得無始，養生知有終。」[14]〈贈方鶴居〉結合儒家「立言」的不朽觀與莊周的順命輕名觀云：「從來材大偏逢祟，豈獨儒冠始誤身！……青天，笑我已不朽，焉用區區榮目前。……身外浮名何足云！」[15]

《莊子·讓王》「屠羊說」（悅）與廖燕勾勒的東皋屠者

屠夫未必鄙陋，兩例可作證據。《莊子·讓王》述屠夫佚事（亦見《韓詩外傳·廉稽》篇）：

> 楚昭王失國，屠羊說（悅）走而從於昭王。昭王反（返）國，將賞從者。……屠羊說曰：「大王失國，說失屠羊（職業）；大王反國，說亦反（返）屠羊。臣之爵祿已復矣，又何賞之言！王曰：「強之（勉為其難）。」屠羊說曰：「大王失國，非臣之罪，故不敢伏其誅；大王反國，非臣之功，故不敢當其賞。」王曰：「見之。」屠羊說曰：「楚國之法，必有重賞大功而後得見，今臣之知不足以存國，而勇不足以死（即誅）寇。吳軍入郢，說畏難而避寇，非故隨大王也。今大王欲廢法毀約而見說，此非臣之所以聞天下也。」王謂司馬子綦曰：「屠羊說居處卑賤而陳義（《韓詩外傳》作論議）甚高，子綦為我延（聘請）以三旌（一作珪，《韓詩外傳》作「公」）之位。」屠羊說曰：「夫三旌之位，吾知其貴於屠羊肆也；萬鍾之粟，吾知其富於屠羊之利也。然豈可以貪爵祿而使吾君有妄施之名乎？說不敢當，願復反（返）吾屠羊之肆。」遂不受。[16]

昭王憂慮忽略賞賜任何跟隨他亡命天涯的臣民，利用司馬子綦勸誘屠羊說任高官享厚祿。一般屠夫必定受寵若驚，立刻拋棄屠宰的賤業了。豈料屠羊說安分守己，指出隨帝走難的動機絕不高尚，所以不配接受爵祿，甚至堅持不進謁昭王，以免陷他於不義，即破格接見及冊封無功的臣民。倘若此事非寓言而屬史實，那麼這屠夫律己甚嚴，甚至情操高貴了。

二千餘年後清初某屠夫連姓名都失傳，卻清高似屠羊說，且比他文雅，廖燕受道家啓迪云：「古君子往往有以軒冕為桎梏，入山惟恐不深者。……然人生至不得已而隱，

已非人情，況並欲泯其名而不使見稱於世，則其苦有孰其於此者！魯論（《論語》）稱逸民：伯夷、叔齊、虞仲、夷逸、朱張、柳下惠、少連。七人中，惟朱張祗載其名而絕無迹事可攷（考）。孫思邈論次隱逸，而又以不著姓名者為上。此何以稱焉？友人為予言東皋屠者事，心竊異之。閩泉州東皋有隱者，不肯自言姓名，以屠為業。暇則沐浴易衣，閉戶著書以自娛。雖土牆茅屋，然花竹清楚，入其中不知為屠者之室也。貴人有求見者，輒踰垣避去不見。善畫蘆雁，無疑識。惟用一圖章，鐫『東皋屠者』四字而已。著書甚多。但示經傳佈，人亦少有知之者。……此與宋南安翁絕相類。翁曾出仕宣和（年）間。未幾，避去，種田於南安，遂號南安翁。不履城市者數十年，可謂嘉遯矣。」⑰廖燕激賞隱士如《易・蠱卦上九爻辭》「不事王侯，高尚其事，」且不求聲譽。

廖燕樂於八卦爐鍛煉思維

莊子〈大宗師〉用師傅鑄金隱喻造物者生人類云：「以天地為大爐，以造化（大自然人格化）為大冶。」廖燕不談莊周，卻追溯老聃錘煉孫悟空的神話道：「俗傳《西遊記》，稱李老君得孫悟空，以八卦爐煅煉之。悟空得巽門一躲。巽為風，火不能侵，故得無恙，且反因以為功者。其言雖不經，亦可取而味也。予性多不羈，然以貧故，不得不為童塾師。塾中嚴禁拘束，與坐八卦爐無異，因以為名，童塾得名八卦爐，自予始。……盡大地皆爐，盡大地人皆爐中物，況童蒙尤須煅煉之急者乎！然人知煅煉他人，而不知煅煉自己。予嘗兀坐塾中，訓童子功課外，舉凡困苦其身心者，靡（無）不為；……輒取天地古今與人情物理……熟思之，忽焉有得於中；……雖極慘澹經營，及其文成，則又未嘗不得大愉快。……因塾而得為文之樂，……能以苦為樂。」⑱不管明朝許仲琳或陸西星撰道教小說《封神榜》，道佛之間的吳承恩作《西遊記》；最可愛的角色齊天大聖或美猴王孫行者遭道教始祖李耳或老聃用八卦爐磨煉得金睛火眼。象徵風而不畏火的巽卦使他煉成神功。⑲廖燕像顏回貧寒自樂，日常鍛煉學童；課餘錘煉文章，又似孔子在困厄時苦中作樂，而非以寂為樂的苦行僧。他非理學家，所以不鄙視小說為離經叛道，反採八卦爐作校名。可見他能莊能諧，富幽默感，散文直追柳宗元、劉禹錫，李贄和金聖歎。

廖燕自述學醫因緣——由道轉藝

厭棄科舉的廖燕雖自適而貧困，南海人鄭同虎勸他學醫，他遊廣州後憶鄭氏之言，悟到醫藥自濟濟人，寫信給族弟廖如彭（彭壽，佛民，後改名如）云：「倘味其術，一遇大小疾病，茫然不知所出。及甚急也，遂輕以性命付人，……豈不殆哉！先予有二女，爲貧賤骨肉，不幸罹亂，俱染痢症。因不諳病源，療以熱藥，遂致不起，至今傷之。古名人未有不知醫者。蘇長公（軾）、王介甫（安石）諸公，多究心於此。始予以妨作文爲疑，及讀長公〈藥誦〉、〈診脈〉諸篇，文理淵妙，……似文更有以醫而愈妙者，以俱關於性命故也。以性命爲文章，而即以醫爲性命，其相依於道也微矣。古人雖習一小藝，未有不相依於道而能精妙者，況性命之大耶！道能坐藝，而藝亦爲道。然予雖善文，未嘗有過而問者；醫則不即（接近）人，而人自即之，其功又不可同人而語也。」[20]吳三桂部屬馬寶帶兵侵略粵北引起痢疫，兩位愛女的病亡激勵廖燕與族弟廖如習醫，遍訪異人而獲眞傳。病人主動找醫師，讀者不必訪問小說作者。柴舟謙稱魯鈍，常受佛民懲患。函中談及道藝關係，須知陸九淵說：「主於道則欲消而藝亦可進；主於藝則欲熾而道亡，藝亦不進。」[21]棋所以長吾之精神，恐所以養吾之德性。藝即是道，道即是藝。」[22]道落實爲藝（技術）。

廖燕借兵論醫

明清之際傅山謂「醫猶兵也」[23]，清初怪傑廖燕亦比擬軍學與醫學，在〈易簡方論序〉云：

天地初闢，《素問》（《黃帝內經》前半）已先《六經》而成書。或曰：「此譌（訛）書也。」予曰：「不然。」天地生人，必予人以衛生之理。雖上古未必有其書，而其理已具然。（按：廖柴舟汲取程朱理學）有是理即有是書。況神農嘗百草而知藥！岐伯論五行而成書。又豈誣哉！醫理不必盡《素問》，而善醫不必皆岐伯。……（程）先生生非醫人，而借醫以爲名。……天下善醫人，不必盡讀醫書；而多讀醫書之人，又不必盡善醫。上古無兵書，而孫武子與吳起諸公，皆善行兵。後世挾孫吳而用兵，多不及古人之萬一。理豈盡在書者。用藥嚴於用兵，善則以殺爲生，不善則以生爲殺。……二者之理俱在未有文字之先。……先生爲二程後裔，[24]博學……澹於仕進，惟 以醫術遊長安王侯之門者幾三十年。時值滇逆（吳三桂）之變，慷慨上十策，料其必敗。復與

諸親王往返論兵事書，無不悉中機宜，醫特其緒緒餘耳。今以其緒餘成此一書，悉取古今一方，反復辯論而折衷之，亦如論兵然。以易易（改變）難，化繁爲簡，發古人未發之蘊，使天下之人洞然曉其指歸，皆可以我作醫，而永無悞（誤）殺夭札之患。其爲功也偉矣。，孫吳因善行兵而著兵書。非因多著兵書而始善行兵。今先生善醫，即以其能著之於書。如此理雖不儘在書，若因書而愈見（顯露），則其有以善乎文字之先者，又豈一二端之可得而測也耶？㉕

北宋程顥程頤昆仲在六百年後某裔不做理學家，雖不知孫臏兵法，而兼爲醫兵兩學天才，不必提文才了。他寄居韶州太守陳氏官署時，陳氏促使他撰著《山居本草》與《易簡方論》兩書。廖燕爲後書作序，未指出「易簡出自《周易·系辭傳上》」「乾以易知，坤以簡能；易則易知，簡則易從。……易簡而天下之理得矣。」㉖牟宗三《智的直覺與中國哲學》提出此「知」代表儒家「智的直覺」。聖賢修養提升本身有限心爲無限心，便可用此直覺把握萬物本質，恍似康德說上帝理解現象背後的「物自身」。本質先於存在，醫軍妙理早於書籍。華陀、孫（孫武及孫思邈）吳著述總結經驗，不會先撰書後實踐。《易·繫上》又云「書不盡言，言不盡意……默而成之，不言而信，存乎德行。」德行包含帶兵行醫，話語不甚重要，必須親身體驗道理及檢證眞理，不能全靠讀書。《莊子·天道》點出：絕技不來自讀書或傳授。

廖燕評子貢與達巷黨人

司馬遷對遊俠與商賈有同情的理解，特別是爲父報仇而殺縣令的武林高手郭解。㉗太史公的重商觀影響廖燕說：「吾輩不得志，則當爲郭解、朱家之爲；其次莫如貨殖，亦足以財自豪也。……當今之世而無財，雖孔子不能。子貢以聖門高徒尙欲貨殖，況今人耶！然貨殖雖鄙賤，非具大材大智者不能通其術，如白圭、猗頓諸人，皆具王佐之才，不得已而見其末於貨殖，勢使然耳。然亦安能長貧賤，爲守錢鹵（財奴）所笑也。」㉘柴舟視貨殖爲末，暗示儒家以倫理政治爲本。他曉得投資經商成功必需超凡材智，不仿孔子苟評子貢。達巷黨人盛讚孔子，廖燕認爲孔子應該立刻訪問他，查探其姓名身世，「以報一人知己之雅」。孔子名滿天下，「此人豈欲高出孔子之上，並姓名亦不欲見知於世者耶？……孔門智足以知聖人者，惟有一子貢，故曰（端木）賜也達。……巷曰達，人曰黨：言天下必得通達如吾黨之人，始能知聖」。㉙廖柴舟甚至懷疑他

王　煜　清初哲人廖燕　　　135

是隱者，姓達名巷字黨人。可惜廖燕高估儒商智慧，難道顏回比子貢愚鈍！

廖燕論秦始皇與明太祖之愚民政策

老子主張不以智（巧偽狡獪）治國，又洞察民愈愚愈易統治而倡愚民政策。廖燕比較兩帝愚民云：

> 天下可智不可愚，而治天下可愚不可知。使天下皆知而無愚，……不勝其亂矣。蓋智者動之物，而擾事之具也。昔人云：「天下本無事，庸人自擾之耳。夫庸人烏能擾天下哉！擾天下者，皆具智勇凶傑卓越之材。使其有才而不得展，則必潰裂四出。小者為盜，大者謀逆。……惟聖人……以術愚之，使天下皆安於吾術……潛消默奪而不知其所以然，而後天下相安於無事。……明太祖以制義取士，與秦焚書之術無異。特明巧而秦拙耳，其欲愚天下之心則一也。秦始皇以狙詐得天下，欲傳之萬世；以為亂天下者，皆智謀之士；……可以發其智謀者無如書。於是焚之以絕其源，其術未嘗不善也。……天下皆咎其術之不善，不知非術之過也。且彼烏知《詩》《書》之愚天下更甚也哉！詩書者，為聰明才辨之所自出，而亦為耗其聰明才辨之具。況吾有爵祿以持其後！……人日腐其心以趨吾法，不知為法所愚。……吾可高拱而無為矣，尚安事焚……殺之哉！明太祖是也。……以文取士，而有善有不善。得其法者惟有為然。明（代）制士惟習四子書，兼通一經。……士以為爵祿所在，日夜竭敝精神以攻其業。自四書以外，咸束高閣。雖圖史滿前，皆不暇目，以為妨吾之所為。……天下之書不焚而自焚矣。……人不復讀，與焚無異也。焚書者欲天下之愚，而人卒不愚，又得惡名。此不焚而人自不暇讀。他日爵祿已得，雖稍有涉獵之者；然皆志得意滿，無復他及。不然，其不遇者，亦已頽然就老矣，尚欲何為哉？故書不可焚亦不必焚。彼漢高（祖）、楚項（羽）所讀何書，而行兵舉事俱可為萬世法，《詩》《書》豈教人智者哉！亦人之智可為《詩》《書》耳。使人無所耗其聰明，雖無一字可讀，而人心之《詩》《書》（非良知）原自不泯。且人之情，圖史滿前，則目飽而心足，而無書可讀；則日事其智巧，故其為計更深，而心中之《詩》《書》（指爭取功名利祿的計謀）更簡捷而易用也……明巧而秦拙也。㉚

《莊子・天道》首倡讀書無用論，毛澤東一度嗟嘆讀書愈多愈蠢。莊周高徒巧妙發

揮老子的愚民政策。後世愚民政策上，朱元璋遠比嬴政狡滑。科舉制度始於秦亡後八百年之隋代，明太祖開國時已推行近八百年。李斯、韓非等尚未能構想籠絡知識分子及防止他們反叛的最佳制度，事實上取錄選拔官吏不可能產生更佳方法。廖燕強調科舉令庸俗考生幾乎不讀朱子《四書集註》外任何典籍，等於燒毀絕大部分書刊。然而一旦未焚，後世便可重刊、研究和顯揚！

廖燕推崇柳宗元與蘇軾

唐宋古文八大家中，蘇比柳被貶謫得更頻更遠。東坡生活最充實，視野胸襟最寬廣。廖燕〈書柳子厚文集序〉賞譽柳蘇云：「或以爲柳文稍遜於蘇。然蘇貶海外（南），惟以陶淵明集與子厚文集自隨，目爲二友。柳爲蘇所稱，豈偶然哉！……傳稱子厚文章卓偉精悍，……最後貶永州司馬，遂鬱鬱不得志而卒。……何其量之不廣也！豈非仁義道德之念，不足勝其窮通得喪之念者耶？予觀蘇公之貶斥，較柳更甚。公作桄榔菴銘，自序謫於儋耳，無地可居，僾息桄榔林下，其窮可謂極矣。然其弟子由（蘇轍）稱公在海南時，葺茅竹而居之，日菨（輸）諸（薯）芋，不見老人衰憊之態。予讀公海外詩文，良然有清平豐融之音，而無幽憂怨憤之作，何其有餘裕耶！……其度量誠不可同日而語耳，甚矣窮通得喪之能移人也。……《易》云：遯世無悶。子思子曰：君子無入而不自得焉。自非以天地爲心胸，浮雲視富貴，超然於萬物之表者，又孰能與於斯也哉！」[31]柴舟誤憶孔子語成其孫孔伋之言，這無關宏旨。他看出柳子厚缺管道家達觀精神，僅能享下壽；東坡擅長莊周所倡安時順命，即隨時適應環境，故可享中壽。德功言三方面的不朽，蘇皆優勝於柳。何況蘇軾有顯赫的父弟，柳氏似孤軍作戰呢！[32]

廖燕彈訶宋高宗和張浚

世俗將岳飛父子慘死歸咎於秦檜，清初，廖燕洞察元凶實爲趙構云：「宋高宗殺岳忠武，與弒君無異。因竊嘆富貴的溺人，將不胥淪於禽獸不止也。……三國與前後五代，其篡殺之禍，又孰如春秋之甚者耶？豈後世賢於春秋乎？抑有以溺之使然也。……未聞有匹夫而輕弒其父者也。……帝王之子若臣，獨多輕弒父與君，非富貴使之，而誰使之！春秋之富貴，無過於三國與前後五代，而各國諸侯，僭侈幾與王等。則其受禍之信於後世，又烏足怪也哉！宋高宗之弒徽宗與淵聖（欽宗）亦然。善乎史臣斷曰：高宗

貪戀帝位，遂致蔑棄君父，……鐵案也歟？……向使高宗身爲匹夫，目擊父兄被擄，安知其不思冒萬死以求脫其親於虎口，而惟恐其不及者！況肯跼蹐不遑乎！……後世雖稱之爲孝子可也。夫孝子之於弒逆，亦甚懸絕矣。……禽獸猶知后類也。彼殺父與君者，又禽獸之不若也哉！」[33]廖柴舟不提秦檜，暗示他純屬趙構的工具。孔子批評管仲小器，因爲他奢侈得僭越。然而他功大於過；耽溺物質享受的篡臣逆子卻有過無功，甚至卑劣於離棄雙親的禽獸。可能殺兄奪位的宋太宗趙匡義，稍勝確實弒父的隋煬帝楊廣。廖燕的假設蘊涵性善論：財勢誘惑趙構蒙蔽良知！

廖燕比較岳飛與于謙的處境和遭遇，譴責南宋理學家張栻之父張浚云：

> 明正統土木之役，天下岌岌乎其殆哉！于謙獨排衆議，擁立郕王，改元景泰，國家賴以復安。迨後正統得旋，錮之南城。微獨天下之人已不復思舊君，即正統在當時亦無有覬覦復辟之理。而無如奪門之變，出於意外，又豈景泰于謙所及料者耶！故高宗之恐欽宗復辟者，情（上文用「私心」）也；恐欽宗復辟而因並恐中原之復，遂不得不殺能復中原之忠武者，又勢之所必至也。不然，金人方屢敗，我軍方屢勝，一日十二金牌胡爲乎？不趣（取）進師而反趣退師，遂使垂成之功壞於一旦；班師密詔皆出於高宗手書……，當時誤國之臣莫如張浚，妒賢忌能，屢屢喪師辱國，而高宗寵眷不衰。使高宗無弒父弒君之心，則以任浚者任忠武，以殺忠武者殺浚，立見敵人氣沮，中原垂手可復，豈不大快人心……？……賊臣之弒逆，非必親手刃其君與父也，……後人……誅其心也，如《春秋》之書「趙盾殺君」是也。……高宗之罪案已明，彼秦檜又何足哉！[34]

柴舟強調趙構是殺岳飛的主謀元兇，動機卑劣。秦檜、張浚僅屬幫兇，無奈朱熹對張浚隱惡揚善。

廖燕褒賞南明忠臣李元胤

南明（1644－1664）六帝中，三位被殺，兩位被俘後自殺，一位死因不詳。廖燕一生前廿年南明尚存，難怪他追悼忠臣李元胤（源白）云：「本姓孫氏，少孤，遭亂。崇禎某年，中軍李成棟駐防淅川（縣名），因往依焉，……成棟據粵謀服（明朝）衣冠，遣人迎桂王即位肇慶，改元永曆，公之力爲多。時天下洶洶，無家可歸，遂以李爲姓，不忘舊也。未幾，成棟卒，廷議進公車騎將軍南陽伯，公涕泣固辭不得，乃受車騎印。

……公爲人沉毅有謀略。……朝廷草創，人心反復，叵（不可）測所在；以起義勤王爲名者，又多觀望懷二心。在廷諸臣忠奸不一，議論更夕，……無撥亂反正之才。……公剛柔互用，操縱有方，衆倚爲垂。……（金堡等五君子）以論事切直，爲權貴所忌，公獨器重之。……至欽州爲靖南王所執，百計誘降。志不少屈，……與弟源赤同日遇害。……二帝亦相率赴海死。……大廈（隱喻明朝）將傾，非一木能支。然古英雄之士，知事已不可爲，尤必奮然爲之，雖至殺身而不顧者，凡以爲君父故也。況從容就義，以此自愻（暢快）其心，成敗豈所計耶！……其志有足悲矣。公事與宋文信國頗相類，惜無有傳之者。」㉟柴舟恰當比擬知不可而爲的儒將李元胤與文天祥。㊱然而文氏之弟不殉宋而盡孝，源白之弟源赤也殉明了。

廖燕稱讚金聖歎

　　明末清初叛逆傳統的怪傑金聖歎（1608－1661），名采，字苦采；明亡後改名人瑞，字聖歎，吳縣（今屬江蘇）人，因哭廟案竟遭清廷斬首。他評點屈原《離騷》、《莊子》、《史記》、杜甫詩、《水滸傳》及《西廂記》，合稱「六才子書」。㊲廖燕深切悼念他道：「爲人倜儻高奇，俯視一切。好飲酒，善衡文評書，議論皆前人所未發。時有人講學聞者，先生輒起而排之。於所居貫華堂、設高座、召徒講經。經名『聖自覺三昧』，稿本自鑴自閱，秘不示人。……聲音宏亮，顧盼偉然。凡一切經史子集，箋疏訓詁，與夫釋道內外諸典，以及稗官野史，九彝八蠻（少數民族）之所記載，無不供其齒頰縱橫顚倒。……座下緇（黑衣指僧尼）白四衆，頂禮膜拜，歎未曾有。……（王）斲山固俠者流，一日以三千金與先生曰：『君以此權（暫充）子母，後仍歸我……』越月已揮霍殆盡，乃語斲山曰：『此物在君家適增守財奴名，吾已爲君遣之矣！斲山一笑置之。鼎吏後絕意仕進。……除朋從談笑外，惟兀坐貫華堂中，讀書著述爲務或問聖歎二字何義？先生曰：《論語》有兩『喟然嘆曰』：在〈顏淵〉歎聖，在與點（贊同曾點之意見）則爲聖歎。予其爲之流亞歟？㊳他自詡性格像曾參的父親曾晳（點）。曾點不慕財勢名位，可能厭惡官場黑暗。

　　廖燕〈弔金聖歎先生〉詩云：「詩書塞天地，斯道益蔽虧。孰具點睛手，爲之抉其奇。君懷創古才，奮筆啓群疑。五經尊尼父（孔子），一畫遡（溯）庖（伏）羲。諸子及百家，矩度患多歧。得君一彼導，忽如新相知。面目爲改觀，森然見鬚眉。直追作者

魂，紙上聞啼嬉。高標七子作，分解三唐詩。其餘經賞鑒，衆妙紛陸離。陳者使之新，險者使之夷。昏憒使之靈，字字有餘思。掀翻鬼神窟，再闢混沌基。遂令千載下，人人得所師。我居嶺海隅，君起吳門湄（蘇州）。讀君所著書，恨不相追隨。才高造物忌，行僻俗人嗤。果以罹奇禍，遙聞涕交頤。今來閶闔城（蘇州），宿草盈墓碑。斯人不可再，知者當俟誰？」㊴一畫指《易》經陽爻，朱元璋後裔朱若極（石濤，原濟，1642－1718？）《畫語錄》首章名「一畫」云：「太樸一散兩法立矣。……立於一畫……衆有之本，萬象之根；見用於神，藏用於人。……以無法生有法，以有法貫衆法也。……一畫之法立而萬物著（彰顯）矣。」㊵一畫側重創造性，能化腐臭爲神奇，即黃庭堅所倡點鐵成金。「有餘思」等於「堪咀嚼」或耐人尋味。柴舟推崇人瑞擅長推翻偶像，回歸原始淳厚。用莊子話說，金聖歎「畸於人而侔於天」，能與天爲徒而不能與人爲徒，逃不掉清初孔目稠密的文網。

廖燕慨嘆人被錢勞役

晉代魯褒與成公綏不約而同撰〈錢神論〉，唐代張固述張延賞受賄云：「錢十萬，可通神矣。」㊶元朝無名氏《鴛鴦被》第四折云：「錢可通神，法難縱你。」清初廖燕似未閱後者，僅受魯褒刺激道：「每怪人爲萬物之靈，萬物皆其所役使，而獨見役於一物。……錢是也。……無貴無賤，無智無愚，無賢無不肖，靡（即無）不爭趨之惟恐後。熙熙攘攘，至於今爲特甚。有之，則可以動王公；無之，則不足以役奴隸。……異哉，神蓋至此乎？今以神稱之，洵乎其爲神也已。然予每見此物，多歸於貪吝之夫，而獨慳於吾輩。豈能神於彼而不能神於此歟！抑世人之所謂神，非吾之所謂者歟？……世人之所謂神，吾知之；若吾之所謂神，固非錢神之所能爲，又豈世人可得而知者哉！吾亦神（動詞）吾之神而已矣！」㊷昇格爲神的金錢，世人認爲可使鬼推磨。司馬遷與王夫之先前慨嘆人多爲財利熙來攘往，即拜倒財神腳下。無財不能驅策僕婢，甚至像蘇秦初遭親戚白眼。錢非萬能，但是欠錢則「萬萬不能」。廖燕一介塾師，輕財重義，也許奉聖賢爲神。㊸可惜聖賢多貧寒寂寞，不受理解，遑論崇拜！

廖燕以「識」指「惜」

俗語「不識死字怎樣寫」罵人不懂珍惜生命而險進鬼門關。拿破倫自詡其字典無

「難」字，即不曉如何寫難字，指誓將化難成易，或否定艱難的長久存在。比拿翁早百多年的廖燕，在倫理方面等同「不識」和「不惜」道：「下筆太刻，與出口太薄，皆污屬也。以一字而為人千古不白之冤，與以一言而為人閨閣（閣）莫洗之垢，其為污也豈持在地之比哉！蓋在地之污，猶可浣而去之；若筆舌之污，則雖欲浣之而不得也！可不慎歟？……鈎深剔隱，捉影捕風……以求暢其文、快其語，豈知污筆污舌且污人性命名節之至於是邪？……誠取而思之，天下可惜者多矣，寧獨取字乎！……孔光不識進退字，張禹不識剛正字，許敬宗不識忠孝字。非不識也，不惜之耳。聖果菴（庵）僧修眉目不識之『無』，而獨惜字。苦行數十年，有豫章（今南昌市）贈之序。其於惜字果報之說，亦即詳言之矣。惜未盡其義，予為之備書焉。」[44]孟子指出：「一言可以興邦，一言可以喪邦。」廖燕勘破一怪現象：傳媒用字嘩衆取寵，可能冤屈某人終生及其身後。遺憾的是古代尚未珍惜私隱權，由於中國文化側重義務而非權利。道德義務容易認識而難於珍惜和實踐，如唐代許敬宗對忠孝知而不能行。識字遠比惜字、踐德容易！

廖燕稱許義犬竟能為主復仇

黑格爾認為人類才有道德，其他動物無道德可言。然則他必否定「義犬」一詞，因為「義」是道德項目。中國傳統仁義兩字可讚禽獸，廖燕〈義犬行〉序云：「上海王某為妻蕭氏謀殺，有犬日夜守棺哀號。邑令陸某經其門，犬急奔出銜輿人衣，向令哀咻，似訴冤狀。令使輿人跡之，犬以首觸棺示意。隨訊氏，伏辜。犬遂不食死。」柴舟嘆惜世風日下，歌頌忠心耿耿殉主的義犬道：「時世今非古，風欲日澆灘。見義多猶豫，異類仍能之。王家有義犬，拳養豈殊施！主人忽冤斃，兇禍起屋惟。亡嗣骨肉少，報仇當仗誰？犬曰予之責，哀痛復深思。忽傳邑令至，向外急奔馳。號咷代呼訴，令若悉其詞。拘婦立訊伏，殺夫罪何疑。以此謝主恩，捐命相追隨。嗟哉此義俠，豈異人所為？人或不能為，所以留芳規。茫茫宇宙內，義犬實吾師。」[45]邑令有北宋包拯、南宋宋慈（法醫始祖）及明初周新（廣東南海人）的智慧，否則義犬死不瞑目。廖燕將牠人格化，彷彿狗懷崇高的正義感和責任感及報恩意識。約三百年後報載雲南省「義猴」有類似遭遇而不殉主。匪徒劫殺猴主（江湖賣藝人），牠哀叫引領公安人員緝捕兇手。難怪銷量僅次於《聖經》的《怎樣贏得朋友和影響別人》教讀者向狗學習純眞了。[46]

廖燕不信神仙向南漢帝王獻金丹

鍾允章〈雲華御室記〉謂南漢主臨幸碧落洞，仙叟獻出七粒金丹。南漢王雖不接受而敕令藏於岩壁最深處。好事者題詩云：「滇陽東去是雲華，傳是神仙舊隱家；怪煞偽劉眞俗骨，卻將泥土葬丹砂。」廖燕朋友周象九說：「不然。自古無不死之仙佛。漢主之卻金丹，未爲不是。獨是金丹遇天子而始出獻，則仙人亦未免勢利耳。」廖柴舟笑續絕句說：「從來勢利俗抛難，仙遇官家亦降壇；今日吾儕親一到，更無山叟贈金丹。盡情諷刺世俗趨炎附勢，再顧三位摯友云：「偽劉雖云俗漢，世亦豈有眞仙出現者！況其據粵已經四世，淫虐無度。斯時人心久離，天命已去。假使仙人猶在，亦將厭惡痛絕之不暇，又何丹肯獻之有？此必山魈、水怪乘其哀敝而戲侮之，而佞臣誤以爲仙，因杜撰其詞，以爲欺世之舉已耳。衆人或受其愚。吾輩豈可被他瞞過！」[47]三友大笑首肯。今天看來，趣緻的猴類山魈和任何水族不可能向帝王獻丹，何況不存在的神仙！南漢三帝中，高祖劉知遠在位四年，最可能是鍾允章所言南漢主。他的次子隱帝劉承祐在位僅兩年，劉知遠養子兼姪兒即未登位爲王的劉贇遭郭威派心腹毒殺。難道劉知遠的曾孫尚能淫虐於廣東！縱使眞仙生存，不會媚悅暴君。

廖燕融會儒道

金陵（今南京）朱鶴間在靑溪別業（即別墅）讀書，其子朱林修向廖燕詳述情況：其父做官清廉，但是繼承父親遺留的靑溪別業。廖柴舟說：「靑溪爲秦淮勝地，唐詩人王昌齡曾卜居於此。……園林泉石左右環遶（繞），其最高而迴出城堞者，曰塵外樓。鷲嶺蔣陵虎踞諸勝，隱然在望。而沿溪一帶，閣其上者八九，可奕可釣。對岸遊人，曳屐扶節（拐杖），往來短篁疏柳間。……雖然，人當役境，不當爲境所役。故舜禹有天下而不與，顏子陋巷而不改其樂。有舜禹之心，則雖天台、雁蕩、羅浮，以及鄱陽、洞庭偉麗奇絕之景，祇如其胸中文章（煜按：此似佛敎唯識宗所言種子，葉燮《原詩》以「種子」解「志」）之所變現；有顏子之心，則雖一簞一瓢，皆足以寄其心齋、坐忘之懷。況兹園林泉石之勝，有可樂而可遊者耶「……吾懼其誘於物者必多也。」[48]老子關注事功；莊子學派不求功業，可儘量享受巧奪天工的園林勝景，遑論天然的浙江天台、雁蕩兩名山及廣東四大名山之一，抱樸子葛洪中晚年寓居的羅浮山了。莊周寓言述孔子敎顏淵心齋和坐忘，由於顏子最輕視物質享受。雖而他不如堯舜禹孔兼顧內聖與外王。

儒道同在「物物而不物於物」（《莊子》言），避免「心爲形（軀體）役」，即要主動用境。[49]

廖燕調協儒佛

江西南昌某僧懇請廣東曲江廖燕寫〈募造佛像疏〉。柴舟自信屬儒家，但是太難推辭，遂憑夢境及《金剛經》調和儒釋兩教道：「憶昨曾於某處見此僧禮拜佛像，簾幙（幕）玲瓏，鏡燈掩映，若相識然者。及詢巔末，始悟爲夢之故。……夜成夢而僧朝至，豈偶然耶？抑佛之靈耶？佛以像立教，雖與儒異；至其大處，又未嘗不同。吾儒以萬物爲一體，佛氏則以一體而爲百千萬億體。故云……百千萬億身總不離一身。然佛不能自爲莊嚴，而恆待人爲之莊嚴，以佛無我相故。……人亦可以無人相；則我爲佛莊嚴，無異自爲莊嚴。去人我（相）而證圓通，莫捷於此者。使人人悟此，即立地成佛不難。況佛像之易（容）易，有不應聲而奏效也哉！……吾儒又何妨以萬物一體之心成佛氏百千萬億之身。」[50]佛教以天文數字營造康德所謂崇高壯美之感，只肯定現世而無「三身」信念的儒學比較務實於精神上與萬物玄同冥合，孟子已倡「上下與天地同流」。儒家的終極關注在仁義，廖柴舟又云：「釋氏以慈悲立教，視天下如一家，視一家如一身；更不惜其心力以接待四方，使其不饑不寒而後即安，與吾儒（孔子）博施濟衆之道何異？……杜少陵云：『安得廣廈千萬間，大庇天下寒士俱歡顔！』亦不過徒託之空言而已。……曷（何）若見之實事。從來聖賢經世，功不必自己成，事不必自己立。天下已隱受其福，而功名遂無有出吾之右者，蓋得其道故也。……大可利濟天下，小亦可利濟一身。則以釋氏接衆之舉，不妨引爲吾儒小試行道之端。千間大廈與一把蓋頭，異事而同心，更可同心共濟。……施言施財，各有消歸。」[51]博施濟衆是實際的社會工作，詩聖杜甫僅能在心境嚮往人間天堂。小乘佛徒利濟一身，大乘菩薩必須利濟天下。儒道聖賢心境近似大乘，例如道家商人范蠡三度將財產散歸鄉民。然而本身發財始能施贈賑濟，否則如泥菩薩過海難保自身，反成賑濟對象。我反對廖燕輕率主張聖賢不必親自建功立業。他考慮凡俗幸福觀云：「世人以榮顯爲富貴功名，以盛大久長爲子孫壽考。佛亦以莊嚴爲富貴功名，以歷劫不壞爲子孫壽考。有異事無異情，有異情無異理。佛既資（賦予）人以榮顯……盛大久長，人又當資佛以莊嚴……歷劫不壞。則爲佛重新梵刹是也。是之謂交相資。……『天道好還』（老子言），施無不報。」[52]廖燕亦

可援引《易傳》「積善之家必有餘慶，積不善（包括惡）之家必有餘殃」，類比佛教因果觀。人佛「交相資」，字面源於《莊子‧繕性》篇「知與恬交相養」、「世與道交相喪」和劉禹錫〈天論〉「天人交相勝」。可惜廖燕未知晉僧竺道生以儒家本務論倡「善不受報」呢！

廖燕批評佛道兩教

俗語說世間名山僧佔多，廖燕戲言：「天下名山大川皆是最靈異之物，若不著此輩在此居住看守，豈不怕他（它）逃去耶？」雖然一座絕倒，此非嚴肅批判，何況道士也佔不少名山！柴舟繼續云：「若依釋教，使天下人盡絕嗜欲，不數年而人類盡滅矣。其教之怪僻荒謬不必言，獨其立教之意，皆欲反吾儒之所為。不特五倫在所謝絕，併世人所艷稱之功名富貴，皆為其所棄之物。又能為吾儒之所不能為，其一種堅忍強力處，亦自不可及。然佛稱牟尼，言與仲尼相侔也；其徒稱比丘，丘為夫子諱，言與仲尼相比也，則又未嘗不知尊吾儒也。」[53]廖燕不知：釋迦創教時不知中國哲學；佛教不要求一切人做僧尼，容許大部分人作居士在家修行；牟尼、比丘兩詞翻譯梵文，與孔子名字無關；佛教非但不尊儒家，而且貶抑孔子為儒（孺）童菩薩。柴舟繼續說：「道教與吾儒同源而異流，故《道藏》大半皆是儒書。其不能與釋爭衡者，以吾儒之教掩之也。若後世流而為燒煉，再流而為符水，其說已不可問矣，又何論異同哉！」雖錯解儒道同根，柴舟總優勝於另一粵人江琜《讀子厄言》以道家為先秦諸子共同根源。《道藏》多半非儒典，而龐雜包含《周易》、《韓非子》和符圖、法術、宮觀山志及神仙譜系。[54]

廖燕緬懷惠能、德清與函昰三位高僧

南禪六祖惠能是廣東新興人，晚明憨山大師釋德清在廣東度過晚年，明清之際天然函昰（字麗中，1608－1685）禪師是廣東番禺人。《粵東遺民傳》說：「函昰雖處方外，仍以忠孝廉節垂示，每於死生去就多受其益。」明朝數千遺民紛紛皈依函昰，他不但宣道，而且註疏《楞伽》、《楞嚴》、《金剛》諸經。門徒今辯重編《廬山天然禪師語錄》。萬曆朝名臣金堡師事函昰，法號今釋。大學士李永茂之弟也拜函昰為師，法號今地，捐獻丹霞山故居為寺，由今釋住持。今釋《遍行堂集》在乾隆四十年被搜出，惹起株連寺僧五百多人的文字獄。[55]曲江廖燕師事金堡，送師祖返廬山詩云：「丹霞住久

露玄機，又背蒲團下翠微（薇）。一榻坐穿塵外隱，千峰行盡雪中歸。路經橫浦同鷗宿，身入廬山聽瀑飛。此去春風吹正好，蘑菰新長蕨初肥。」⑤柴舟未提金堡及文字獄。至於惠能和德清，廖燕〈遊曹溪〉禮六祖並憨山塔院次韻八首〉云：「煙霞招隱具，冰鐵住山心。忽憶三生約，還來此地尋。」「不是眞空色，安能歷劫灰。立深三尺雪，香透一庭梅。……浮沉皆苦海，端爲衆生哀。」「數載心俱泯，三更法盡傳。」「勝地同天竺，淵泉到此分。性空惟己見，道妙許誰聞。」「頻來歡喜地，樂此自忘憂。……事隨心境變，心到五更休。誰信千年後，曹溪又別流？」「溪源多異境，塔院一燈明。……禪參心更活，齋食體俱輕。雲水難忘處，應憐景最淸。」「法海原通欲，身閒可住菴。截畦栽藥卉，開戶納煙嵐。佛號珠千顆，禪心水一潭。」⑤五祖弘忍在湖北黃梅傳衣鉢給惠能，囑咐他南下弘法。惠能在粵北選擇勝地曹溪流域建寺，廖燕幻想築藥圃於寺旁。暫居南華寺時，可於精神上親近惠能和德清。何況丹霞山也在附近！函昰、金堡、廖燕的師生關係，引起「立深三尺雪」一句。北宋程門立雪的主人公，卻是儒門二程弟子楊時、游酢。儒佛（大乘）同倡淑世，弘忍主張濟世之前的山居修煉：

又問：「學道何故不向城邑聚落，要在山居？」答曰：「大廈之材，本出幽谷，不向人間有也。以遠離人故，不被刀斧損斫；一一長成大物後，乃堪爲棟梁之用。故知栖神幽谷，遠避囂塵，養性山中，長辭俗事。目前無物，心自安寧。從此道樹花開，禪林果出也。」⑤

莊周強調「無用之用」使生物（不限於樹和人）安享天年不夭折，避免淪落爲棟梁之類的純粹工具；弘忍卻尊山居爲淑世的預備階段，志在昇進成棟梁一般有用的人材。玄賾《楞伽師資記》又載弘忍「緘口於是非之場，融心於色空之境。……四儀皆是道場，三業咸爲佛事。蓋靜亂之無二，乃語嘿（默）之恆一。」四儀是行住坐臥，三業爲身口（語）意。五祖發揮四祖道信「作」、「坐」禪法，運用全部日常生活或任何時空指導佛理或行禪，即將禪貫注日常生活，特別是生產活動。終身爲布衣的廖燕，欣賞禪宗生活方式，寫〈辛巳秋日重遊曹溪祖亭〉云：「曾掬曹溪洞口泉，重來已隔廿餘年。苔侵敗壁題痕舊，景入新秋畫譜妍。夜靜風翻千樹月，曉寒雨洗一潭煙。此身豈是維摩後，欲結靑山世外緣。」⑤從五、六祖聯想印度最卓越的居士維摩，廖燕嚮往出塵因緣。但是柴舟未追溯中國詩佛王維（摩詰），不用《維摩經》典故。〈禮六祖肉身〉採

取《金剛經》「六如」意云：「得道南來住翠微，當年緇白早皈依。通宵燈映琉璃徹，幾處雲隨錫杖歸？暗室憑誰聽說法，青山覿面坐忘機。須知色相俱泡幻，莫向龕中辨是非。」[60]〈過憨山塔院〉又云：「一徑深來萬樹稠，憨公曾此事焚修。……覓句有僧同倚竹，看山無伴獨登樓。蒲團坐待冰輪上，清磬冷冷散客愁。」[61]惠能真身給人親切感，德清塔院不能驅除孤寂愁苦。

廖燕反對在家奉祀神像

明清兩朝粵北韶州風俗尚鬼，不設家祠，讓祖先與諸神像雜供於廳堂。廖燕洞察：「先人與神共處一室，是使吾祖為諸神之役也。當非仁人孝子之心之所敢出也。祀神以邀福，祀祖以昭敬；二者均背之，智者不為也。……天地山川，神之宮也，……則請居神之宮。因為文取諸神像，告而焚之，以安吾祖也。」[62]廖柴舟主張祭諸神於自然界，祭祖先於家庭，以免對神、祖兩不討好，甚至容忍祖為神役，違反孝道。燒毀神像的目標，異於丹霞山天然禪師的取暖（順便破除偶像崇拜）。恰巧廖燕師事丹霞山澹歸和尚（金堡）。[63]柴舟提供焚像另一理由——求福得空云：「鐘皷（鼓）魚磬，經聲佛號，尤所最忌。家中事此者多致不祥。然則釋氏不靈乎？曰：不然。釋號空門。凡功名富貴子孫壽考之屬，皆所擯絕而不道者。若向彼……求空得空，豈不宜哉！或曰：佞佛本以求福也，而適得絕滅之福，人豈樂於絕滅耶？其邪念有以招之矣。……人自愚耳，佛何與焉？即謂釋氏不靈亦可。……因復著此以為佞佛者戒。」[64]佛教徒厭惡「佞佛」一詞，可見廖燕不信此教，而似儒家關愛祖先甚於諸神，拒絕佛教本質的「空」理。

廖燕追悼僧友胡海

出家的動機由於失意、失戀、多病、避禍或求解脫痛苦。清初曲江人胡海（葉舟）出遊不得志，遂剃髮為僧。廖燕憶悼他說：「嘗往來南嶽（衡山）、匡廬（廬山）、武夷諸名山，少習舉子業。為僧後始學琴，尤工於詩。廣陵（今揚州）汪子燮勸其還俗，以多金為飾歸裝。葉舟應諾，金入手隨揮而盡，仍僧服辭去，行腳如故。嘗蓄一石，高尺餘，蠟色，有梅花數朵，隱隱浮起，色更黃，宛然臘梅花也。甚寶異之，與同臥起。一夕忽失去，未幾得咯血症，卒於羅浮精舍，時年四十有二。……予先家郡之西河，與葉舟同里。曾從予學舉子業。後予因世變移居城中，葉舟亦出遊不返。……詠秋兩詩有

『涼（動詞）人今夜雨，老（動詞）我又秋風』之句，予亟賞之。欲寄書促歸，而不虞其已溘然朝露也。其懷予有詩云：『漫嗟長別動悲歌……，詩情端的爲愁多。奇書寂寞還須著，寶劍光芒不用磨。媿（愧）我自從飄泊後，十年雲水已蹉跎。』詩亦未及寄，惟自書扇頭，出入吟諷而已。」⑥孤寂的胡海與人格化的怪石相依爲命，大約因欠營養而患當時絕症肺癆，英年早逝。他的字號「葉舟」指一葉孤舟，恰切象徵雲水行腳生涯。他輕視錢財；對佛學的興趣，似低於音樂、文學和石面似浮雕的蠟梅跡象。

廖燕反駁歐陽修「詩窮而後工」說

歐陽修說：「予聞世謂詩人不少達而多窮，夫豈然哉！蓋世所傳詩者，多出於古窮人之辭也。凡士之蘊其所有而不得施於世者，多喜自放於山巔水涯，外見蟲魚草木、風雲鳥獸之狀類，往往探其奇怪；內有憂思感憤之鬱積，其興於怨刺，以道羈臣寡婦之所嘆，而寫人情之難言。蓋愈窮則愈工。然則非詩之能窮人，殆窮者而後工也。」⑥六一居士發揮韓愈「不平則鳴」意，下啓蘇軾〈次韻仲舒雪中遊西湖〉云：「秀語出寒餓，身窮詩乃亨。」廖柴舟〈書梅聖兪詩集序後〉駁斥此文學觀道：「窮人多不能詩。今能詩者，或未必皆窮人。……語云：天上無頑鈍仙人，神仙莫不能詩。況古來聖賢能詩者尤多。三百篇（《詩經》）豈皆窮人所爲邪（耶）！使人能於簞瓢陋巷中尋一出路，則此四聲六義便可爲吾輩脫胎換骨之資。不特不能窮人，且可因之傲王侯、輕富貴，爲聖賢仙佛而無難。故凡以窮爲言者，猶未爲知詩者也。」⑥韓愈洞察「和平之音淡薄，而愁苦之聲要妙；歡愉之辭難工，而窮苦之言易好。」⑥王國維感嘆「天生百凶以成就一詞人」。廖燕不信人愈窮則詩愈工，強調貧困對於卓異詩作既非必需條件亦非充分條件。可惜快活神仙絕不存在，廖燕訴諸神話的辯論不夠說服力。雅斯培說絕境逼出宗教家和哲學家，我們可說絕境產生大詩人。

廖燕談境遇與性情

中國哲學主張天人合一、知行合一和情景合一。後者近似性情與境遇交融，即主客融合。廖燕卅五歲時強調境遇對性情的衝擊或沖激云：「境遇苦而性情深，性情深而學問入。詩不能爲變境遇之物，而境遇反爲深（動詞）性情、入學問之物：故記年以驗境遇之順逆，記詩以驗性情學問之淺深，又安可忽乎哉！古人於通仕後，嘗錄其生平困塞

事以自警，況余猶在困塞時耶！——余年來困厄流離，骨肉煙消，室家甌破；遇比前加逆，心比前加苦，叢人間不堪之境，無不盡聚於一人一時之身爲可悲也。」[69]德國哲人雅斯培指出逆境至極激發宗教哲學，當然也激發文學，由於深化了性情。廖燕致函其師金堡（衛公，道隱，浙江仁和人），重申絕境裨益文章道：「燕近作古文，則必在患難後、病後、貧無立錐後。此三後者，固文章之候也。生平氣盛，亦常恨此，至此頗覺釋然（解脫）。非忘恨也，滿腔憤恨盡驅入寸管，雲雷中作冰雪滅，故亡恨耳。憤起筆飛，文成恨絕；況當患難貧病後，險過波平，驚喜未暇，……憤恨以此胸常雪淡耳。」[70]絕境起於貧病患難，幸虧文藝創作使忿怨冰消瓦解。

廖燕論創作必需生活體驗和社會觀察

王國維所謂客觀詩人，必經社會生活磨煉。清初廖燕已強調作家必須如此：

傳有一士人，每與人言不合，輒云：「汝與我相隔五十一層，宜其不相合也。」問何謂？曰：「我居三十三天之上，汝在一十八重地獄之下；以三十三之數合一十有八計之，非五十一層而何？」予笑謂：「吾輩作人須高踞三十三天之上，下視渺渺塵寰，然後人品始高；又須遊遍一十八重地獄，苦盡甘來，然後膽識始定。作文亦然，須從三十三天上發想，得題中第一義，然後下筆，壓倒天下才人。又須下極一十八重地獄，慘淡經營一番，然後文成，爲千秋不朽文字。」五十一層之說如此，居士以此自號，豈虛語哉！[71]

佛教「三十三天」又稱忉利天，乃六慾天之一。它四方各有八城，加中央一城，合共三十三天城，非三十三層。佛教地獄未必十八層，中國人喜採十八之說。五十一由於不同單位（層與城）相加，意義不深。只要珍惜居士和廖燕苦心：生活體驗愈豐，小說創作愈精彩。慘淡經營就是痛苦磨煉，難怪最佳小說多屬自傳式或半自傳（如《紅樓夢》）。如非親身體驗，則過度依賴聽聞及想像。然而矜誇比別人高五十層，佛教可貶爲「我慢」。

生活體驗以外，必須冷靜觀察社會，即今人所謂進社會大學或無牆學院。如果不幸失學，亦可憑磨煉和閱歷，鑄出不朽巨著。柴舟以「無字書」隱喻社會道：

予嘗有讀無字書之說。一日，相聚劇談，一友向予云：「書既無字，讀些甚

麼？請子下一轉語（詮釋）。」予應云：「就從無字處讀起。」又一友云：「會讀便有。」予起立大聲云：「何不云會讀便無？」眾大笑而罷。傳昔有人欲教其子，患其頑且惰，不得已扃（鎖困）之別室。間行窺之，見其子向書細玩點首，喜甚，以為其子得書味也。試問之，曰：「予嘗以為書是用筆抄寫，今細玩起來，方知是刻板印的。」此則天下人讀有字書之榜樣也。嗚呼！誰謂無字書是人人輕易讀得者耶？⑫

可憐這頑童只學懂書由刻板印刷一事，完全不讀書中文字內容；簡直捨逐本末，累其父空歡喜一場。曹霑（雪芹）說得妙：「練達人情皆學問，洞明世故即經綸。」投入生活便懂人情世故。倘若將「無字書」含義從社會擴充到大自然，廖柴舟尚未觀察到奇異現象：男性興趣較廣，常樂意探索自然界萬物（尤其是動物）真相；一般婦女興趣局限於社會，即對大自然冷淡。

廖燕用「意」指形式因

清初王也癡向廖柴舟出示廿四幅畫，合稱〈意園圖〉，寫詩為記。廖燕撰序云：

「予（王也癡）行天下三十餘年……所歷得山水，日留連於胸中而不能去。又不能搆一圖以彷彿（模擬）其萬一。不得已搆之以副墨，而為臥遊之具。此予以意園名圖之意也。」……園莫大於天地，畫莫妙於造物。……造物之先，物有其意；既造物之後，物有其形。則意也者，豈非為萬形之始，而亦圖畫之所從出者歟？予嘗閉目坐忘，嗒然若喪。斯時我尚不知其為我，何況於物？迨意念既爾，則舍我而逐於物。或為鼠肝……蟲臂，其形狀又安可勝窮也耶！傳稱趙子昂善畫馬，一日倦而寢，甚妻牕（窗）隙窺之；偃仰軒呼，儼然一馬也；妻懼醒，以告子昂。因而改畫大士像，未幾復窺之，則慈悲莊嚴，又儼然一大士。非子昂能為大士也，意在而形因之矣。……天地在我意中，即以意為造物。取煙雲丘壑樓臺人物於一卷之內，皆以一意為之而有餘。則也癡以意為園，無異以天地為園。豈僅圖畫之觀云乎哉！雖然，天下事亦得其意已耳。癡為甬（浙江寧波）東傑出士，足跡幾遍天下，來寓吾粵又且十年，有才而不得一展。予固疑也，癡意之不得也。今閱是圖，山川名勝無景不備。終日晤對其間，則亦可以得意而忘言也。⑬

柏拉圖認為造化神將原始質料塑造萬物。亞里士多德提出造物四因，首項形式因即廖燕與王也癡所謂意。王氏性格酷似南朝劉宋的宗炳（375－443），宗炳又像古希臘辯證唯物論始祖赫拉克萊特士和莊周拒絕做宰相。他居南岳衡山，因病回江陵（今南京），慨嘆：「名山恐難遍遊，唯當澄懷觀道，臥以遊之。」遂繪記憶於壁，晝夜觀賞。宗炳以山水為佛陀神明之影跡，近似柏拉圖所言萬物乃理型之影像；前者屬主觀唯心論，後者屬客觀唯心論。莊子以副墨代表文字，王也癡借用指圖畫。宗炳是臥遊典故主角，啟迪王氏改牆為紙。廖燕善用莊子「造物」、「坐忘」、鼠肝蟲臂及得意忘言諸意，聯想元代趙孟頫風流韻事。由於全神貫注於馬，他酣睡時竟受馬潛移默化；改繪觀音大士後，難得又受同化而顯菩薩式悲憫。這兩例比孟子所言仁者心境睟面盎背更誇張，勝在突破儒家人類中心主義，添加道佛兩家色彩。柴舟強調意在筆先，暗承南齊畫家謝赫《古畫品錄》「六法」之「應物象形」，要求繪前心中先存對象形式。蘇軾推崇表兄文同以畫入詩且胸有成竹；鄭燮標奇立異，主張胸無成竹，[24]等於反對謝、蘇、王、廖。

廖燕筆下的新會畫家高儼

　　廣東順德有著名畫家兼詩人黎簡，新會出了不著名的畫家高儼。對曲江廖燕〈東皋屠者傳〉，高儼評點道：「東皋事跡，少有傳者。故前後以議論襯貼成文，而一種彷徨追賞之意，繚繞筆端。太史公伯夷傳後，僅見此文。」這是溢美，但是高廖與金聖嘆都推崇司馬遷的傳記文學。廖燕盛讚高儼云：「博（專）學工詩畫草書，時號三絕。（按：如唐代鄭虔及清代鄭燮）尚（可喜）藩入粵，聞其名，屢辟（徵召）之不就。以禮帛求畫者踵相接。意稍不去，輒麾（揮）去。時有鄰邑令欲得其畫，百計致之。酬以金若干，望公（高儼）即以賞其來使。暮年詩畫益精，能於月下作畫（按：似貝多芬在月下作曲），視畫時為尤工。性簡傲，常面折人過。然（而）遇端人奇士，則又敬禮揄揚之不置。嘗以赭石染布，為野人服，冠履俱與時異，見者無不知其為先輩高望公也。時又因其姓，稱為高士望公云。年七十二疾作，即與親友訣別，命畫工寫照，照飾以緯帽箭衣。望公瞑目不視，既而曰：『我要畫一個若有若無（按：即矇矓恍惚）的高望公。』畫工凡三易稿，皆不點首。最後畫一幅巾深衣，半露白雲天際。望公喜，急呼筆題其上云：『明處士高望公遺照』，遂卒。」[25]高儼天性似《世說新語‧簡傲》篇人

物，不畏流露純眞情感。他堅持畫匠繪肖像，稍違道家精神吧！

廖燕惋惜族弟如彭有才無命

曲江廖燕的族弟廖佛民（名如彭，學彭壽）十四歲補邑諸生，精擅詩畫及楷書，後來簡傲得厭惡諸生身份，致函督學請辭被拒。廖燕寫他「嘗語人曰：諸生爲四民（士農工商）之一（首），非其極者。然一業此，則硜硜（認眞）然惟時藝是務。幸而售固無論，不則世務無所知。艱於治生，雖妻孥不能給（供養）。至所行多有不堪言者，其故可勝嘆耶！聞之漢唐之先，帖括（科擧）未用，士皆得自行其志，閉戶讀書，皆務爲聖賢經濟性命之學。故出則爲國家有用之才，而處亦不失爲巖穴知名之士。……傳明陳繼儒將入試，見所試士形狀不樂甚，遂拂袖而歸。豫章（今南昌市）吳予（與）弼亦然。……豈無有英杰，博（專）聞之士，獨能擺脫世網（按：即陶潛詩中「塵網」）爲吾之所欲爲！相率逐隊而趨，靦顏以爲得意。亦果何爲也哉！」群衆輕蔑他爲怪誕，他出遊不返，傳說他出家或夭逝（享年二十八）。廖燕謂佛民撰無題詩十首亡佚，僅憶佳句「鏡破難敎重見面，花殘安得再消魂！」「月裏有人曾悔入，世間無路送愁歸。」（柴舟判爲讖語）「沿溪深入深山路，滿地落花無鳥語；赤犬吠人三四聲，雲迷谷口不歸去。」（按：似王維〈桃源行〉）「桃花盡處洞門掩，回首雲封十二樓。」「春日尋春到遠山，相逢木客鬢毛斑。」[76]廖燕感覺諸詩有鬼氣，但是未提詩鬼李賀。

廖燕的英石美學

金聖嘆引米芾相石云：「要秀，要皺，要透，要瘦」，[77]「秀」改爲「漏」更佳。清初道士傅山提倡眞、簡、高云：「寧拙毋巧，寧醜毋媚，寧支離毋輕滑，寧直率毋安排」；又要求「寧鈍毋秀」。[78]晚清劉熙載《藝概》似受傅山陶冶說：「怪石以醜爲美。醜到極處，便是美到極處。一醜字中，丘壑未易盡言。」[79]但是清初廖燕對米芾的美石四條件捨秀取漏，似傅山捨秀取鈍，而不像劉熙載偏激得以醜爲美。柴舟〈英石歌贈柯遠若〉云：「英州奇石造物鑄，宛轉天然形皆具。中非一狀難爲言，透漏瘦皺隨秉賦。煙霞丘壑共結胎，歲久山靈常擁護。面面環觀俱有情，須知神物天生成。扣之能作金玉響，胸中豈有不平鳴？世人所得皆頑石，忍使嶔崎反遭斥。……千秋獨有米南宮，天劃神鏤出袖中。……誰知今又逢柯子，搜高踏遍千百峰。昨遊吾粵過英邑，攜來一片

如生龍。生龍以神不以形，以燈取影倍崢嶸。奇中生幻人莫測，夜半忽聞風雷驚。風雷怪石相擊搏，主人視之神自若。以酒醉石石氤氳，從無風雨亦生雲。寄語高齋好護汝，莫使變化爲眞龍，乘雲破壁突飛去。」[30]柯遠若非畏眞龍的葉公。

傳說南朝畫家張僧繇，在金陵安樂寺繪四條白龍，卻不點睛，常言點睛則飛去。觀衆紛紛請他點睛，他所點兩龍破壁乘雲飛逝，另兩龍因未點睛而不動。唐代張彥遠《歷代名畫記》比較三位早期肖像畫家云：「象人之美，張得其肉，陸得其骨，顧得其神。……象人風骨，張亞於顧陸地。」張僧繇雖於肖像遜於顧愷之與陸探微，必在畫龍方面優於顧陸。廖燕暗用張僧繇事蹟外，又用韓愈〈送孟東野序〉「不平則鳴」的典故：「金石之無聲，或激之鳴。……樂也者，鬱於中而洩於外者也，擇其善者而假之鳴。金石……八者，物之善鳴者也。……莊周以荒唐之辭鳴。楚，大國也，其亡……以屈原鳴。……孟郊東野始以其詩鳴。」柴舟懷疑敲英州石者胸懷不平的忿怒，所以激起金玉的美音。此英石既具龍形又能鏗鏘如金玉，廖燕索性倣傚北宋「石癖」米芾將它擬人化甚至神格化。北宋郭熙與前輩李成以山水畫齊名，其子郭思將他的心得編成《林泉高致》云：「學畫花者，以一株花置深坑中，臨其上面瞰之，則花之四面得矣；學畫竹者，取一枝竹，因月夜照其影於素壁之上，則竹之眞形出矣。」影壁的藝術由靜態演變成動態，就是皮影戲。廖燕所云「以燈取影」仍屬靜態，燈光強於郭熙借取的月光，英石的影比竹影更崢嶸。竹石皆可鳴；依照韓愈界說文學爲不平之鳴，清初傅山、金聖嘆和廖燕皆善鳴。

廖燕主張聖賢英傑填補天地缺陷

廖柴舟〈募修湞遠峽路疏〉云：「自英州（今廣東英德）舟行三十餘里，至滇陽以迄大廟，皆雙峙夾流。惟湞遠峽，尤號稱最險。旁有小徑，爲牽夫郵傳必經之地。其間艱危萬狀。……康熙元年，……修葺，……歷今三十餘年，傾圮已甚，行路輒有蹶趄挫折顚墜之患。……天地好奇，至造物而止。匪（非）獨崑崙（山名）華嶽，與夫黃河、洞庭、鄱陽諸大觀，固以雄絕見奇。即一丘一壑，亦靡（即無）不窮幽極渺，以騁其怪奇倜儻之才。……然天地因好奇，嘗留缺陷以待人之自効（效），使能出其智力，以補天地之缺陷，則其人遂可與造物同功。故古來聖賢英傑，皆補天地缺陷之人。人惟不能補缺陷之天地，遂爲天地之所缺陷，非廢人則庸人已矣。……予以缺陷視峽路，即以修

補望諸同人。……天地不得以缺陷加我，而我且可修補乎天地，將天下之事爲予之所欲爲，則凡世之待予而効其智力者，又寧獨一峽路乎哉！」[81]缺陷欠客觀標準，只是人類中心主義界定的。美國人讚嘆大峽谷爲上帝（造物）傑作或鬼斧神工，酷愛平原的農民可能輕視大峽谷爲缺陷。中國大陸電影《老井》的主人公，拚命醞釀缺陷，抑或塡補缺陷？渴求食水的村民，本可遷徙到河湖邊緣啊！愚公鄙薄門前山陵爲缺陷，自然主義者也許欣賞此山壯麗，反對塡補廖燕一廂情願所言缺陷。退一步說，廢庸的現代人以科技破壞環境生態，造成難塡的缺陷！

廖燕談名勝與豪傑的關係

　　《世說新語・言語》篇誇張地靈導致人傑，其實地靈與人傑互爲因果。粵北開發遲於北方，唐宋出了兩位賢相：張九齡與余靖。[82]張曲江家族顯赫，先有張良、張栻，後有張居正、張元忭及其曾孫張岱，更有與其師瞿式耜在桂林同時殉明的烈士張同敞。廣東哲學史始於定居粵北曹溪的南禪六祖惠能，廖燕之師金堡也在丹霞山出家。柴舟由質疑恩師說起：「韶（州）有山水而無人（豪傑）。丹霞澹公（歸），過韶每嘆之。後修府志名勝，尤三致慨焉。是（即此）說也，予每疑之。吾粵山川，廣潮諸郡迫海而鉅，雖極瀾濤壯闊之觀，然峰巒繡錯，不及吾韶遠甚。而瓌（瑰）偉特立之士，往往常生其間。……唐張文獻公，宋余襄公，雖村嫗稚子猶得指而名之。……瓌偉特立之士，類多離世絕俗，超然塵垢之表。名（聲譽）似非其所急者，世人烏從知之而傳之？且夫人之情非富貴不道，即有才如文獻、襄公，使布衣終其身，雖至今猶不傳也。……余嘗登高極視，見峰巒雖美，然皆狹淺蒙險，無所容蓄。雖有其人，亦必憂愁困頓，至老死而不得顯於世者或有在也。……使有其人，必爲山川靈秘所鍾。其幽光潛德，必傳無疑者。而或不傳焉，則山川之不幸，非其人之不幸也。」[83]難怪梁啟超承接法國孟德斯鳩，重視地理環境了。

廖燕銘讚的哲思

　　柴舟因蘇軾遺蹟而題韶州府大堂云：「惟天子命，乃握斯寶。土地人民，政事是考。舍廉而貪，玉石顚倒；舍貪而廉，珪璋在抱。坡公來韶，題此併書。鑴成墨寶，光燭天衢。」[84]廉吏典範蘇東坡，是廖燕心中理想人格。此銘的典故在《孟子》，界定土

地、人民、政事為國家三寶。《國語・楚語》宣稱楚人以善為寶，善包含廉潔。韓愈評判荀子大醇小疵，廖燕見古梅背痕似爛梧桐葉，遂作銘云：「鐵骨霜姿，似傲而媚；大醇小疵，學之則癡。」[35]佛教以貪瞋癡為三毒。柴舟睹端硯像爛荷葉，用《莊子・德充符》主旨詠此贈品道：「全其德而摘其形，以斯見疵於世也；畸於人而侔於天，以斯有合於己也。鳴呼，是可與燕相終始也。」[36]真人才全而德不顯，「侔於天」指懷抱天道，即〈人間世〉篇「與天為徒」。〈朱吟石像讚〉取莊周詞語：「倜儻胸懷，蕭疏興致。……豈同散髮逍遙。聊爾行吟遊戲，似覓句於亡（無）何有之鄉，立想於未有天地之始。」[37]〈觀音大士像讚〉用莊子「俶詭」一詞，[38]〈呂祖像讚〉亦採莊周術語顯道家本色：「是凡是仙，非無非有。萬象罹胸，造化在手。天籟為詩，江湖作酒。」[39]造化即命運。

老子說：「知我者希（稀），則我者貴。」《世說新語・巧藝》篇載才、癡、畫三絕的顧愷之云：「四體（肢）妍蚩本無關於妙處，傳神寫照正在阿堵（眼睛）中。」廖燕〈程子枚像讚〉發揮道家智慧說：「修髯炯目，芒履布襟。傳神正在阿堵，抱臂還思入林。才不可象而象之，德不可見而見（現）之。琴胡為乎獨抱而不鼓，默坐而沉吟。豈黃山歙（縣名）水，既無識者；今來韶石，又鮮知音？噫嘻，知希則貴，不測在深。予將聆君之一曲，而悟之於遠水遙岑者耶？」[90]中國美學上，顧長康「傳神」概念在形神問題堪稱里程碑。廖燕〈孫廉西都尉像讚〉也富道家傳神色彩：「瀟灑出塵，……獨露天真。……異目標凌煙（閣名）而寫照，圖（麒）麟閣而傳神。」[91]漢唐兩代帝王勒令畫家繪功臣肖像於閣壁，旨在表揚忠臣。柴舟〈查維勳副尉像讚〉勾勒另一功臣道：「芒鞋野服，此豈儒將風流；偶爾嘯傲湖山，亦以英雄大度，從來不修邊幅。故知異日，雖功蓋天下，位極人臣，猶依然本來面目。」[92]禪宗惠能《六祖壇經》載「本來面目」指謂佛性，又作本地風光、本分田地、自己本分或本分事，即顯教「本覺」或密教「本初」。柴舟借用指本性或本色。恪尊真性情的詩哲元好問為殉情的野鵝築墳名「雁丘」，感動廖燕為殉情的斑鳩撰銘云：「死之義以拙真，與山石磨不磷。」[93]

廖燕否定堪輿術

中國向來盛行風水命理之術。廖燕反對算命道：「後（將）來事正以不知為妙。若已前知，不特不美，事預以為憂，即富貴亦覺索然矣。乃愚人必求前知，……何能前知

耶？」柴舟排斥宿命論，傾向自由意志論，不信有先知能準確預測未來。他隨即抨擊堪輿術云：「富貴功名與子孫壽考之數者，其權皆操之造物，雖聖人不得而主之。而堪輿家輒以此愚人，眞可怪也。其說非特不驗，且多得禍。予屢屢徵之而不爽。……有以求地爲名，忍於停擱其親數十年而不葬者；又有已葬復遷徙，以求富貴之地者。……父母骸骨，豈汝求功名富貴之物乎？其心已可誅也！……求美地，非有勢力者不能。然有勢力者莫如天子。但得出天子地而葬之，則天下至今猶爲伏羲有也。其如頑土，不關枯骨。……生時不能使子孫富貴，死後枯骨突然能之，欺三歲小兒哉？……使枯骨有靈，地縱不吉，父母必不肯以禍貽子孫；如其無靈，則地雖吉，亦無能爲也。……郭汾陽（子儀）父塚爲盜所發（掘出）。若據堪輿家言，父屍不存，與發塚洩氣，其家當得絕滅。何汾陽己身封王，八子七婿皆爲朝廷顯官……也？」㉞郭子儀家族一個反例，更顯「禍福關乎地理之說盡屬妄談」，或「荒謬矛盾，曷（何）足一噱！」㉟

註　釋

①廖燕《二十七松堂集》卷1，〈性論一〉，台北中央研究院中國文哲研究所，1995年，第1–4頁。

②同上，〈性善辨略附〉，第8頁。

③同上，〈性相近辨略附〉，第16頁。

④《二十七松堂集》，〈性論二〉，第10–13頁。

⑤參閱姜國柱、朱葵菊《中國人性論史》，河南人民出版社，1997年，第八章。

⑥《二十七松堂集》，〈性相近辨略附〉，第14–15頁。

⑦見《陸九淵集》卷34〈語錄上〉，卷35〈語錄下〉。

⑧《二十七松堂集》卷11〈狂簡說〉，第514–515頁。參考卷11〈三才說〉、〈才子說〉及〈習八股非讀書說〉。廖燕既狂狷且苟簡，強調非狂簡則爲天地垃圾，無生存價值的行屍走肉。

⑨《二十七松堂集》卷1〈如其仁辨略附〉，第35–36頁。

⑩同上，〈召忽、管仲論〉，第32–34頁。

⑪《二十七松堂集》卷11〈福淫禍善說〉，第493–497頁。頁493描述世俗以「福善禍淫」爲「理之當」，即諷刺人類中心主義的「人之理」，以便提供反面「天之權」。「權」似兼指權力與權變（奇而不正）。

⑫《二十七松堂集》補編，卷3，第299頁。

王 煜 清初哲人廖燕 155

⑬《二十七松堂集》補編，卷2，第105頁。

⑭同上，《飲酒十首》，第76頁。

⑮同上，第107頁。

⑯參考賴炎元《韓詩外傳今註今譯》，台北商務印書館，1972年。

⑰《二十七松堂集》卷14〈東皋屠者傳〉，第583－585頁。

⑱廖燕《二十七松堂集》卷7，〈八卦爐記〉，第299－301頁。

⑲《易‧巽卦》主張謙遜溫順，接近老子所倡守柔不爭，難怪對戰爭無用然而老子又說「兩兵相加（若），哀（讓）者勝矣。」他誇張謙讓的效益了。

⑳《二十七松堂集》補編，卷1〈記學醫緣起因遺家弟佛民〉，第9－10頁。

㉑《象山先生全集》卷22〈雜說〉。

㉒同上，卷35〈語錄下〉。

㉓王煜〈儒將與儒醫〉，香港《大公報》，1997年6月18日，DB版引。98年2月始詳研廖燕（柴舟）。

㉔1996年5月我出席河南省濮陽市（春秋時代衛國）宋代學術與東方文明研討會，認識程頤後裔程德祥，他任職鄭州電視台工程師。

㉕廖燕《二十七松堂集》卷3〈易簡方論序〉，第125－127頁。卷5〈易簡方論題詞〉始引《易》解「易簡」。

㉖參考楊力《周易與中醫學》，北京科學技術出版社，1989年。中國哲學宗教強調簡易，避免煩瑣的抽象理論。

㉗參考李少雍《司馬遷傳記文學論稿》，重慶出版社，1987年；可永雪《史記文學成就論稿》，內蒙古教育出版社，1991；陳桐生《中國史官文化與史記》，汕頭大學出版社，1993；淡江大學中文系主編《俠與中國文化》，台北學生書局，1993年。

㉘《二十七松堂集》補編，卷1〈讀貨殖傳〉，第22頁。

㉙同上，卷1〈四書私談十八則〉，第30－32頁。

㉚《二十七松堂集》，卷1〈明太祖論〉，第23－26頁。第26頁引孔子言「民可使由之，不可使知之」。余英時先生視為儒家愚民政策。徐復觀的句讀「民可使，由之；不可使，知之」取消愚民的劣義，因為由、知兩動詞的主詞由民改為君了。

㉛《二十七松堂集》卷11，第523－525頁。

㉜參考《國際柳宗元研究擷英》，廣西人民出版社，1994。

㉝《二十七松堂集》卷11〈自書宋高宗殺岳忠武論後〉，第526－528頁。

㉞《二十七松堂集》補編，卷1〈答客問五則〉，第39－40頁。

㉟《二十七松堂集》卷14〈南陽伯李公傳〉，第563－566頁。

㊱劉文源編《文天祥研究資料集》，中國社會科學出版社，1991年，宜增補此篇。

㊲參閱朱一清、程自信《金聖嘆選批才子必讀新註》，安徽文藝出版社，1988年，張國光《金聖嘆詩文評選》，長沙岳麓書社，1986年。

㊳《二十七松堂集》卷14〈金聖嘆先生傳〉，第572－575頁。他臨刑嘆云：「斫頭最是苦事，不意於無意中得之。」

㊴《二十七松堂集》補編卷1，第94頁。
㊵參閱韓林德《石濤與〈畫語錄〉研究》，江蘇美術出版社，1989年。
㊶張固《幽閒鼓吹》卷52。
㊷《二十七松堂集》卷12〈書錢神論後〉，第543–544頁。
㊸聖賢比干、范蠡、關羽昇爲文武財神，見馬書田《華夏諸神》，北京燕山出版社，1990年，第310–316頁。
㊹《二十七松堂集》卷12〈書郭道人贈僧修眉惜字序後〉，第540–541頁。
㊺《二十七松堂集》補編，第95–96頁。
㊻1936年美國成人教育祖師卡內基（Dale Carnegie）著 *How to Win Friends and Influence People* 出版。
㊼《二十七松堂集》補編，卷1〈記續碧落洞詩始末〉，第20–21頁。
㊽廖燕《二十七松堂集》卷7，〈青溪別業記〉，第241–243頁。
㊾倘若陋巷環境太差，如高度污染、擁逼吵鬧，則聖賢亦難免受境勞役。幸虧清初尚無山川及空氣污染等問題。
㊿《二十七松堂集》卷6，第222–224頁。
(51)同上，〈會龍菴募建接衆寮房疏〉，第225–226頁。
(52)同上，〈資福寺募修佛殿疏〉，第227–228頁。
(53)《二十七松堂集》補編，卷1〈山居雜談六十五則〉，第54頁。
(54)參考胡孚琛主編《中華道教大辭典》，中國社會科學出版社，1995年。
(55)詳見杜繼文、魏道儒《中國禪宗通史》，江蘇古籍出版社，1993年，第604–605頁。
(56)《二十七松堂集》補編，卷2〈送天然和尚還廬山〉，第177–178頁。
(57)同上，卷2，第161–163頁。
(58)《中國禪宗通史》，第69頁引〈楞枷師資記〉。
(59)《二十七松堂集》補編，卷2，第214頁。
(60)同上。參考同頁〈隨喜而來法具〉「黃梅秘授曾經手」。
(61)《二十七松堂集》補編卷2，第215頁。
(62)廖燕《二十七松堂集》卷11〈焚家祀神像記一〉，1995年，第490–492頁。
(63)同上，卷8〈哭澹歸和尚文〉稱許恩師爲「一代偉人」，見第320頁。
(64)同�62，〈焚家祀神像記二〉，1995年，第492–493頁。
(65)《二十七松堂集》卷14〈胡葉舟傳〉，第592–593頁。卷15〈待贈文林郎文學張若墓誌銘〉，第609頁「顯名易成，隱德難及」亦可描述胡葉舟。
(66)《歐陽文忠公文集》卷4〈梅聖兪詩集序〉。
(67)《二十七松堂集》卷12，第542–543頁。附錄李湖長曰：「此文雖似翻案，然特地爲吾輩苦吟人指出一條活路，何減換骨金丹！」
(68)《韓文公文集》卷4〈荊潭唱和詩序〉。
(69)《二十七松堂集》附錄二，趙貞信《廖柴舟先生年譜》引《文集》卷4〈丁戊詩自序〉，第61頁。
㊵同上，引《文集》卷5〈與澹歸和尚書〉，第62頁。函中柴舟用莊子〈養生主〉「善（繕）刀而藏」比擬

王 煜 清初哲人廖燕 157

老師「保攝之道」。

⑦《二十七松堂集》補編，卷1〈五十層居士說〉，第7頁。

⑦《二十七松堂集》補編，卷1〈記讀無字書轉語〉，第69－70頁。

⑦《二十七松堂集》卷4〈意園圖序〉，台北，1995年，第173－175頁。

⑦參閱何增鸞、劉泰焰選註《文同詩選》前言，四川文藝出版社，1985；楊士林《鄭板橋評傳》，安徽人民出版社，1992年，第七章〈無古無今之畫〉。

⑦《二十七松堂集》卷14〈高望公傳〉，第585－587頁。

⑦全部引文俱在《二十七松堂集》卷14〈家佛民傳〉，第589－591頁。

⑦《第六才子書》卷5〈請宴〉首評。

⑦參考尹協理、徐練鋒〈論傅山的審美情趣〉，《復旦學報》1986第1期。

⑦徐中玉、蕭華榮校點《劉熙載論藝六種》，《藝概》卷5，巴蜀書社，1990年，第161頁。

⑧《二十七松堂集》補編，卷2，第104頁。

⑧《二十七松堂集》卷6，第215－217頁。

⑧匡繼先《唐宋名相傳》，浙江教育出版社，1991年，載張九齡生平而欠余靖。

⑧《二十七松堂集》卷12〈書韶州名勝志後〉，第528－530頁。

⑧《二十七松堂集》卷16〈政寶堂石刻銘〉，第637－638頁。

⑧同上，〈古梅銘〉，第638頁。

⑧同上，〈天然端硯銘〉，第638－639頁。

⑧同上，第640－641頁。

⑧同上，第642頁。

⑧同上，第642－643頁，有些學者說《詩經》出自天籟。

⑨同上，第650頁。

⑨同上，第649－650頁。

⑨同上，第650－651頁。

⑨同上，〈義鳩塚銘〉，第634－635頁。

⑨《二十七松堂集》補編，卷1〈山居雜談六十五則〉，第55－56頁。

⑨同上，第56頁。第58頁云：「禍福亦人自取耳，奈何世人惟陰宅是求，而反置陽宅於不問，又曷怪天道報施之或爽也耶！」

景印本·第十九卷

景印香港新亞研究所《新亞學報》（第一至三十卷）

早期中美的貿易發展，1784－1860

李木妙

一、導言

　　美國，全稱「亞美利堅合衆國」（The United States of America），中國人傳統又叫「米夷」或「花旗國」（即懸掛星條旗的國家），位於北美洲（North America）的中部；它北接加拿大（Canada）、南連墨西哥（Mexico）、東瀕大西洋（The Atlantic Ocean）、西臨太平洋（The Pacific Ocean），幅員遼闊，現全國五十多州，總面積多達936,366平方公里，南北長約2,560公里、東西寬達4,480公里。[①]至清雍正十（1732）年，英國先後建立北美大西洋沿岸十三州殖民地。

　　早在「殖民地時期」（Colonial Period，1607－1783），北美十三州的居民對遙遠的東方帝國——中華帝國已有所感知。當時美州的人參通過英國東印度公司（*British East India Company*）的商船遠銷中國的廣州，中國的茶葉亦因而在遠隔重洋的北美市場上享有盛譽，著名的美國獨立戰爭（War of Independence，1775－1781）亦因爲「波士頓茶葉黨（the Boston Tea Party）事件」而爆發；乾隆四十一（1776）年七月四日，「大陸會議」（Continental Congress）通過《獨立宣言》（The Declaration of Independence），其後經過長時期（1776－1782年）艱苦的戰爭與談判，終於乾隆四十九（1783）年九月三日在法國巴黎簽訂《凡爾賽條約》（the Treaty of Versilles，1783）或稱《巴黎和約》，正式脫離英國殖民統治而獨立，[②]爲美國自由發展海外貿易提供前提。

　　戰後美國的內政，尤其是經濟正處於內、外交困的境況。英、法、西班牙等國對於美國的貿易限制，更迫使其不得不開闢新的海外市場、尋找新的貿易伙夥；因此，在民主共和國新生的翌年，美國商船「中國皇后」號（Empress of China）即對華展開通商的貿易活動，揭開爾後中美貿易的序幕。早期美國商船，主要循東、西新航路來中國的廣

州通商；至十九世紀上半，美對華貿易額僅次於英、法、古巴，而居第四位。而中美直接貿易的結果，使雙方均蒙受其利，對經濟、外交、宗教、文化藝術的交流等方面影響很大，其重要性於此可見。正因此之故，本文嘗試綜合前人的研究成果，作系統性整理，冀能更清晰地素描出早期中美貿易的發展圖幅。

本文主要分為六部分，首部分為導言、末部分為結論，第二部分為早期中美貿易的背景；第三部分記叙早期貿易的發展過程，為研究的方便，主要劃分「殖民時期的中美貿易發展，1607 – 1783」、「獨立初期的中美貿易發展，1784 – 1814」、「鴉片戰前的中美貿易發展，1815 – 1834」、「望廈條約前的中美貿易發展，1835 – 1844」、「望廈條約後的中美貿易發展，1845 – 1860」等五個階段；第四部分主要簡述早期中美貿易的特點與經營，第五部分側重分析早期中美貿易發展迅速的原因、遭遇的困難及其影響。

二、早期中美貿易的背景

隨着十五世紀末至十六世紀初東、西新航路和地理大發現以後，西歐各國諸如葡萄牙、西班牙、法國、荷蘭和英國等殖民勢力相繼東來，在印度洋、太平洋上互相角逐，並進行激烈的貿易競爭。其中以葡萄牙人最早東來，其勢力自印度向東伸展至馬六甲甚至中國的澳門，所以十六世紀前半為葡萄牙人活躍的時代；十六世紀後半，西班牙人深受葡萄牙人航海探險成就的刺激，亦從美洲向西跨越太平洋，將其勢力伸至遠東的菲律賓。十六世紀末期，葡、西兩國的海上勢力逐漸衰落，尤其是英國海軍擊潰西班牙的無敵艦隊之後，荷蘭、英國的海上勢力則逐漸崛起，並侵蝕葡、西兩國的勢力圈而逐漸東進；最初，荷英聯合對付西班牙，十七世紀上半為荷蘭海上稱霸時代，勢力薄弱的英國無法與之抗衡，遂從東亞和東南亞撤退，而致力於印度貿易，直至十七世紀下半英國代荷蘭而稱霸海上。[3]西方殖民勢力接踵東來，實使南洋的局勢大變，對中國海外貿易具有一定程度的打擊，其勢力最後伸向中國東南沿海。

中、美貿易的國際背景，最早可溯源自十五世紀後期以來，歐洲（特別是西歐）不斷地向外探險及航海，諸如東、西新航路與美洲新大陸的發現、各國對貿易的需要及西歐殖民地者的相繼東來。[4]中、美之間貿易的發展，除了客觀的國際背景之外，亦有

中、美本國各自的特定歷史處境，茲就各方面分述如下：

（一）中國背景方面

明清之際，中國對外海上貿易的發展有其國內的歷史基礎：其一、明中葉以後商品經濟的發達，尤其是農業手工業的迅速發展，為海外貿易提供發展的物質基礎；其二、當時中國發達的造船工藝與成熟的航海技術，則為海外貿易提供發展的技術前提；與此同時，明、清兩朝對外的海貿政策，亦深刻地影響當時海外貿易。

農業商品化的發展，主要可從糧食作物的商品化和經濟作物的大量普遍性種植等現象中反映出來。就前者而言，在中國廣袤的土地上，隨着地理位置、氣候、土壤、水源之所適宜，種植有稻、麥、粟、粱、黍、菽等多種穀類，通常南方種稻、北方植麥；據統計：江、浙、皖、贛、滇、蜀、豫、魯、直隸、台等省份均有餘糧，這些地方盛產糧食，除供本地之外，不少運銷全國各地。糧產商品化以外，為滿足日常生活的經濟作物如蠶絲、桑樹、棉、麻、苧、茶、蔗、煙草、龍眼、荔枝、柑、橘，還有染料藍靛、紅花等，以及其他手工業的生產原料，遍植全國各省，其中不少為供應於海外市場。[5]此外，為市場需要而生產的還有橄欖、棗、梨、香蕉等果品，及蒲葵、蓆草、桐油、漆、藥材、觀賞花木盆栽等亦有不少外銷。

明中葉以後，中國的商品經濟發展顯著，地區商品流通的持續擴大而逐漸促使全國性市場的形成，擴大對商品的需求。隨着匠籍制度的解體，而促使生產旨在滿足王朝宮廷、軍隊等需要的「官府手工業」日趨式微，代之而興的則是以市場導向而生產的「民間手工業」；同時，社會上土地兼併的現象日益激烈，不少喪失土地的農民及農村剩餘勞力，湧入各工商市鎮，投身於各個手工行業，更大大推動其發展。社會中手工行業的數目也逐漸增多，從元代的「列一百二十行，經商財貨」，發展到了明代所謂「三百六十行」；而其中某些手工行業諸如棉紡、絲織、冶鐵、陶瓷、造紙、印刷、榨油、製糖、釀酒、煮鹽、藤作、漆器等均有突出的表現。生產技術的改進、大量勞力的投入，使大規模生產成為可能，商品產量劇增，除供應本國市場的需求之外，更有開闢海外新市場的必要。其產品亦不少為出口的商品。[6]

中國不僅是一個疆土廣袤的大陸國家，而且是一個海域遼闊的海洋國家，其東南由渤海、黃海、東海、南海環繞，並與廣闊無垠的太平洋連成一片，海岸線綿長達1,800

餘公里，擁有許多優良的港灣，為遠洋航海貿易提供優越的天然地理環境。而遠洋航海貿易事業的發展，則有賴於造船技術的進步、航線的開闢、地文和天文航海等知識的增長。

中國對外的海上貿易，自唐朝以來頗為活躍；宋元時期，中外海上貿易發展空前繁盛。到了明代海外貿易頗有走下坡的趨勢，然其對外貿易形式主要可分為：一、明廷與諸蕃屬間所進行的官方「朝貢貿易」，二、本國商販與海外諸國所進行的民間「自由貿易」；前者為政府所認可，後者則為政府所不容。可是兩者的發展亦為明朝自建政以來施行「海禁政策」所影響。[7]

滿清入關之初，因忙於內戰，而無暇顧及海外貿易，通常對於外國來華貿易的商船，均沿襲明代以朝貢貿易方式來處理，同時實施海禁政策。所不同的是，明代海禁的目的在於防止外來倭寇的侵擾，海禁似乎與明朝的存亡相始終；而清朝前期的海禁，則主要是對付國內的反清勢力，具有戰時體制的臨時措施。[8]康熙廿三（1684）年，清廷有鑒於來自台灣軍事威脅的解除，為安頓民生、充實國庫及解決因長期海禁所引起的銀荒問題，遂接受廷臣、疆吏的請求，正式解除海禁。次年，清廷又宣佈江南的松江、浙江的寧波、福建的泉州、廣東的廣州為對外貿易的港口，並分別設立江海關、浙海關、閩海關和粵海關等專責處理對外貿易和徵收關稅等事宜。[9]康熙五十六（1717）年清廷曾下達南洋貿易禁令，至雍正五（1727）年才解除；此後以英國為首的西歐殖民地列強，為擴大對華貿易，拒不遵守清廷有關規定，當局遂於乾隆廿二（1757）年撤銷松江、寧波和泉州三海關，並斷然推行「廣州獨口通商」政策，直至中英鴉片戰爭爆發為止。

（二）美國背景方面

早在英屬殖民地時期（1763－1783年），北美十三州與中國已存在着間接的貿易關係，而正式的直接通商則在獨立以後才發生。獨立前夕的美國，面積僅有320,000平方公里，人口只有2,000,000人。殖民時期，英國政府為掠奪北美十三州的資源和保護英國本土的工業，曾頒佈一系列的法令，抑制和禁止北美殖民地工商業的發展，僅使其成為宗主國生產原料的供應地與商品銷售的市場。地處北美大陸東隅的新生美國，除森林以外，資源貧乏，國內市場尚未形成；當時國內經濟以農業為主，工業勢力薄弱，並且

主要爲手工業。十八世紀末，美國從事工業活動的人口僅有10%，且集中在新英格蘭地區；建立工業迫切需要大量資金，不可能指望農業和微弱的手工業方面迅速取得，則發展對外貿易爲當時唯一可行的出路。

殖民時期，北美與西印度群島（the West Indies）和地中海的貿易，是北美十三州殖民地商人的主要生活來源，從這些航海和海洋生涯中鍛煉出一批具有航海經驗的冒險商人；另一方面，在獨立戰爭中美國政府爲對抗英國海軍的封鎖，准許持有「私掠默許狀」（Letters of Marque）的美國人在海上劫掠敵船，不少海上冒險家因此而致富。[10]同時，新英格蘭地區豐富的森林資源，是造船業的天然原料，爲發展海外貿易提供必需的交通工具；而獨立戰後，沿海的造船業更爲發達。海上貿易的發展，吸引着許多美國人對遠航的興趣，不少人還未成年就隨船出洋；在這樣的特殊環境下，便栽培出一批具有航海知識，又有豐富實踐經驗和海上冒險精神的航海人員和商人。他們必須另尋出路，而開拓對華貿易與到西北海岸探險、貿易，正適合他們的發展。

新生的美國，在政治上雖完全獨立自主，但在經濟、外交上卻困難重重。在戰爭期間，美國舉借了大量的內債和外債，至1783年止，美國舉借外債近800萬美元，內債總額亦達3,000餘萬美元，造成國庫空虛，財政金融處於非常困頓的境地；加上戰爭年代爲支付戰費，大陸會議和各州都曾印發大量「大陸券」，總計約400,000,000美元。正因爲濫發貨幣的結果，「大陸券」不斷貶值，到戰後幾乎成爲廢紙；面對如此經濟殘局，邦聯政府束手無策。結果在貨幣流通領域造成極大的混亂，「大陸券」與英、法、荷、葡、西、比等國的外鈔同時使用；如在費城，一般人口袋裏經常裝有貨幣多達十八種，當時金融紊亂的情況可想而知。由於貨幣貶值，造成物價上漲、人民購買力下降，工商凋弊，政府稅收無着，邦聯政府的日常開支據實際需要向各州請求分攤，但亦經常遭受拒絕。[11]由此可見獨立戰後的美國內政，尤其是經濟正處於內、外交困的境況。

當時的國外形勢亦對美國不利：首先，美國雖在政治上取得獨立，在經濟上卻遭受英國的威脅；英國撤除美國以往在大英帝國範圍內所享有的一切貿易優惠，不再提供美國所需免稅或減稅的廉價商品，還頒佈了凡美國運往英國的貨物須繳高額關稅的法令；與此同時，英政府又禁止美商船進入英屬西印度群島的貿易市場，這些貿易禁令無疑大大打擊美國的經濟。其次，西班牙在北美有一定數量的殖民地，因此與美國有不少領土主權上的糾紛，而兩國在密西西比河的航行權上亦有矛盾；1784年，西班牙封鎖了密西

鴉片戰爭前的廣州十三行商圖。

西比河口，嚴禁美國船隻行駛，對美國造成一定的威脅。再者，與美並肩作戰的法國，曾答應獨立戰後開放海港，允許美國船隻自由出入；可是戰後，法國政府僅勉強地開放西印度群島的幾個海港，容許載貨量約60噸以下的美國船隻出入而已。[12]總之，美國獨立戰爭後，英、法、西班牙等國對於美國的貿易限制，更迫使其不得不開闢新的海外市場、尋找新的貿易夥伴。

其實，美國人把貿易的眼光投向遙遠的中國，除了旨在擺脫當時面對的經濟困境外，還有其他方面的原因。十七世紀中葉，荷蘭人首先將中國的紅茶和武夷茶輸入北美；而把大批茶葉運入北美，主要是由英國東印度公司的船隻，自中國的廣州運到英國，再轉運北美。茶葉的輸入，使北美居民從此因襲了中國的飲茶習慣；早在1721年，新英格蘭已經普遍飲用茶葉。由於北美對茶葉需求的增加，北美殖民地人民越來越不滿英東印度公司由倫敦運去的高價茶葉，而更為樂意於購買荷蘭、丹麥、瑞典以及法國等較為便宜的中國茶葉；為此英國於1773年頒佈「茶葉法案」（the Tea Act of 1773），企圖壟斷英屬北美十三州殖民地的茶葉輸入。該法案激起北美人民的反抗，各地拒絕茶葉登岸，並提倡改飲茶的代用品；同年12月16日，波士頓市民將英東印度公司運來的342箱茶葉倒入大海，釀成了「波士頓傾茶事件」，該事件實際上成為美國獨立戰爭的導火線之一。[13]

對中美貿易發展起促進作用的一位重要人物，是約翰・黎雅德（John Ledyard）。在1784年「中國皇后」號首航廣州以前，土生的美國人曾到中國的僅有約翰・黎雅德（John Ledyard）和約翰・戈爾（John Gore）兩人而已。他們於1776年7月自倫敦參加英國探險家柯克（Capt Cook）的最後一次太平洋探險旅程。1781年黎氏自英返美後，就其見聞所及告訴各地商人：他親眼看見在美國的「西北海岸」（the Pacific Northwest）以六便士所購得的一張海獺皮於廣州居然可以賣100美元；又見到中國茶葉、生絲以便宜的價格出口，給貿易商人帶來巨大的好處。所以他竭力鼓吹美國應積極發展「西北海岸」與中國廣州之間的貿易。他發表的《柯克船長最後一次太平洋航行日誌》，在發財狂熱的商人中有很大吸引力。[14]黎氏雖齎志而歿，他對中美直接的通商卻起催生作用；尤其是對美國西部領土開拓運動，更有不可泯滅的功績。

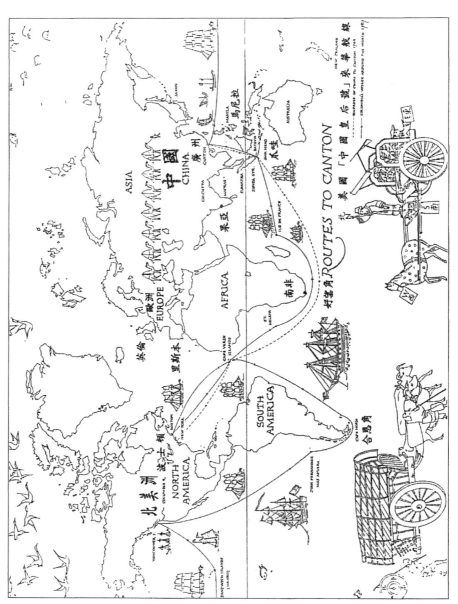

美國商船「中國皇后號」來華航線圖。

三、早期中美貿易的發展過程

有關中美早期的貿易發展，本文就研究的方便劃分爲「殖民時期的中美貿易發展」
（1607－1783）、「獨立初期的中美貿易發展」（1784－1814）、鴉片戰前的中美貿易
發展」（1815－1834）、「望廈條約前的中美貿易發展」（1835－1844）、「望廈條約
後的中美貿易發展」（1845－1860）等共五個階段。茲就各個階段的發展概況分述如
下：

（一）殖民時期的中美貿易發展，1607－1783

中、美的直接貿易關係，雖在獨立戰爭後的翌年才正式展開，但約於「中國皇后」
號來華的時間早兩個世紀，即自明嘉靖（1522－1566）末年、隆慶年間（1567－1572）
開始，由菲律賓居間作媒介，位於太平洋兩岸的中國與美洲，雖有太平洋的阻隔，雙方
的貿易關係已開始發展起來。[15]遠在十五、六世紀之際，歐人向外拓展運動聲中，哥倫
布自西班牙向西航海探險，發現了美洲新大陸（1492年），於1519年征服墨西哥，再由
墨西哥出發，而於1565年佔領菲律賓群島；因此西班牙人以墨西哥爲基地來從事菲島的
殖民統治，故自1565年至1815年持續250年間，每年都派遣一艘至四艘（通常以兩艘爲
多）載重由300噸至1,000噸（有時重至2,000噸）不等的大帆船（Galleon）橫渡太平洋，
來往於墨西哥的阿卡普魯可（Acapulco）與菲律賓的馬尼拉（Manila）之間。[16]因爲太平
洋上有這些大帆船來回航運，美洲與菲律賓間的貿易自然發展起來；雙方貿易的商品當
然有種種不同，但美洲對菲的輸出以白銀爲主，菲島對美的輸出則以中國絲綢爲首
要。[17]正由於中國絲貨及其他商品的輸往菲島，自美洲運抵菲島的銀子，便長期大量流
入中國；而中國的絲貨、瓷器等則長期大量運銷西屬美洲，再分散銷往南美秘魯、北美
各地。

顯然美國脫離英國獨立以前，中、美之間並無直接的貿易關係，可是「殖民時期」
（Colonial Period，1607－1783）的北美產品如人參、皮貨，中國出產的絲綢、瓷器和茶
葉等，卻早經歐洲商人輾轉運銷中、美雙方。飲用中國茶的習慣於十七世紀初傳入英國
後，不久飲茶習慣流行於英國宮庭及貴族等上流社會，而十八世紀中葉飲用中國茶已普
及英國社會的下層。[18]隨着英屬北美十三州殖民地的建立，英國人亦把飲茶的習慣帶到

美國首任駐廣州領事山姆・蕭肖像

獨立戰爭以前的波士頓形勢圖。

北美，約於1690年新英格蘭著名的商埠波士頓（Boston）首先出現第一個茶葉銷售站。但第一批中國茶葉卻由荷蘭人於十七世紀中葉首先輸入北美，至於大批中國茶葉運往北美，主要是由英國東印度公司（Britsh East India Company）的船隻自廣州運到英國，再轉運北美十三州。[19]十八世紀中葉，北美殖民地的居民亦普遍飲用中國茶；據不完全的統計，從1760年到1766年，北美殖民地的居民對茶葉的消費量平均每年為1,200,000磅[20]。這些茶葉的輸入，主要是操縱在英東印度公司的手中，使當地居民對不滿由倫敦運到的高價茶葉，而多轉購由法國、荷蘭、丹麥、瑞典等國走私的茶葉。[21]及後更引起「波士頓傾茶事件」，因而揭開美國獨立戰爭的序幕；從此，中國的茶葉又與美國的革命事業緊密聯繫在一起。與此同時，北美大陸生產的人參也於1718年在加拿大發現[22]，可是最早卻是由法國商人運入中國；其後，英國東印度公司也派人到新英格蘭（New England）地區以金錢、威士忌酒、小裝飾品和煙草等作報酬，誘使印第安人去尋找、挖掘人參[23]，運銷中國，換取中國的絲綢、茶葉等，以便牟取更大的利潤。

「殖民時期」北美十三州居民的主要貿易地是英屬西印度群島（British West Indies），北美各州以木材、煙草等物運銷西印度群島，將賺得的外匯，作為向西歐（主要是向英國）購買貨物之用；獨立之後，英國即禁止美商前往西印度群島通商，由是美國缺少向歐洲進口商品所必需的金錢，這無疑是對美國經濟生活一個嚴重的威脅。美國商人在傳統的西方市場很難找到出路的情況下，便開始那個嚮往已久，但又缺乏瞭解的中國作試探性的通商活動。

首先發起的是麻薩諸塞州（Massachusetts）的波士頓商人。1783年4月美國取得獨立之後，波士頓商人便立即籌備開拓對華貿易事宜，在當年12月裝備了一艘僅55噸的單桅船（Sloop）「哈里特」號（Harriet），自波士頓出發，滿載着人參前往中國貿易，企圖叩開神秘的中國大門；當他們途經南非「好望角」（Cape of Good Hope）時，與英國東印度公司的商船相遇，英商恐怕新興美商搶去他們在廣州的生意，加上美商不希望冒太多的風險，便以一磅人參換取兩磅茶葉的價格與英商達成貿易；事實上，船長夏勒德（Hallet）對莫測的中國市場產生動搖，又貪其重利，遂於達成交易後便自「好望角」折返，失去首航到中國通商的機會。[24]但這卻是美國商人籌策對華直接貿易的濫觴。

2.獨立初期的中美貿易發展，1784－1814

中、美直接貿易，始於美國獨立戰爭（War of Independence，1775－1781）成功後的翌年，即清乾隆四十九（1784）年。是時費城（Philiadelpia）與以巴克頓公司（Daniel Parker & Co.）為首的一群紐約商人正着手策劃對華貿易，其後在羅伯特‧莫里斯（Robert Morris）等人的倡議下，他們集資120,000元，裝備了載重360噸的「中國皇后」號（Empress of China），持有國會所頒發的「航海護照」（Sea Letter），[25]而於1784年2月22日（星期日）離開紐約的曼哈頓港（Manhattan）首航中國的廣州，開拓了對華貿易的直接通道，可說是劃時代的創舉。

「中國皇后」號自大西洋畔的紐約曼哈頓港（Manhattan）出發，繞過南非的好望角、駛入印度洋、再穿過巽他海峽，經過了188天的航行，而於同年的8月23日抵達中國的澳門，同月28日進入廣州的黃埔港，並鳴禮炮十三響慶祝「紐約——廣州」兩地成功通航。中國文獻亦有美國商船於「乾隆四十九（1784）年來粵購茶」[26]的記載。由於他們首次來華，既無經驗又無強勢國家作後盾，更珍視與中國發展貿易關係，因此他們處處小心謹慎、循規蹈矩，受到廣州華商的友善接待；他們順利售出帶來的人參、毛皮、羽紗、胡椒、生鉛、棉花、柏油、松脂等價值約189,519美元的各地土產，同時購入茶葉、瓷器、土布、絲綢、肉桂、銀器、漆器、牙雕、絲織手套和服裝等價值約99,676美元的中國貨物，船上的工作人員亦購買了一定數量的東西。[27]「中國皇后」號商船在廣州逗留了三個月（約122天），從事各項商務活動，期間各項開支約為10,486美元；次年12月27日駛離廣州，經南洋、印度洋，繞過南非好望角，而於5月15日返回美國的紐約，前後往返近十五個月（約444天），全程航行多達22,047公里。根據該船商務總管山姆‧蕭（Samuel Shaw）的記載，該次出航貿易的淨利為30,727美元，約佔投資總額的25%左右。[28]該項消息不脛而走，各大城市報紙亦長篇巨幅競相刊登此次遠航的經過。波士頓立即發行三百美元的股票，以便任何人士均可投。[29]美國政府及國會也非常重視此次遠航成功的意義，山姆‧蕭（Samuel Shaw）亦曾將其遠航的經過報告外交部長葉約翰，外交部將之轉交國會。

美國商船「中國皇后」號首航廣州的成功，除了頓時引起美國政府及社會的廣泛關注之外，更點燃起美商開拓遠東市場、追逐巨額商業利潤的強烈慾望。自此以後，美國

商船接踵而來廣州貿易，甚至掀起了「中國熱」（China Fever），乾隆五十一（1786）年，山姆‧蕭（Samuel Shaw）被美國國會任命為廣州領事。與此同時，美國政府更制定了種種的優惠政策，鼓勵和保護美商直接與中國貿易；於是許多美國的貿易機構紛紛在廣州設立分公司或派出代理人，開展對華貿易的業務。美國東海岸的主要商埠，如紐約（New york）、波士頓（Poston）、費城（Philadelphia）、普維斯坦（Providence）、塞勒姆（Salem）、巴爾的摩（Baltimore）等地的商人紛紛出動，不斷派船到廣州進行貿易。經過短短的十年（1784－1793）的經營、探索，美國竟然能以較快的速度躋身於多國的前列，與英國比較，雖瞠乎其後，但十八世紀九十年代後，美國已躍居歐美各國對華貿易的第二位。乾隆五十八（1793）年以前，美國商船抵華貿易者共約48艘，其中最少為一艘，最多15艘，平均每年約4.8艘，見下表所示：

表 III—2.1　　美國商船輸出、入主要貨物與數量，1784－1814

年份	船數	輸　出　美　貨				輸　入　華　貨				
		貿易額（元）	人參（擔）	皮毛（張）	棉花（擔）	貿易額（元）	茶葉（磅）	土布（匹）	生絲（擔）	瓷器（擔）
1784	02	189,519	473	2,600	316	99,676	880,100	864	490	962
1785	01	171,061	——	——	——	452,761	695,000			
1786	05		340	——			1,181,860	33,390	——	78
1787	02		——	——			750,000			
1788	04		1,065	——	545		1,188,800	——	256	
1789	14		2,055	——	17,411		3,093,200		660	
1790	03	724,384	399	——	1,432	1,763,912	743,100	166,70	184	
1791	03		51	——			1,863,200		55	
1792	06	152,522	44	91,687	4,926	440,653	1,538,400	69,600	180	1,492
1793	07		——	——	9,363		1,974,130	255,000	36	
1794	07		50	43,770	4,964		1,438,270	220,000	3	
1795	10	519,617	92	7,477	10,412	1,144,163	2,819,600	685,500		
1796	13		30	19,846	1,500		3,450,400	475,000	97	
1797	10		90	29,172			3,100,400	200,000	283	
1798	13		177	102,257			5,674,000	1,530,000	61	

年份	船數	輸 出 美 貨				輸 入 華 貨				
		貿易額（元）	人參（擔）	皮毛（張）	棉花（擔）	貿易額（元）	茶葉（磅）	土布（匹）	生絲（擔）	瓷器（擔）
1799	18	——	532	35,234		——	5,665,067	735,000	——	——
1800	23	——	887	415,107		2,828,400	4,762,866	6,366	35	——
1801	31	887,276	933	444,087	1,873	4,558,356	5,740,734	1,400,000	138	——
1802	20	——	2,299	388,746		——	2,612,436	750,000	——	——
1803	13	——	1,024	186,779	383	——	2,371,600	630,000	1	——
1804	34	635,818	1,080	270,132	4,219	3,842,000	7,679,120	2,648,000		——
1805	42	1,150,358	1,234	195,406	8,001	5,127,000	9,830,480	2,808,000	55	——
1806	37	982,362	1,708	298,949	——	4,294,000	9,402,160	1,764,000	4	——
1807	33	908,850	1,075	130,606	4,680	3,476,000	5,654,480	2,922,000	43	——
1808	08	409,850	——	50,514	2,050	808,000	1,562,320	345,000	126	——
1809	37	1,021,600	1,364	49,503	17,757	5,715,000	9,244,880	3,769,000	144	——
1810	16	568,800	1,162	93,503	1,904	2,973,000	2,615,520	2,478,000	178	——
1811	25	1,257,810	1,557	367,215	7,369	2,771,000	3,496,520	425,000	195	——
1812	08	837,000	250	122,941	3,660	620,000	3,496,880	201,000	36	——
1813	09	451,500	——	122,742		572,000	1,436,800	105,000	43	——
1814	——	——	108	71,393						

資料來源：H. B. Morse, *The Chronicles of the East India Company Trading to China*，Vol. II，pp. 95, 119, 136, 152, 173, 180, 193, 201–205.

　　根據上表，1788–1789年度進口廣州的英國船計27艘，運出茶葉20,141,754磅，美國船進口4艘，運出茶葉1,188,800磅，尚未及英國的十七分之一；此後美國貿易額日益增加，以乾隆五十五（1790）年爲例，貿易額爲724,384美元，較四十九（1784）年的189,519美元，增長逾282.2%，而當時中國商品則佔美國進口總值的七分之一；五十七（1792）年，美國在廣州貿易中的地位開始超過荷蘭、法國、丹麥、瑞典等國，而僅次於英國之下。至十九世紀初，美國對華貿易總值超過了全歐對華貿易的總和；[30] 1804–1805年度，美國商船到廣州的數目多達31艘，英國商船38艘，運出華茶：英國28,506,667磅，美國8,546,800磅，差不多已達英國的三分之一，是年美國輸入廣州的貨物價值3,555,818美元；1805–1806年度，美國商船到廣州者計37艘，英國49艘，美國運出華茶11,702,800磅，英國商船22,810,533磅，已超過英國的二分之一；是年美國輸華

貨物，價值5,127,000美元。[31]十九世紀上半葉，美國對華貿易額僅次於英、法、古巴的貿易額，而居於第四位。比較中美進、出口貿易的總值，美國對華貿易經常處於入超的地位，如乾隆五十（1785）年美國輸華商品總值爲171,061美元，同年自華輸美的商品總值爲452,761美元，入超達281,700美元；又如五十五（1790）年，自美輸華商品總值爲724,384美元，而由華輸美的商品總值則爲1,763,912美元，入超1,039,528美元。對華貿易的入超，推動着美國商人需不斷地開闢新的貨源，或輸出白銀以購買中國商品。

（三）鴉片戰前的中美貿易發展，1815－1834

中美貿易對「根特條約」（Treaty of Ghent，1814）[32]的反應很快，貿易額立即直線上升，到1817年竟達13,844,828美元，1819年總值爲16,358,907美元，超過戰前中美貿易進口總值最高一（1810）年達11,459,600美元的紀錄。[33]中美貿易步入了一個嶄新的時期，不僅貿易總額顯著增加，貿易的本質上也開始起變化，與前期迥然有異。1790年後美國對華貿易之所以迅速擴張，主要是由於法國大革命及拿破崙戰爭，使美國成爲歐洲市場的轉運者。1815年後，歐洲已獲和平，不再需要作美國對華貿易的中間人；同時，美國在「西北海岸」、太平洋與南大西洋中的皮貨、檀香木、海參、魚翅……等可以運到中國的商品，亦日漸枯竭。因而，美國對華貿易欲求發展，必須另謀途徑，於是早期貿易的方式被迫改變。

拿破崙戰爭結束後，歐洲大陸雖不再需要美商作對華貿易的轉運者，但由於戰爭的影響，舊制度下若干對於貿易的障礙，亦相繼消失；美國自中國運到歐洲的貨物如茶葉等，因爲貨色新鮮與價格便宜的緣故，仍然受到歐陸的歡迎。1818年美商自廣州運出的茶葉價值5,943,613西班牙銀幣，而歐陸各國卻未自廣州運茶葉出口，[34]可見美國在歐陸的茶葉市場並未因歐洲和平而失掉。另一方面，美國人口此時增長甚速：1790年人口不足4,000,000人，1820年已近10,000,000人，1840年已超過17,000,000人。[35]人口激增對中國貨的需求自然也隨之成正比例增加，故縱使美國喪失歐陸市場，國內的需要，不但足以維持對華貿易於不墜，而且必然要增加對華貿易才能應付人口增加後的需求。同時，1815年後美國的財富與工商業，已非剛獨立之後可比擬，他們已可籌集較多的資本、運用較多的現金及掌握較多的「倫敦匯票」（Bills on London），以作對華貿易之用。所以皮貨、檀香木、人參……等的來源雖已日趨耗竭，並未能影響美國對華貿易的增進；所

以1815年後美國仍能繼續擴張其對華貿易，並未受歐陸各國恢復直接對華貿易的影響。

可是1815年後，美國對華貿易的性質與內容卻已經開始改變：首先是貿易的投機性與冒險性日益減少，取而代之的是中美貿易逐漸集中到少數富有的商家或代理商手中。在廣州的美國洋行日有增加，隨船經理（Supercargo）全權負責貿易的情況，到1815年幾乎全部消滅。當時在廣州的美國洋行中，除了旗昌洋行（Perkins & Company）外，著名的尚有1818年普羅維頓市商人所設立的善羅洋行（Samuel Russell and Company）、1828年紐約商人所設立的奧利坊洋行（Olyphant and Company）。㊲另一重要的改變是「倫敦匯票」代替現金，自中美開始對華貿易起，中國即一直居於出超的地位。換言之，美國商船運到廣州的貨物售價所得，未足夠購買中國貨所需，其中差額頗大；所以美商到廣州貿易時，需運來大量的西班牙銀幣。根據記載，自1805年到1818年十四年間，美國輸華現金大約70,000,000美元，平均每年逾5,000,000美元；根據1824年一家美國對華貿易的大公司統計，是年該公司輸華貨物共值1,311,057美元，其中900,000美元為西班牙銀幣。

自1830年左右開始，由於英美間貿易增加及鴉片走私興盛的緣故，美國現金輸華的比例，大為減少。1831–1840年美國輸華的現金，較1821–1830年減少80%。㊲其原因之一是1815年後不久，美商即開始自倫敦購買英國貨，主要是棉花運到中國，因售價較英東印度公司便宜，㊳使美商成為中英間正規貿易的主要中介人；因此，美商到廣州購貨，不必再用現金，而代之以在英國劃賬的「倫敦匯票」。自「根特和約」到中英鴉片戰爭發生為止（1814–1839）二十五年間，中美貿易以「倫敦匯票」代替現金的發展值得重視。由於華商習慣接受西班牙銀幣，美商不得不到處找尋西班牙銀幣運到廣州，他們走遍西屬西印度群島、南美、葡萄牙、直布羅陀等地搜求西幣。㊴到1833年，美商至廣州貿易所用的西班牙銀幣，只有「倫敦匯票」的七分之一，這對當時中美貿易的發展非常有利。

1815年後中美貿易的商品和早期亦不相同。美國的華瓷市場已大部分由英法的瓷器所代替。㊵本為銷美大宗的中國絲織品與生絲，在1820–1835年間幾乎佔美國進口中國貨總數的三分之一以上；但逐漸因為花色未能迎合美國人的時尚，到了1841年，便降到不足總數的8%的比例。至於原佔美國進口中國貨物總額14%的中國棉布與縐紗，也被歐洲的倣製品將中國棉布在美市場奪走；1840年，中國棉布銷美僅值2,000餘美元，市

場已經到了消失的階段。[41]此外，中國輸美尚有少量桂皮、大黃、爆竹、樟腦、紙扇、糖果等物，[42]但因其數量少且不固定。1815年後中國輸美貨物中，大部分是茶葉，其佔輸美貨物總額的比例逐年增高：1822年佔36%、1828年佔45%、1837年佔65%，到1840年則達81%，[43]是年美國自廣州購買茶葉19,333,579磅，[44]造成鴉片戰前華茶輸美的最高紀錄。輸美茶葉中主要分紅茶與綠茶兩類，最初輸入以紅小茶為主，以後逐漸改為綠茶；而美商販運的中國茶，並非全部供美國人消耗，其中若干均是由廣州直接運往他國，或運回美國後再轉口；在1798－1812年間，美商轉口運往他國的茶葉約佔其自廣州輸出額的三分之一；1815年後轉運往歐洲與加拿大等地的比例減少到四分之一與十分之一間。[45]由於美商販運華茶的總數增加，轉口茶葉的比例雖然減少，但實際輸入美國的茶葉數量並不因之受影響。

美國運到中國的主要「貨物」是西班牙銀幣。大約自1827年後「倫敦匯票」即代替西班牙銀幣。1815年後美國輸華真正的商品，可舉出者為：自南洋及菲律賓販運的米，因中國對米糧入口甚優待，故數量頗多；[46]自南美輸華的銅，直布羅陀等地販運而來的鉛。此外，還有丁香、珊瑚、洋紅、籐、豆蔻等物，但數量均有限。人參仍有進口，不過很少每年超過200,000美元。[47]在這段時期，美商輸華貨物中的大宗，除鴉片外，以棉花及棉織品為主。最初，美商僅轉運英國屬土印度的棉花及棉織品到中國；至1826年左右，美國才開始運本國產的棉花及粗棉織品到中國及南洋各地。有人認為美國的棉織品已經可以與英國競爭，若美國棉花能夠跌到一角美元一磅，即可攫取印度棉花在東亞的市場；次年美棉跌至一角一分美元，但仍未達到一角的低價。雖然美國棉織品出口日漸增加，[48]但於此段時期內，美國仍以轉運英國印度的棉貨到中國為主。

儘管中美貿易的基礎，至此時為止仍極不穩固，但美商卻抱有很大的期望。因為美國本土的工業已日漸萌芽，他們已從純粹需要中國物產的情況，轉移到視中國為將來可能為最佳市場的立場。按1825年美國運進中國的貨物價值總額約5,500,000美元，其中真正美國本國出產的貨品，僅值160,000美元，還佔不到十八分之一；1826年，美國棉織品運往中國者僅15,000美元，但以後則逐年增加。到1842年十月至次年七月，共九個月間，美國本土生產之輸華貨品，已超過了1,700,000美元；這種趨勢使工商業正如雨後春筍的美國，相當重視這個潛在的廣闊中國市場。因而要求一定要保持中國門戶開放的原則，此時已開始形成。

（四）望廈條約前的中美貿易發展，1835－1844

　　承接前期，美國對華貿易仍然處於改變調整階段。這包括：一、中美貿易的經營，主要集中在少數幾家殷實常駐代理商手中，如旗昌洋行（Perkins & Company）、善羅洋行（Samuel Russell & Company）、奧古斯丁・赫爾德洋行（Augustine Heard & Company）、維特摩洋行（W.S.Weatmore & Company）澳利坊洋行（Olyphant & Company）等是。二、以「倫敦匯票」代替現金匯兌制度的確立，主要是因爲自中美貿易開始以來美國一直處於入超，故美商每年需運大量銀幣到廣州購買貨物，據統計：截至1852年止，美商輸華銀幣多達1,800,000元；後來爲了避免用現金，惟有代之以「倫敦匯票」，1833年廣州貿易所用銀幣僅爲「倫敦匯票」的七分之一。三、貿易商品結構與市場轉變：中國瓷器、絲織品、棉布等輸美銳減，中國產品的美國市場陸續被歐洲倣製品所搶奪，1840年中國輸美的棉布由原來的14%降至僅銷2,000餘美元甚至消失，次年輸美的中國絲織品則由原來的33%降至不足8%；相反地，輸美的華茶卻逐年遞增，1840年佔輸美貨物總額的81%，約19,333,579磅，其中紅茶3,596,265磅、綠茶15,737,332磅，見下表所示：

表 III－2.2　　**美國進口華茶統計，1835－1840**　　（磅）

茶葉類別	1836－1837	1837－1838	1838－1839	1839－1840
武彝	——	——	——	14,133
功夫	186,800	63,600	243,467	306,606
小種	2,331,067	4,110,266	903,866	2,587,733
包種	309,660	541,667	467,600	569,200
白毫	106,934	212,400	9,467	105,200
花香	——	——	26,000	13,333
烏龍	——	——	——	175,733
屯溪	424,133	45,600	63,334	10,374,800
雨前	8,437,067	6,367,200	5,542,266	1,464,266
皮茶	1,669,866	1,426,934	533,733	1,600,533
熙春	1,332,400	847,133	554,534	1,475,200
圓珠	1,038,667	922,000	849,067	1,146,800
芝珠	762,933	654,267	627,733	——
紅茶小計	2,916,401	4,900,933	1,650,400	3,596,265
綠茶小計	13,665,066	10,284,134	8,170,667	15,737,332
總計	16,581,467	15,185,067	9,821,067	19,333,597

資料來源：*Chinese Repository*（1840），Vol. IX，p. 191.

說　　明：年底由7月1日至翌年6月30日止。

從中國帶回美國繪有外國商館的中國瓷碗。

從中國貿易中帶回美國的中國瓷器。

同時美國輸華貨物價值逐年增加，1838年美國輸華棉布價值達500,000元，而1842年以後九個月美輸華產品價值已在1,700,000元以上，並在兩年之後打破產品價值2,000,000元的紀錄，期間美商輸華的英國及歐洲產品價值已減到不足200,000元數。

表 III—2.3　　美國對華貿易統計，1834 – 1845

年　　份	貿易船隻	輸美華茶（磅）	進口美貨（元）	輸美華貨（元）
1834 – 1835	36	14,403,458	1,866,580	5,987,187
1835 – 1836	43	16,347,344	1,194,264	7,324,816
1836 – 1837	42	16,942,122	600,591	8,965,337
1837 – 1838	29	14,411,337	1,516,602	4,764,536
1838 – 1839	18	9,296,679	1,533,601	3,678,509
1839 – 1840	35	——	1,009,966	6,640,829
1840 – 1841	28	——	1,200,816	3,985,388
1841 – 1842	——	——	1,444,397	4,934,645
1842 – 1843	——	——	2,418,958	4,385,566
1843 – 1844	——	——	1,756,941	4,931,255
1844 – 1845	——	——	2,275,995	7,285,914

資料來源：Foster Rhea Dulles，*The Old China Trade*，1930，pp.209 – 211.

由於美國輸華貨物的日漸增多，尤其是美國出產貨品的加入，更使工業起步中的美國相當重視這個潛在的龐大中國市場，從而改變美國人對中國貿易關係的看法，亦因此影響美國政府長期欲維持「中國門戶（市場）開放」政策的形成。

《望廈條約》（The Treaty of Wanghai，1844）簽訂以前，中美兩國間正常貿易的順差往往在中國一邊。中國是一個出超的國家，隨着貿易的發展，美國在對華貿易過程中出現的逆差日趨嚴重，這迫使美國必須向中國輸出大量的白銀；美國不產白銀，僅通過和其他國家的貿易所獲得的白銀畢竟有限。十九世紀初，美商找到一種代替白銀的商品──鴉片，從而大大減少輸華銀元；可是，當時主要的鴉片生產地印度為英東印度公司所控制，美商惟有將低劣的土耳其或波斯鴉片走私販運到廣州，同時亦為英商自印度代運銷鴉片到中國。鴉片走私固然使美商獲利豐厚，但1839年清廷決定禁煙，派欽差大臣

林則徐到廣東查禁鴉片時，美國輿論亦指謫英國從事鴉片走私的不當，而同情中國。隨後，中英爆發鴉片戰爭，英商撤離和中斷對華貿易，卻為留在廣州的美商造成有利的貿易機會；六月底，11隻美國商船駛進黃埔港，進行較大規模的交易。此後，美商又秘密代理英商經營貿易和轉運貨物，獲得很高的利潤和運費；同時他們還用「倫敦匯票」以低價購買英國商品，運往廣州出售，然後再販運中國貨到歐洲或美國銷售，也獲利豐厚。這段時期，英國人仍在中國的東南沿海從事鴉片走私，而美商卻在廣州進行着空前繁榮的貿易。

中英鴉片戰爭，中國不幸戰敗，被迫於1842年簽訂屈辱的不平等條約——《南京條約》（the British Treaty of Nanking，1842），除割地、賠款求和之外，又開放廣州、上海、寧波、福州、廈門等五口對外通商，釐定百值抽五稅則及最惠國待遇等。1843年，美國派顧盛（Caleb Cushing）為全權大使來華談判[49]，翌年月七雙方代表反覆討論，並作書面磋商，最後歸結為三十四款，另附海關稅則，是為《中美五口通商章程》三十四款；三日，耆英和顧盛在澳門的望廈村簽字，因之稱為《望廈條約》（the Treaty of Wanghsai，1844）[50]。實際上，該約與中英和約相比，除無割地、賠款求和之外，卻毋須付出戰爭的代價，而獲得了更多的特權，顧盛自詡有十六處超過中英條約[51]。憑藉英國條約，美國人已經享有：一、新增四口的開放和在各該口岸居住經商的權利；二、在領事和外交往來中的平等權；三、降低至不足以往所繳十分之一的噸稅；四、廢止一切如公行之類的壟斷權；五、關於領事裁判權照辦的讓步。而英國人憑藉《虎門條約》中「最惠國條款」，而享有《望廈條約》美國人所取得的新增利益，包括：（一）商船如不卸貨，得在五口中任何一口停留兩天，毋庸繳稅；（二）既經繳納噸稅，船舶前往另一口岸，毋庸重納；（三）貨物既經起岸並已完納關稅，轉載貨物往另一口岸，於進口時得憑海關證件免稅通關；（四）150噸以下船隻，繳付噸稅，每噸由5錢改為1錢；（五）鉛及白鉛關稅，照章每擔五錢，已減至二錢五分；（六）準聘用華人充任外人教習和採購書籍；（七）據規定，自美國條約簽訂之日起十二年後，得重新考慮新約[52]。從此，美國對華貿易在它的保護下，有了很大的發展，廢止公行制度、制訂轉口規章、限定了中國的入口關稅，消除不少舊的貿易障礙；美商享有最惠國待遇，獲得了許多通商優惠的特權，市場門戶更為擴闊，加開上海、寧波、福州和廈門等四個通商口岸，打破以往廣州獨口限制通商的局面。是年自美輸華商品總值為2,275,995元，從中國輸美

的商品總值則爲7,285,914元,船舶總噸位數爲95,905噸。

（五）望廈條約後的中美貿易發展，1845 – 1860

美國對華貿易在十九世紀五十年代之前,都未有歷史性突破,貿易額始終徘徊在2,000,000元之間。在1846 – 1852年的七個貿易年度裏,有四個年份還未達到1845年的2,270,000元之數,更不必說超過1833年的2,900,000元（均未包括鴉片）。[53]只是到了1857年才有了飛躍的發展,開始了美國對華輸出穩步發展階段;造成這種狀況,最主要的原因是缺乏對中國市場具有號召力的大宗商品。

棉花、人參和皮毛曾是早期美國輸華商品貨單上大宗商品。如1842年美國輸華商品總額爲1,444,397元,其中棉花、人參和皮毛三項商品總計爲418,470元,[54]佔該年輸華商品總額的28.97%,佔其輸華本國商品（738,000元）的56.7%;而1856年美國輸華商品總額爲2,558,000元,[55]該年度無棉花和皮毛入口,人參額僅佔總額的7.53%,佔本國產品（2,048,000元）的9.41%弱。從十九世紀五十年代後,人參、棉花和皮毛等主要商品幾乎從美國貨單上消失,取而代之的則是美國棉花製品急驟上升,1845年美國輸入上海一口的商品總額爲48,886元,其中棉花製品爲371,395元,[56]爲總額的82.7%。三年後美國輸入上海的棉毛製品增加一倍多,達到754,570元,而金屬製品、木材和雜類商品總計只不過159,034元,[57]僅佔總額17.41%;到1848年以後的各個貿易年度中,這一發展趨勢仍然保持着。1850 – 1853年間,美國輸華的棉製品佔其本國產品額的十分之九。[58]至1860年,其所佔數額雖有所下降,但數量仍不斷上升;是年美國輸華商品總額爲7,170,784元,其中僅棉製品一項就達3,897,362元,佔總額的54.35%。[59]從1845 – 1860年十六年間,美國輸華棉毛製品額增長了490.28%。美國輸華棉毛製品的增長與輸華人參、棉花和皮毛額的逐年下降乃至消失。可以這樣說,美國棉製品大量湧入,是美商長久以來迫切渴求的。

同時期,美商輸華貨單上名列第二位的是金屬製品。如1846年美國輸入上海的金屬製品有生鉛、錫板和瑞士鋼三項。貨值爲:19,982元;1849年輸入該口岸的金屬品僅鋅塊和鉛塊兩類,但貨值卻上升爲24,912元。[60]三年間增長率爲24.67%,分別各佔該貿易年度美輸滬總額（891,043元和791,894元）的2.24%和3.15%。美輸華之金屬品並非產於本國,而是經由南洋諸島和南非交換而來;其他運自亞洲各國的商品還有大米、藤、

糖、檀香木、胡椒等物。這說明，除紡織工業在1860年前後稍有發展外，美國的鋼鐵及其他工業仍處於起步階段。

與鴉片戰前的中美貿易比較，在中國輸美商品的貨單上，土布、生絲和絲綢等大宗商品呈持續下降趨勢，而茶葉的數額卻仍然保持上升的勃勃勢頭，1853年曾達377,509擔。[61]於1831 – 1840年的十年間，中國輸美茶葉為6,135,962擔，[62]每年平均113,596擔；1846 – 1855年的十年間，總數達1,792,855擔，每年平均為179,286擔。須強調的是，1846 – 1855年的輸美茶葉的數目尚未包括寧波、廈門和福州三個口岸；即使如此，茶葉增長幅度仍頗可觀。1846 – 1855年的輸美茶葉仍為1831 – 1840年的1.5倍。這一時期茶葉依然肩負起支撐中國對美貿易的重任，與美國輸華商品相抵後，尚有結餘；於中國來說，茶葉貿易的重要性還不限於此，從1845 – 1855年的十一年間，中國茶葉幾乎完全壟斷了美國市場。1845年美國進口茶葉總額約值6,000,000元，[63]而中國輸美茶葉價值就多達5,730,101元。[64]美國商船自中國各通商口岸運出的茶葉數量十分巨大，然而就像鴉片戰前一樣，這些茶葉並非全部進入美國市場；有相當部分茶葉在駛回美國時沿途銷售，或直抵歐洲口岸，或運抵美國後再度出口。

在此期間，中國輸美貨物仍以絲綢為主，但中國絲綢佔美國絲綢輸入總額的比例卻直線下降，1831年為17%、1853年為4.1%，1863年則進一步跌至0.1%。[65]儘管此時美國的絲綢業尚未形成，國內消費依靠進口，可是中國絲綢卻無法佔據美國市場，究其原因，不外乎中國內地絲綢生產素不以出口為目的，花色、圖案等均不合美國消費者習慣。以前中國絲綢出口均在廣州，北部口岸開埠後，此項出口的基地轉移至上海。1845年輸美的生絲僅32擔，[66]而北部口岸僅上海，由美國商人運出的生絲就達507擔，[67]出口額為廣州的15.84倍。由於上海與盛產絲綢的浙北、蘇南地區毗鄰，運費大大抵於廣州，因此絲行主無需、也不值得翻山越嶺將絲綢販運廣州，而由水路運至上海出口。可以這樣說，望廈條約訂立之後，雖然廣州傳統的對外口岸地位未消失，但卻日益受到包括上海在內的北部口岸的挑戰，上海已呈現出取代廣州成為中國生絲和絲綢最大輸出口岸的趨向。

以前在中國輸美貨單上據第三位的土布，其命運與絲綢稍有不同。以1849年為例，是年由廣州和上海出口的土布分別為4,500匹和45,650匹，[68]後者為前者的十倍多。出口基地雖然轉移，可是總數比鴉片戰爭前十年輸美土布數略有回升，十九世紀三十年代，

中國輸美土布的最低數目僅2,000元，[69]而1849年由上海一口輸美的土布額就達22,438元。[70]1860年由寧波輸美的土布及其他棉布爲7,952元。[71]雖然如此，中國土布在美國的銷售最終成爲歷史殘跡。

1845－1860年的中美貿易，由於中國門戶大開而得以迅速發展。兩國貿易額由1845年的9,561,909元增長到1860年的22,472,705元，十六年間增加了1.35倍，其中美國輸華額增長率爲48.1%。這說明美國輸華商品增長是因爲五口開埠，出口渠道增多，而不反映中國市場對美國商品需求的增長。同年，美國自中國輸入的商品額則由2,275,995元增至1860年的8,906,118元，增長率爲91.31%。顯示美國市場對中國商品消費量的增加，同時由於販運諸如茶絲之類的中國商品到美國、南美各國和歐洲大陸是一本萬利的賣買；五口一開，美商便蜂湧而至，視中國爲廉價商品的出口市場。

四、早期中美貿易的特點與經營

早期美商主要循東、航路來華通商，他們將銀幣、人參、皮毛、羽紗、生鉛、棉花和胡椒輸入中國，並出口中國的茶葉、絲綢、瓷器、土布和工藝品等；然而中、美出入口貿易的結果，美國常處於入超的地位，更促使美商不斷尋找新貨源；銀幣或鴉片等，以平衡中美間貿易的逆差。顯然，早期中、美貿易的迅速發展，有其各自的條件，亦有客觀的因素所促成；但當時也出現不少的糾紛和遭遇不少困難，同時對彼此雙方均有一定程度的影響。亦就早期中美的貿易特點、差逆與平衡、貿易經營等三項略述如下：

（一）中美貿易的特點

早期中美貿易路線主要循大西洋、太平洋東西航向兩條航路，主要貿易港口：美國方面爲費城（Philadelphia）、紐約（New York）、波士頓（Boston）、普洛維頓斯（Providence）及麻省（Massachusetts）與中國的廣州；開展貿易的活動模式，應屬於「轉運貿易」。由於美國對華貿易的入超，人參、皮貨、檀香木等無法彌補逆差，惟有以銀幣、或鴉片輸入中國，藉以平衡彼此之間所出現的貿易差額。

（1）航線與港口

赴中國廣州貿易的美國商船，主要分循東、西兩航道東來：其一是費城、紐約、波

士頓、普洛維頓斯及麻薩諸塞出航的美國商船，通常是橫渡大西洋，繞道南非好望角（cape of good hope）的東向航路，經印度洋、南洋群島、南中國海，而抵達中國南端的廣州。如當時著名麻省的美國商人伊萊亞斯·哈克特·德比（Eliacs Hacket Derby）等，他們的商船係渡過大西洋後，繞南非的好望角、再經印度，途經東南亞攫取貿易的船貨，以迎合中國廣州市場的需要；他們啓航時僅載適量的貨物，這些貨物分別來自南方港口、波羅的海、新英格蘭和西印度，及後在南非的好望角、毛里裘斯和東印度等地的各個港口把貨物出售，再從這些地方陸續收購一些零散貨物，到達廣州後把這些貨物賣掉，換來倫敦（London）或阿姆斯特丹（Ansterdam）的匯票，如此在返航前便須有三、四次周折的買賣。[72]其二則由波士頓（Boston）啓航的美國商船，繞道南美合恩角（Cape Horn）、西渡太平洋、直趨南中國的廣州；他們主要是依賴於太平洋西北海岸捕獲海獺等的毛皮，並將其運銷廣州市場。

（2）轉運貿易

1784年「中國皇后」號（Empress of China）自紐約首航廣州，揭開中、美直接貿易的序幕；同時開創以傳統商品爲主體的「雜貨船」型態，成爲以後一段時期中、美之間開展貿易活動的模式，繼「中國皇后」號之後來華進行貿易活動的美國商船，大都按這一模式進行，亦取得很大的成功。[73]其實，早期美商赴東方貿易，與其說到東方去銷貨，無寧說是去購物；而東方在經濟上是自給自足的，不太需要西方的東西，這便造成美商難以應付貨物的交換問題。幸好，在毛利亞和廣州之間各港口意願交換的貨品不盡相同；每一地區的本地市場可以消費若干美國產品，或美商在赴東方沿途中收購的貨物，因此這種「迂迴貿易」很有利。一艘駛往廣州的美國商船本來可能僅裝着農產品或麵粉，但這船貨物在某一個歐洲或地中海的港口調換成一船運銷毛利西亞、或印度、或其他地方的貨物，在抵達廣州之前，貨物很可能已調換了三、四次。[74]換言之，美商的對華貿易屬於以前威尼斯人、熱那亞人、荷蘭人等所從事的「轉運貿易」範疇；因爲美商對華貿易並非靠輸出美國的工業產品，而是靠對美洲、歐洲、非洲和亞洲各地的某些特產與中國的土產進行交換活動。當然經營「轉運貿易」的利潤通常很高，是故美商除了賺取不同地區之間彼此生產價格的差額之外，還以從事遠洋貿易的風險性保險費附加在利潤裏；而這種貿易又具有一定壟斷性，所以還可以攫取相應的巨額利潤。[75]

（3）貨物與貿易額

就中美貿易的商品結構而論，中國輸美的商品相對比較穩定，中國的茶葉、生絲和綢緞從來便是輸美的主要商品；此外南京土布和瓷器也佔一定的比重。可是十九世紀三十年代以後，由於美國紡織業的發達，中國的土布和綢緞在美國市場幾乎絕跡；而中國瓷器因受到英、法瓷器的競爭，也被迫退出美國的市場，[76]所以茶葉在中美貿易中的地位便日益更爲重要了，而其他中國商品還有桂皮、糖果、爆竹、樟腦、大黃和扇子等。

表 IV—1.1　　中國輸美的主要商品及其數量，1784－1845

年份	茶葉（擔）	土布（匹）	生絲（擔）	絲綢（匹）	年份	茶葉（擔）	土布（匹）	生絲（擔）	絲綢（匹）
1784	3,022	864	—	490	1815	53,040	640,000	311	114,147
1785	5,213	——	—	——	1816	70,455	1,794,000	229	201,536
1786	8,864	33,920	—	——	1817	169,413	1,469,000	746	291,396
1787	5,632	——	—	——	1818	90,287	2,289,600	823	201,536
1788	8,916	——	256	——	1819	76,477	2,932,000	926	292,369
1789	23,199	——	660	——	1820	40,153	1,761,528	250	281,187
1790	22,860	166,700	184	——	1821	37,322	1,199,207	288	354,864
1791	7,397	——	55	——	1822	49,833	2,522,000	158	375,340
1792	8,077	27,400	25	155擔	1823	61,590	536,000	47	348,670
1793	15,075	155,000	36	——	1824	67,025	721,000	146	573,807
1794	18,461	220,000	3	——	1825	76,591	248,725	586	618,564
1795	17,810	685,000	—	——	1826	75,761	308,700	287	303,885
1796	17,331	475,000	97	——	1827	44,078	619,000	1,909	420,494
1797	15,067	200,000	283	——	1828	57,820	353,000	220	211,310
1798	14,186	1,530,000	61	——	1829	45,287	305,568	380	169,391
1799	33,769	735,000	—	——	1830	64,587	125,744	639	261,117
1800	28,489	6,366	35	——	1831	38,881	122,285	459	265,117
1801	30,659	1,400,000	138	——	1832	74,318	39,000	144	215,219
1802	32,032	750,000	—	——	1833	109,826	30,339	123,982	——
1803	45,420	630,000	11	——	1834	122,153	46,845	79,000	1,010,158
1804	27,178	2,648,000	—	9,385	1835	108,144	6,443	4,000	927,017
1805	38,405	2,808,000	55	24,960	1836	226,849	49,906	125	800
1806	51,544	1,764,000	4	17,680	1837	127,400	35,990	99,000	2,104,981

年份	茶葉（擔）	土布（匹）	生絲（擔）	絲綢（匹）	年份	茶葉（擔）	土布（匹）	生絲（擔）	絲綢（匹）
1807	60,831	2,922,000	43	20,400	1838	108,163	27,049	16,000	965,572
1808	36,104	345,000	126	9,132	1839	70,141	2,379	——	987,183
1809	11,123	3,769,000	144	53,273	1840	150,087	2,000	142,000	780,000
1810	58,811	2,048,000	178	77,710	1841	86,728	——	166,000	287,000
1811	22,642	425,000	195	110,521	1842				
1812	22,926	201,000	36	12,670	1843	106,957	10	285箱	4擔
1813	——	105,000	43	6,470	1844	155,676	——	84箱	79擔
1814	7,133	——	–	115,939	1845	149,311	22擔	32箱	864擔

資料來源：*Chinese Repository*，Vol. VI，pp.285－286；Vol. XIV，p.409,Vol. V,pp.293，396－399；H.B.Morse，*The Chronicles of the East India Company any Trading to China*（Oxford: Oxford University Press，1926），Vol. II，pp.95，119，136，152，173，180，185，201，204，206，256，278，295，311，348，358，401；Vol. III，pp.2，27，56，77，206，228，308，347，370；Vol，IV，pp.123，145，162，325，385；Foster Rhea Dulles，*The Old China Trade*（Boston：1930），P.210；Julles Davids ed.，*American Diplomatic and Public Papers：the United States and China*，Vol. I，pp.24，105；No.18，pp.25，99－100，104；*British Blue Papers：China* No.36，pp.78－79，No.38，p.508，No.40，pp.193－194，244.

　　相對地，美商輸華商品則更換較大。主要原因是奢侈品僅爲中國上層社會的消費，市場銷路不廣；而有的商品即是暢銷，貨源卻受限制，又不易擴大。故此美商爲推動對華貿易的發展，必須階段性地改變商品的結構；他們起初曾以輸出人參爲主，但它是銷路不廣而價格昂貴的藥材，在市場極易飽和，因而後來沒有構成美國輸華的主要商品。爲了擴大對華貿易貨源，他們曾積極從事轉口貿易，從美國販買煙草、麵粉、馬具、乾酪、肥皂等商品到歐、亞、非各港口，又從那裏購買工藝品、寶石、海參、魚翅等貴重物品，再載往中國的廣州銷售，然後販運中國商品返航。[⑰]在這樣多層次的買賣過程中，美商可以利用各種商品的地區差價，從中牟取高額利潤；但由於這些商品銷路有限，亦難以大規模地發展起來。自十八世紀九十年代起，美國「西北海岸」的皮毛逐漸成爲輸華的重要商品；美國還從夏威夷、斐濟等太平洋諸島，以廉價購買大批檀香木運到廣州出售。

表 IV—1.2　　　美國輸華的主要商品及數量，1784－1845

年份	人參（擔）	皮毛（張）	棉花（擔）	年份	人參（擔）	皮毛（張）	棉花（擔）
1784	473	2,600	316	1815	2,933	115,126	320
1785	——	——	——	1816	2,570	64,648	——
1786	340	——	——	1817	1,601	84,252	——
1787	——	——	——	1818	1,414	139,084	600
1788	1,065	——	545	1819	659	56,808	19,149
1789	2,055	——	17,411	1820	2,016	38,055	120
1790	399	——	1,432	1821	2,498	160,009	3,597
1791	51	——	——	1822	5,469	79,932	843
1792	44	91,687	4,926	1823	2,607	163,329	28
1793	——		9,369	1824	4,326	100,794	20
1794	50	43,770	4,964	1825	2,427	65,958	195
1795	92	7,477	10,412	1826	3,251	73,575	2,120
1796	30	19,846	1,500	1827	1,904	71,075	877
1797	90	29,172	——	1828	1,644	81,688	——
1798	177	102,257	——	1829	2,971	45,169	——
1799	532	35,234	——	1830	2,299	18,068	3,271
1800	887	415,107	——	1831	2,678	24,579	——
1801	933	444,087	1,873	1832	3,058	24,579	——
1802	2,229	388,746	——	1833	4,079	45,872	——
1803	1,024	186,779	383	1834	1,333	11,389	194,000＋
1804	1,080	270,132	4,219	1835	2,166	61,000	230,000＋
1805	1,234	195,406	8,001	1836	3,422	10,716	182,000＋
1806	1,708	298,940	——	1837	1,597	——	231,000＋
1807	1,075	136,606	4,680	1838	501	56,000	563,000＋
1808	——	50,514	2,050	1839	2,397	19,000	262,000＋
1809	1,364	49,503	17,757	1840	255	27,000	383,000＋
1810	1,162	93,425	1,904	1841	4,786	10,000	190,000＋
1811	1,557	367,215	7,369	1842	473	18,000	337,470＋

年份	人參（擔）	皮毛（張）	棉花（擔）	年份	人參（擔）	皮毛（張）	棉花（擔）
1812	250	122,941	3,660	1843	——	——	——
1813	——	122,742	——	1844	37,560	——	166,965 +
1814	108	115,126	320	1845	2,286	10,948	32,945

資料來源：H.B.Mores, *The Chronicles of the East India Company Trading to China*, Vol.Ⅱ, pp.95, 119, 152, 173, 180, 184 – 185, 193, 202, 205, 256, 266, 278, 295, 311, 322, 348, 358, 389, 401, 416 – 417; Vol.Ⅲ, pp.77, 206, 288, 347, 370; Vol.Ⅳ, pp.103, 223, 384; *Chinese Repository*, Vol.Ⅲ, p.558; Vol.Ⅵ, p.284; Vol.ⅩⅤ, p.294; J.Davids ed., *American Diplomatic and Public Papers*: *the United States and China*, Vol.1, No.18, pp.8, 11, 59, 103, 105; *British Blue Papers*: *China*, Vol.ⅩⅩⅩⅥ, pp.52 – 53, 78 – 79, 195, Vol.ⅩⅩⅩⅩ, pp.195, 244, 433.

說　明：有 + 號者單位為元。

　　此外，美商在路經南洋途中，曾收集青貝、龜殼、燕窩及海參，又於其他地區收購大米、銅、鋁錠、鋼、籐、胡椒、豆蔻、錫、丁香和珊瑚等運往廣州。

（二）中美貿易的差逆與平衡

　　美國輸華的毛皮和檀香木的貨源終究有限。到十九世紀二十年代，水獺和海豹因滅絕性捕殺而數量銳減，檀香木也被砍伐殆盡，這樣對華貿易的主要貨源便日漸枯竭；在當時美商大量輸入華茶的情況下，解決對華貿易的逆差問題，便成為美商當務之急。

　　美國對華貿易的逆差歷來以銀幣彌補。1826年以前，除個別年度外，美商每年輸華銀幣額超過輸華商品的總值，甚至有的年度輸出總額超出商品的價值的兩倍。[78]巨額銀幣的輸出，一方面引起嚴重的通貨緊縮，直接影響其國內的商品流通；另方面美商用銀幣彌補貿易上的差額，又直接降底了他們的利潤率，因為當時美國尚未生產大量的貴金屬，美商用於對華貿易的銀幣多是用貼水的方法從墨西哥和西印度群島兌換而來。因此之故，美商力圖少用銀幣和中國進行貿易，他們曾試圖在華推銷廉價的棉布，以維持中美貿易的平衡，也曾用「倫敦匯票」代替銀幣。[79]可是由於棉布在中國銷路不廣，「倫敦匯票」的來源又有限，結果為了扭轉對華貿易的逆差局面，美商只有大規模地從事鴉片走私活動以牟取暴利。

　　鴉片為戕害身心的違法毒品，十九世紀後期以來清政府曾多次頒令禁止。最初由葡

萄牙和荷蘭商人輸華，後才由英商大量走私運入中國。美商對華走私鴉片大約始於1805
年，最初販買土耳其和波斯的煙土，但因長途販運，資本週轉太低，在對華商品結構中
所佔比例不大；自1827年美商被允許販買印度鴉片起，尤其是1833年英東印度公司對華
貿易的壟斷權被取消以後，美商為了追逐暴利與彌補對華貿易的逆差，便把販賣和代英
商運輸的印度鴉片，作為對華貿易的主要內容。縱使鴉片貿易為走私的勾當，亦無從確
知其數量；不過，從中美貿易其它方面的統計數字來看，也可瞭解鴉片走私在中美貿易
的地位和作用。有關「望廈條約」訂立以前中美貿易差逆統計數字，見下表所示：

表 IV－2.1　　美國輸華貨物、鴉片、白銀與中美貿易逆差額，1784－1845

年份	美　國　輸　華　貨　物　額　（元）					中國輸美貨物總額（元）	中美貿易順差（＋）逆差（－）
	商品額	鴉片額	白銀額	匯票額	貨物總額		
1784	189,519	——	——	——	189,519	99,676	89,843
1788	——	——	4,500,000	——	——	——	——
1790	724,384	——	——	——	724,384	1,763,912	＋1,039,628
1792	152,522	——	——	——	152,522	440,653	＋288,131
1795	519,617	——	——	——	519,617	1,144,163	＋624,546
1800	1,150,452	——	——	——	1,150,452	2,828,400	＋1,678,948
1801	877,276	——	1,383,000	——	877,276	4,558,356	＋3,407,903
1804	653,818	——	2,207,400	——	653,818	3,842,000	＋3,188,182
1805	1,150,358	——	2,902,000	——	1,150,358	5,127,000	＋3,976,642
1806	——	——	4,176,000	——	982,362	4,294,000	＋3,294,638
1807	——	——	2,895,000	——	908,850	3,476,000	＋2,567,150
1808	——	——	3,032,000	——	409,850	808,000	＋398,150
1809	——	21,664	70,000	——	1,021,600	5,715,000	＋4,693,400
1810	——	——	4,732,000	——	568,800	2,973,000	＋2,404,200
1811	——	——	2,330,000	——	1,257,810	2,771,000	＋1,513,190
1812	——	——	1,875,000	——	837,000	620,000	217,000
1813	——	——	1,214,220	——	451,500	572,000	＋120,500
1814	——	——	——	——	——	——	——

李木妙　早期中美的貿易發展，1784－1860

年份	美國輸華貨物額（元）					中國輸美貨物總額（元）	中美貿易順差（＋）逆差（－）
	商品額	鴉片額	白銀額	匯票額	貨物總額		
1815	——				——	——	——
1816	——	54,160	1,922,000	——	605,000	4,220,000	＋3,615,000
1817	1,221,800	330,376	4,545,000	——	1,552,175	5,703,000	＋4,150,824
1818	1,951,869	546,339	5,601,000	——	2,498,208	6,777,000	＋4,278,792
1819	1,761,960	259,291	7,414,000	200,000	2,021,251	9,057,000	＋7,035,749
1820	——	121,860	6,297,000	——	1,926,500	8,182,015	＋6,255,515
1821	2,165,676	415,150	2,995,000	——	2,580,826	3,111,951	＋531,125
1822	2,046,558	178,500	5,125,000	——	5,225,058	7,058,741	＋4,833,683
1823	2,084,127	133,000	6,292,840	——	2,217,127	7,523,492	＋5,306,365
1824	2,149,855	287,700	4,096,000	——	2,437,555	5,677,149	＋3,239,594
1825	2,050,831	264,480	6,524,500	——	2,315,311	8,501,121	＋6,185,810
1826	1,973,049	29,500	5,725,200	400,000	2,002,549	8,752,562	＋6,725,200
1827	2,518,109	800,000	1,841,168	500,000	3,318,109	4,363,788	＋1,045,679
1828	1,824,640	816,725	2,640,300	657,300	2,641,365	5,339,108	＋2,697,743
1829	2,291,088	502,900	740,900	363,650	2,793,988	,4,680,874	＋1,886,859
1830	2,064,501	806,820	1,123,644	2,480,871	2,871,321	4,108,611	＋1,237,290
1831	2,152,585	221,100	183,655	4,772,516	2,383,685	4,263,551	＋1,879,866
1832	2,679,906	228,000	2,480,871	4,772,516	2,907,906	5,857,732	＋2,249,826
1833	2,907,936	500,000	682,519	——	3,407,936	7,541,570	＋4,133,864
1834	——	——	379,000	——	1,010,583	7,892,327	＋6,881,744
1835	——	50,925	1,391,000	——	1,868,580	5,987,187	＋4,118,607
1836	2,938,805	275,921	463,970	——	3,214,726	8,025,869	＋4,811,143
1837	——	52,221	155,000	——	600,591	8,965,337	＋8,364,746
1838	——	——	729,000	——	1,516,602	4,764,536	＋3,247,934
1839	——	——	987,000	——	1,533,601	3,678,500	＋2,144,899
1840	——	——	477,000	——	1,009,966	6,642,000	＋5,632,034
1841	——	——	427,000	——	1,200,816	3,985,000	＋2,784,184
1842	——	——	606,714	——	1,444,397	4,934,248	＋3,490,248

年份	美 國 輸 華 貨 物 額 （元）					中國輸美貨物總額（元）	中美貿易順差（＋）逆差（－）
	商品額	鴉片額	白銀額	匯票額	貨物總額		
1843	——	——	572,000	——	2,418,958	4,385,566	＋1,966,608
1844	1,320,170	234,520	1,125,000	——	1,756,941	6,686,171	＋4,929,230
1845	——	——	772,253	5,352,033	2,275,995	7,285,914	＋5,009,919

資料來源：H.B.Morse, *The Chronicles of the East India Company Trading to China*, Vol.II, pp.95, 152, 202, 204, 358, 389, 401, 416; Vol.III, pp.228, 244, 327, 343, 365; Vol.IV, pp.20, 22, 67, 84, 99, 120, 139, 158, 181, 195, 248, 271, 339, 369, 386; *Chinese Repository*, Vol.VI, pp.284, 285 – 286; J.Davidsed., *American Diplomatic and Public Papers: the United States and China*, Vol.I, no.18, pp.5, 18, 59, 60, 61, 104; *British Blue Papers*, Vol.XXXVI, pp.78 – 79, 188, Vol.XXXX, pp.192, 243, 433; J.W.Caruthers, *American Pacific Ocaen Trade*, p.90; F.R.Dulles, *The Old China Trade*, p.211; H.B.Mores, *The International Relations of Chinese Empire*, Vol.I, p.101; Griffin, *Clippers and Consuls*, p.301; Michael Greenberg, *British Trade and the Opening of China*, 1800 – 1842, p.199.

由上表顯示，中美「望廈條約」訂立以前，中美兩國間正常貿易順差在中國一邊；換言之，中國是一個出超國，而美國則是一個入超國。隨着雙方貿易的發展，美國在對華貿易過程中出現的逆差日趨嚴重，中國輸美商品額往往是美國輸華商品額的好幾倍；以1805年為例，中國輸美商品為美國輸華商品額的4.5倍。十九世紀三十年代以後，中國輸美和自美輸入的商品額倍數雖降低，但實際差額卻大幅度增加；如1836年，中國對美貿易的順差高達4,811,143元，見上表所示。

（三）早期中美貿易的經營

政治上的獨立，為新生的美國自由發展對外貿易提供了契機，1784年「中國皇后」號（Empress of China）成功首航中國的廣州，揭開此後中美貿易的序幕，美國大西洋沿岸城市的商人競相參予對華貿易，一時掀起了「中國熱」（China Fever）；費城（Philadelphia）、紐約（New York）、沙崙埠（Salem）、普洛維頓斯（Providence）和波士頓（Boston）等埠的商人，紛紛組織開拓對華的通商機構，並立即籌措資金、招募人手、買船、購貨，展開對華的貿易活動。

實際上，早期美國對華的貿易經營，並無一個固定的官方機構統籌，或如英國東印度公司般的商業組織所壟斷，而是任由民間若干有興趣的富商或冒險者自由組織、策

劃，從事中、美間的通商活動。就以早期對華作試探性的通商活動為例，首先行動起來的是麻薩諸塞州的波士頓商人，他們於英美「巴黎和約」（the Treaty of Paris）簽定後三個月，即1783年12月，由船長夏勒德（Hallet）率領一艘55噸的單桅船「哈利特」號（Harriet），自波士頓啓航循西線駛向中國的廣州，可惜於南非好望角便折返，對華貿易半途而廢。而成功的試航卻是後來的「中國皇后」號，它是由賓夕凡尼亞州的費城富商羅伯特・摩理斯（Robert Morris）所發起，他聯合紐約的幾個商人共同投資該次對華貿易。他們籌措資金，一切策劃就緒，首先購買一條由私掠船改裝的360噸機動木帆船，並命名「中國皇后」號；然後嚴格招募人手，包括：曾爲私掠者的船長約翰・格林（John Green）、官至炮兵上校的船務總管（Supercargo）山姆・蕭（Samuel Shaw），副船長三名、副總管一名、會計一名、醫生一名、木匠一名、船員二十餘名，全船合計43人；整體而言，「中國皇后」號工作人員年輕、精明能幹、有膽識，而富有開創和獻身精神，其中還有不少人是經歷獨立戰爭考驗的士兵或軍官。船中往返裝運的貨物，如下表所列：

表 IV—3.1　　「中國皇后」號輸出、入中國貨物一覽，1784－1785

輸　美　國　貨　物			輸　出　中　國　貨　物		
貨物種類	數（擔）量	售（兩）價	貨物種類	數（擔）量	售（兩）價
人　參	473	80,410	紅　茶	2,460	49,240
毛　皮	2,600（張）	5,000	綠　茶	562	16,860
羽　紗	1,270（匹）	45,720	瓷　器	962	2,500
棉　花	316	3,160	紗織品	490（匹）	2,500
生　鉛	476	1,904	南京土布	864（匹）	326
胡　椒	26	260	肉　桂	21	305
柏　油	數量不詳	——	銀、漆器	數量不詳	——
松　脂	——		牙　雕		
銀幣等	——		手套服飾		
總　值	189,519美元	136,454	總　值	99,676美元	71,767

資料來源：H. B. Mores, *The chronicles of the East India Company Trading to China*. Vol. II, p.95.

說　明：每擔約爲133.5磅，船鈔2.55兩，商館付款約5,000兩。

據表中，可見「中國皇后」號所選擇的商品，至少具有「傳統性」和「多樣性」兩個特點。就前者而言，在北美市場上所有傳統性的商品中，華茶銷量佔首位，質膩精美的中國瓷器位居第二，柔軟耐用的南京土布也深受歡迎；此外還有絲綢、絲織品、漆器、象牙雕刻、紙傘、中國畫等亦頗受歡迎。另方面，「中國皇后」號從美國運往中國的商品如人參、皮毛、棉花、鉛、銀幣等，亦是英國同中國開展貿易活動的傳統貨物或廉價媒介。[30]就後者而言，「中國皇后」號首次展開對華貿易，在很大程度上具有一定的試探性和冒險性，因此他們在貨品的採購上注意多樣性，這種穩妥的作風，不失為避免損失過大的辦法；他們輸往中國的貨物，還是從廣州運返美國的貨物，都具品種多樣特點，所以皇后號可說是一條「雜貨船」，其優點是：每種貨物的數量不大，因而容易採購，亦易於脫手，在口岸耽擱時間不長，資金的週轉亦較快。[31]這種模式似乎成為稍後美商對華貿易的經營型態。

早期於廣州的美國貿易，是由隨船往來的船貨管理員操作進行的。在商業組織方面的次一個步驟，就是創立常設的行號來經營代客賣買業務，或是直接代表某一個總設立在美國的商店。由「中國皇后」號船貨管理員出生的山姆‧蕭（Samuel Shaw）和「智慧女神」號的湯瑪斯‧蘭達爾（Tomos Randall）在廣州合伙經營「蕭蘭達爾」洋行（Shaw & Randell Co.，1786－1794）代理商號，[32]為最早在廣州成立的第一個美國洋行，專替來華美國商人銷、購貨物，僅收取佣7.5%，坐獲優厚的利潤；於是美商聞聲接踵而來，在廣州、澳門的美商代理人，日漸增多，由於後此競爭激烈的關係，佣減低至2.5%左右。[33]1794年「蕭蘭達爾」洋行隨山姆‧蕭的逝世而結束，普洛維頓斯的撒姆‧史諾（Samuel Snow）於1800年繼任為廣州的常駐商務代辦。1803年波士頓的托馬斯‧柏金斯公司（Thomas & Perkins Co.）於廣州設立洋行，業務由年僅十六歲的約翰‧顧盛（John Perkins Cushing）負責；[34]這個行號雖主要經營柏金斯公司的業務，同時也從事委託代辦貿易。類似的商務代表，如賓夕凡尼亞州的科克斯（W. C. Wilcoks）不僅為廣州的常駐代辦商，而且繼愛德華‧卡林頓（Edward Carrington）之後成為美國駐華領事；巴爾的摩的丹涅斯司勃雷成為紐約的明特恩‧賈普林公司的代理人，尼古拉奧格登和康尼勒斯‧蘇爾代表約翰‧阿斯脫公司，莫力浦‧安密頓則充任普洛維斯頓的常駐廣州商務代表。[35]

兩極化是商業資本中經常存在的現象，特別是美商遠渡重洋進行對華貿易，不易掌

握市場訊息，又常遇各種不測，更加速資本的集中。1812年英美再度戰爭以前，美國各大港口幾乎均有從事對華貿易的商人，他們有的獨資經營，有的則合夥進行這種遠洋的貿易；可是該次戰爭後，貿易上發生了進一步的分化和組織化，商務總管（Supercargo）全權負責貿易的情況，到了1815年幾乎全部消失，不少美國商人被排擠而破產，於是對華貿易遂爲小數有實力的商人所壟斷。⑧在廣州的美國洋行，除了旗昌洋行之外，著名的尙有善羅洋行（1818）、奧斯丁‧赫爾德洋行、維特摩洋行和奧利坊洋行（1828）等。

　　至於中國對於當時歐美各國來華經商的管理，主要透過粤海關和十三行商。清康熙二十三（1684）年開海以後，清廷相繼設置江、浙、閩、粤四海關，並制定了相應的關稅制度和稅則；而海關對外商及商船的管理，則是通過保商及行商來執行。⑧⑦康熙廿四（1685）年清廷設粤海關後，爲方便住稅、行稅的分開徵收，而公議成立「洋（貨）行」；五十九（1720）年十一月廿六日，廣州各行商集會插血爲盟，成立「十三行」會組織，後稱「公行」（Co－Hong），並簽訂行規十三條，規定：除少數零星商品以外，所有交易必須由公行議價，不准行外商人直接與外商交易，准許行外商人直接賣給外商的零星商品，也要從價39％交納公行，這表明了公行行商（Hong Merchants）擁有中國對外貿易的專利。⑧⑧乾隆十九（1754）年，粤海關監督規定：外國商船來粤須先於公行行商中覓一保商，負責保稅餉，管理外人；外商買賣貨物均須經過保商，外商如有違法行爲，保商亦須負責任，這便是所謂「保商制度」。⑧⑨

　　翌年，當局又明令嚴禁公行的散商與外商買賣。乾隆廿二（1757）年，清廷限定廣州爲中國沿海的唯一對外通商口岸，因而使公行壟斷中國對外貿易的地位更加鞏固，直至鴉片戰爭後中英簽定《南京條約》（1842）及中美簽定《望廈條約》（1844）年後，公行制度被迫廢止，中外貿易的情況才得改善。然而1784年中美直接貿易發生後，大多數的美國商人都與怡和行（Houqua 或 Howqua）交易，怡和行的貨雖高，但由於交貨期守信及貨物品質可靠，所以在美國的商譽甚佳，貼上該行商標的商品，在美的售價通常亦較高。⑧⑩美商在華商務開始於黃埔港，當美國商船抵埠後便先付正稅，通常是4,000美元之譜，僱用通譯（在澳門或廣州），並與經手該船交易的行商洽談，行商即把貨物用駁船運往廣州出售或交換運回貨物；所有進出口一切應繳各項稅款，全由行商負責代辦，船主的責任僅看船照和管理船員。船務經理則隨貨到廣州，選購輸出貨物，並愼防

受騙；海員則多停留在澳門，過其自由自在的生活。⑨

五、中美貿易發展原因、遭遇困難及其影響

中美之間的貿易雖遲至十八世紀末葉始展開，卻有後來居上之勢。十九世紀初，美國對華貿易總額，已超過歐洲各國而僅次於英國。促成中美貿易迅速的發展，有其民族特性、造船行業、貿易手段等主觀條件，亦有其地理、歷史、政經、國際、利潤刺激等客觀因素的配合；與此同時，它也面對長途跋涉、經驗未夠、資金不足、貨源短缺、市場有限、備受嫉視、激烈競爭和投資風險等困難。然而中美直接貿易的結果，均使雙方蒙受其利。中國一直處於出超的地位，而美商賺取的巨額利潤，對早期美國工商發展起一定促進作用；爲對華貿易而進行的西北海岸「毛皮貿易」，更引伸出美國西部領土上的拓展運動；商品的交換，同時涉及政治上外交關係的建立，及彼此宗敎、文化藝術等的交流，其影響之大可以想像。

（一）貿易發展迅速原因及遭遇困難

經過了十年對外貿易的探索、經營之後，美國竟能以較快的發展速度躋身於諸國的前列。1789年後，美國對華貿易總額開始顯著地增加，是年有15艘美國商船來中國貿易；次年，估計全美國進口的外國貨物中，來自中國者約佔總數的七分之一。1792年美國對華貿易總額已超過了法國、荷蘭、丹麥、瑞典、普魯士、西班牙等歐洲國家，而躍居於中國對外貿易的第二位，僅次於英國之後；以來華貿易的外商船隻爲例，從1786 – 1833年四十八年間，美國商船抵達廣州貿易的多達1,104艘（平均每年約23艘商船來華貿易），幾乎約佔英國來華商船總數的44%，而超過其他歐洲國家來華商船總數的四倍。

李木妙 早期中美的貿易發展，1784－1860

表 IV—4.1　　美貨輸華對歐洲各國海上貿易所佔的比重，1764－1833

年　度 （銀兩）	歐美各國 貿易總額 （100％）	英　國		美　國		其他歐陸國家	
		輸華值	％	輸華值	％	輸華值	％
－ 1764	1,908,704	1,207,784	63.3	——		700,920	36.7
1765 － 69	1,744,815	1,192,915	67.2	——		581,900	32.8
1770 － 74	2,094,336	1,466,466	70.0	——		627,870	30,0
1775 － 79	1,955,913	1,247,471	62.5	——		748,442	37.5
1780 － 84	1,944,617	1,301,931	65.3	27,290	1.4	665,369	33.3
1785 － 89	4,489,527	3,612,763	80.5	123,164	2.7	753,600	16.8
1790 － 94	5,876,663	5,007,691	85.2	181,096	3.1	687,876	11.7
1795 － 99	5,908,937	5,373,015	90.9	374,124	6.3	161,798	2.8
1800 － 04	8,727,364	7,715,556	88.4	828,326	9.5	183,482	2.1
1805 － 06	12,348,319	11,474,509	92.9	767,775	6.2	106,035	0.9
1810 － 14	——						
1815 － 19	9,053,298	7,646,777	84.5	1,184,551	13.1	221,970	2.4
1820 － 24	7,952,488	6,525,201	82.1	1,427,287	17.9	？	？
1825 － 29	9,161,314	7,591,390	82.9	1,534,711	16.7	35,213	0.4
1830 － 33	9,192,608	7,335,023	79.8	1,766,692	19.2	90,893	1.0

資料來源：嚴平中著《中國近代經濟史統計資料選輯》，頁4。

說　　明：1780－1784年間美國商船隻有一年數字。

　　美國大西洋沿岸各商埠的商人，均紛紛派船前來中國的廣州進行貿易，隨着來華船隻的增加，美國對華貿易不斷增加；從1791－1841年的50年間，美國對華貿易額增長達六倍之多。[92]

表 IV—4.2　　華貨輸美對歐洲各國海上貿易所佔的比重，1764－1833

年　度 （銀兩）	歐美各國 貿易總額 （100％）	英　國		美　國		其他歐陸國家	
		銀兩	％	銀兩	％	銀兩	％
－ 1764	3,637,143	1,697,913	46.7	——	——	1,939,230	53.3
1765 － 69	4,177,909	2,190,619	52.4	——	——	1,987,290	47.6

37

年　度 （銀兩）	歐美各國 貿易總額 （100％）	英　　國		美　　國		其他歐陸國家	
		銀兩	%	銀兩	%	銀兩	%
1770－74	4,362,676	2,119,058	48.6	——	——	2,243,618	51.4
1775－79	4,725,989	1,968,771	47.7	——	——	2,757,218	58.3
1780－84	5,008,263	2,083,346	41.6	15,864	0.3	2,909,053	58.1
1785－89	8,454,720	5,491,508	65.0	325,988	3.9	2,637,224	31.1
1790－94	7,348,420	5,843,714	79.5	440,978	6.0	1,063,728	14.5
1795－99	7,937,254	5,719,972	72.1	1,399,680	17.6	817,602	10.3
1800－04	10,391,797	7,556,473	72.7	2,036,448	19.6	798,876	7.7
1805－06	11,168,783	7,400,223	66.2	3,391,560	30.4	377,000	3.4
1810－14	——	——	——	——	——	——	——
1817－19	13,770,740	8,060,271	58.5	5,710,469	41.5	?	?
1820－24	14,678,252	9,816,066	66.9	4,826,186	33.1	?	?
1825－29	14,390,108	10,215,565	71.0	4,116,182	28.6	58,361	0.4
1830－33	13,443,641	9,950,286	74.0	3,321,296	24.7	172,059	1.3

資料來源：嚴中平：《中國近代經濟史統計資料選輯》，頁5。

說　　明：1780－1784年間，美國商船隻有一年數字。

　　以1780年與1833年作比較，美國輸華貨物總值從27,920銀兩增至1,766,692銀兩，佔歐陸各國輸華總值的1.4％增至19.3％；同時期美國自華出口的貨物價值從15,864銀兩增至3,321,296銀兩，分別約佔歐陸各國輸出總值的0.3％增至24.7％，貿易額雖遠遠比不上英國，但已超過了其他歐洲各國，躍居第二位。其實，1803年美國對華貿易的總值，超過了歐洲大陸諸國對華貿易的總和。[33]十九世紀上半，美國對華貿易總額僅次於英國、法國、古巴，而居於第四位。美商之所以能取得對華貿易的成功和迅速發展，固然有它主觀的條件，同時也有其客觀的因素，茲歸納為以下幾方面：[34]

　　第一，地理因素方面：由於美國位於北美洲的新世界，孤懸於太平洋與大西洋之間，地理位置優越，使他能避免捲入歐洲舊大陸各殖民地之間的紛爭；而且可以利用本身獨有的中立地位，從中獲得漁人之利，並迅速發展自己與海外各地區或國家的貿易關係。何況十八世紀末，美國已具有多個設施優良的港口如波士頓、費城、紐約等，均有利於中美直接通航及貿易的發展。

第二，民族特性方面：新生的美國主要由英國人、西班牙人、荷蘭人、法國人等歐洲新移民所組成，這些人本來就富有冒險與創精業神，它使他們能在早期的對華貿易中克服了種族的困難；因之對華貿易上在屈居英國之後，而於法國、荷蘭、西班牙、丹麥、瑞典、普魯士等歐陸列國獲得領先的地位。

第三，歷史因素方面：美國獨立後，擺脫英國的束縛，能夠自由地發展對華的直接貿易；雖然英國嚴禁其屬下殖民地如西印度群島等與美國直接貿易，因而促使美商不得不向太平洋方面尋找出路。況且美國爲一個新興的資本主義國家，傳統的羈絆比較少；商人亦有較大的自由，他們不但沒有受到特權壟斷組織的限制與阻撓，反而得到政府的全力保護與支持，這也有助推動了中美的貿易發展。

第四，造船業的發展：殖民地時代，北美的造船業已具規模，當時不少英國船隻在此建造；獨立戰爭勝利後，美國遠洋貿易商船的噸位顯著增加，而它擁有龐大的商船隊更是名列世界的前茅。另方面，隨着造船業與海上貿易的發展，吸引更多的美國人隨着出洋，因而培養出一批具有豐富航海知識、經驗的海員和商人，這些均有利於中、美直接貿易的開展。

第五，政治因素方面：美國政府約於乾隆五十四（1789）年，曾頒布「關稅法令」，規定向直接從中國入口的茶葉徵收較低的進口稅，由歐洲入口、或由其他國家船隻運入美國的茶葉則徵收較高的進口稅；二年後，國會再次通過保護對華貿易的關稅措施，規定美國商船載運中國貨的徵稅僅爲外國船的四分之一，同時又允許延期兩年繳交的優厚待遇。美國政府這些保護對華貿易的措施，亦是促進中、美貿易迅速發展的原因。

第六，國際因素方面：十八世紀末，歐洲各國投入「拿破崙戰爭」（Napoleonic War），使整個歐洲大陸均被捲入戰爭的旋渦之中，諸如乾隆五十七（1792）年普奧干涉「法國革命」（Revolution of France），翌年英國、荷蘭、意大利、西班牙等國亦加入反法的戰爭中；故此歐洲各國對華貿易一時停滯或滑落，唯獨美國得以中立國的超然地位大做其買賣，因之美商成爲當時「世界海上的搬運夫」，頓時美國來華貿易的商船明顯增加，所以說歐洲戰爭爲美國擴大對華貿易提供了有利的時機。

第七，貿易手段方面：美國對華早期貿易與英國略有不同：首先在彼此交往的態度上美國商人比英國商人較爲溫和一些，其次在貿易過程中由於物品不足，美商往往用西

班牙、墨西哥和美洲銀幣作為重要的貿易手段。這些情況均使滿清官員對美國商人愈來愈懷有好感，無形中亦有助中美貿易的順利進行。

第八，利潤作用方面：自從「中國皇后」號首航來華貿易，獲取25%的利潤以後，為美國商人展示了盈利的導向，此後波士頓、普洛維頓斯、紐約和費城等地的商船均先後駛往廣州；他們對華貿易所獲得的利潤有時是頗為驚人的甚至有高達400%的利潤率，正因這些巨額的利潤，吸引越來越多的美國商船來華貿易。

雖然美國發展對華貿易有利的條件與因素不少，中美貿易的前途似乎應該非常樂觀，但實際上卻不盡然；他們從西半球的北美洲遠道而來，各方面的經驗未夠，貿易的貨源即短缺、資金又不足，何況他們備受英商的嫉忌，當時面對着重重的困難。茲分述如下：一、競爭激烈：美國商人初登廣州口岸時，葡萄牙、英國、荷蘭、法國、丹麥、瑞典等國商人對華貿易已有相當基礎，歐洲各國對華貿易的時間比美國早，他們在廣州取得的方便條件，美國商人幾乎沒有，因此美商面對強勁的競爭對手。二、長途跋涉：美國位於西半球的北美洲，雖處於太平洋與大西洋之間，可是早期獨立後的十三州則在東岸，當地商人須從大西洋沿岸、經印度洋，橫渡22,047公里的漫長海路來到中國的航程，長達三至六個月，中間沒有安全可靠的補給中途站，故遭遇的風險很大。三、經驗未夠：早期美商對中國缺乏瞭解，他們的商船自美國東部的紐約、波士頓、費城等地遠航中國南部的廣州黃埔港，經驗頗嫌不足，事實上當時既缺乏詳細的航海地圖，又無熟悉遠海域經驗豐富的航海技術人員，航海工具與設備亦頗簡單。四、英商敵視：獨立戰爭後，美國擺脫英國的殖民統治，英國立即制定若干航海措施，對美國貿易嚴加限制，特別是不允美國船隻駛入英屬東印度群島，同時英國商人恐怕美商搶奪其在中國的生意，亦不懷好感地冷漠對待來廣州貿易的美商。五、資金不足：戰時美國聯邦政府曾向內、外大舉借債，支付龐大的軍費，導致國庫空虛，戰後財政金融一片混亂、幣值大貶，物價卻大漲，人民生活水準直線下降，加以當時美國經濟落後、遠洋貿易風險大，遂使集資困難重重，造成資金缺乏乃意料中事。六、貨源短缺：美商輸華的貨物相對中國輸美而言比較穩定，主要係貨源供應有限；其中輸華人參昂貴而易飽和，由西北海岸貿易而來的毛皮卻因毀滅性獵殺以致數量銳減，來自夏威夷的檀香木亦因大量砍伐而貨源枯竭，此外沿途收購的貨物如爪哇巴城的糖和咖啡、蘇門答臘的胡椒、孟買的棉花、斐濟的海參、菲島的大米及印度的鴉片亦同屬於不穩定的貨源。[35] 七、市場有限：美國

的消費量有限，中國貨的市場也很快就達到飽和點。當時美國人口不足4,000,000人[95]對於絲、茶等中國貨的消費自有一定的限度；轉口或走私中國貨僅是幻想，因爲歐洲國家對華貿易較美國更有基礎；中美直接貿易後，歐洲各國已經失掉轉口中國貨到美國的機會，更不許美國去染指其本國或殖民地的市場！八、貿易風險：對華貿易風險很大，除長期航海遭遇不測外，還有海盜及英國海軍的威脅，[97]土著的屠殺，最重要的卻是茶葉價格波動太大。美商在華輸出貨物中以茶葉爲大宗，[98]茶在當時的美國尚屬奢侈品，1791年茶葉每磅售價由0.28美元到1美元不等；供過於求時茶價慘跌，資本微少的商人，固常受損失，即使大公司也難免負債纍纍而倒閉[99]。

（二）早期中美貿易的影響

　　早期中美貿易在十八世紀大約佔整個中國對外貿易總額的6％強，到十九世紀上半上升至21％左右，但同時期分別僅佔整個美國對外貿易的2.7％左右和4％強，見下表 IV—5.1、表 IV—5.2所示：

表 IV—5.1　　中美貿易額佔中國對外貿易總額的比重，1784－1845　（元）

年　份	中國輸出商品總額	中國輸美商品總額	比重%	中國輸入商品總額	中國自美輸入總額	比重%
1784	6,995,921	99,967	1.42	2,770,301	189,519	6.84
1785	11,742,667	452,761	3.86	6,235,446	171,601	2.74
1790	10,201,139	1,763,912	17.28	8,162,032	724,384	8.88
1792	10,403,506	440,653	4.24	7,041,185	152,522	2.17
1795	11,203,964	1,144,163	10.38	8,206,857	519,617	6.33
1800	14,433,051	2,828,400	19.60	12,121,339	1,150,452	9.49
1805	15,512,199	5,127,000	33.05	17,150,443	2,498,208	16.07
1817	15,566,461	5,703,000	36.64	18,831,230	1,552,176	8.30
1818	19,128,905	6,777,000	35.43	13,880,844	2,498,208	16.07
1819	19,128,905	9,057,000	45.54	20,449,486	2,021,251	18.92
1820	17,704,691	818,205	46.21	21,430,018	1,926,500	11.71
1821	20,518,936	3,111,951	15.17	16,580,968	1,580,826	15.56

年　份	中國輸出商品總額	中國輸美商品總額	比重%	中國輸入商品總額	中國自美輸入總額	比重%
1822	20,235,721	6,068,741	34.88	18,977,633	2,225,058	11.72
1823	18,397,873	7,523,492	40.89	18,351,560	2,217,127	12.08
1824	20,548,057	5,677,149	27.63	18,491,670	2,437,555	13.18
1825	22,229,791	8,501,121	38.24	23,269,060	2,315,311	9.95
1826	18,027,121	8,752,562	48.55	23,583,530	2,002,549	8.49
1827	18,184,766	4,363,766	24.00	26,573,709	3,318,109	12.49
1828	18,482,998	5,339,108	28.89	23,954,891	2,641,356	11.03
1829	18,288,183	4,680,847	25.59	26,060,640	2,793,988	10.72
1830	17,602,365	4,108,611	23.34	26,814,660	2,871,321	10.71
1831	18,797,172	4,263,551	22.68	24,401,479	2,383,685	9.77
1832	21,258,198	5,857,732	27.56	27,301,417	2,907,906	10.65
1833	20,987,207	7,541,570	35.93	26,864,229	3,407,936	12.69
1836	34,866,423	8,025,869	23.02	37,650,348	3,214,726	8.54
1842	13,339,750	4,934,645	37.00	——	——	
1844	25,513,371	6,686,171	26.21	19,134,220	1,756,941	9.16
1845	31,664,996	7,285,914	23.01	17,212,364	2,275,995	13.22

資料來源：H.B.Morse, *The Chronicles*, Vol.III, IV, p.379；H.B.Morse, *The International Relations of Chinese Empire*, Vol.I, p.192；R.M.Martin, *China, Political, Commercial, and Social*, Vol.II, p.101；B.P.P., *Return of the Trade of the Various Ports of China, Down to the Latest Period*；J.W.Caruthers, *American Pacific Ocean Trade*, p.90.

表 IV—5.2　　中美貿易額佔美國對外貿易總額的比重，1790－1845　（元）

年　份	美國輸出商品總額	美國輸華商品總額	比重%	美國輸入商品總額	美國自華輸入總額	比重%
1790	20,000,000	724,384	3.62	23,000,000	1,763,912	7.67
1792	21,000,000	152,522	0.73	32,000,000	440,653	1.38
1795	47,055,556	519,617	1.09	69,756,258	1,144,163	1.64
1800	71,000,000	1,150,452	1.62	91,000,000	2,828,400	3.11
1801	93,020,513	877,276	0.94	111,574,876	4,558,356	4.09

年 份	美國輸出 商品總額	美國輸華 商品總額	比重 %	美國輸入 商品總額	美國自華 輸入總額	比重 %
1804	78,000,000	653,818	0.84	85,000,000	3,842,000	4.52
1805	96,000,000	1,150,358	1.20	121,000,000	5,127,000	4.24
1806	102,000,000	982,362	1.00	129,000,000	4,294,000	3.33
1807	108,343,150	908,850	0.84	138,574,876	3,476,000	2.51
1808	22,000,000	409,850	1.86	57,000,000	808,000	1.42
1809	52,000,000	1,021,600	1.96	59,000,000	5,715,000	9.69
1810	67,000,000	568,800	0.85	85,000,000	2,973,000	3.50
1811	61,000,000	1,257,810	2.05	53,000,000	2,771,000	5.23
1812	39,000,000	837,000	2.15	77,000,000	620,000	0.81
1813－5	88,000,000	451,500	0.51	148,000,000	572,000	0.39
1816	81,987,000	605,000	0.74	147,000,000	4,220,000	2.87
1817	88,000,000	1,552,176	1.76	99,000,000	5,703,000	5.76
1818	93,000,000	2,498,208	1.69	122,000,000	6,777,000	5.55
1819	70,000,000	2,021,251	2.89	87,000,000	9,057,000	10.41
1820	70,000,000	1,926,500	2.75	74,000,000	8,182,015	11.06
1821	55,000,000	2,580,826	4.69	55,000,000	3,111,951	5.66
1822	61,000,000	2,225,058	3.65	80,000,000	7,058,741	8.82
1823	68,000,000	2,217,127	3.26	72,000,000	7,523,492	10.45
1824	69,000,000	2,437,555	3.53	72,000,000	5,677,149	7.88
1825	91,000,000	2,315,311	2.54	90,000,000	8,501,121	9.45
1826	73,000,000	2,002,549	2.74	78,000,000	8,752,562	11.22
1827	74,000,000	3,318,109	4.48	71,000,000	4,363,788	6.15
1828	64,000,000	2,641,365	4.13	81,000,000	5,339,108	6.59
1829	67,000,000	2,793,988	4.17	67,000,000	4,680,847	6.99
1830	72,000,000	2,871,321	3.99	63,000,000	4,108,611	6.52
1831	72,000,000	2,283,685	3.31	96,000,000	4,263,551	4.44
1832	82,000,000	2,907,906	3.55	95,000,000	5,857,732	6.17
1833	88,000,000	3,407,936	3.88	101,000,000	7,541,570	7.47
1834	102,000,000	1,010,583	0.99	109,000,000	7,892,347	7.24
1835	115,000,000	1,868,580	1.62	137,000,000	5,987,187	4.37
1836	124,000,000	3,214,726	2.59	177,000,000	8,025,869	4.53

年　份	美國輸出商品總額	美國輸華商品總額	比重%	美國輸入商品總額	美國自華輸入總額	比重%
1837	111,000,000	600,000	0.54	130,000,000	8,965,377	6.90
1838	105,000,000	1,516,602	1.44	95,000,000	4,764,536	4.96
1839	112,000,000	1,533,601	1.37	156,000,000	3,678,500	2.36
1840	124,000,000	1,009,966	0.81	98,000,000	6,642,000	6.78
1841	112,000,000	1,200,816	1.07	123,000,000	3,985,000	3.24
1842	100,000,000	1,444,397	1.44	96,000,000	4,934,645	5.14
1843	88,000,000	2,418,958	2.75	42,000,000	4,585,566	10.44
1844	106,000,000	1,756,941	1.66	103,000,000	6,686,171	6.49
1845	114,000,000	2,275,995	1.99	113,000,000	7,285,914	6.45

資料來源：R.J.Wattenberg, *The Statistical History of the United Sates*, *From Colonial Times to the Present*, pp.904 – 905；

J.W.Caruthers, *American Pacific Ocean Trade*, p.90；嚴中平《中國近代經濟史統計資料選輯》，頁

4 – 5；姚賢鎬《中國近代對外貿易史資料》第一冊，頁266 – 267。

　　據以上兩表反映，中美貿易佔中國和美國各自貿易總額的比重之所以如此懸殊，主要是因為當時美國實行對外開放與擴張的貿易政策，而中國的滿清皇朝卻奉行限關的對外貿易政策，因此兩者的對外貿易總額相差很大；十八世紀末，美國對外貿易總額相當於中國的六倍，到鴉片戰爭前夕，美國仍為中國的三倍。美國對貿易總額既較大，因而基數也較大，所以中美貿易佔美國對外貿易總額的比重就較小了，但它並不反映當時兩國對貿易需求的傾向。儘管中美貿易佔美國對外貿易總額比重較小，但它對美國經濟的發展曾起過很大的影響。

　　早期中美貿易往來的結果，中、美彼此之間因互濟有無、調節盈虛而兩蒙其利，雙方均得益，這是個不爭的事實。一方面，美國商人因對華通商而賺取了大量利潤，既可擺脫大西洋貿易所面臨的困境，又可帶動美國工業經濟的發展、促進西部的開發和鐵路的建設；另方面，美國成為中國茶葉、絲綢、瓷器和棉布等商品的市場，美商為換取中國的貨物，千方百計地到處搜集的大量銀幣輸華，使中國一直處於有利的貿易逆差地位，財富的獲益匪淺。現將中美貿易的影響分點簡述如下：

　　一、促美經濟發展：大量美國商船前往東方貿易，刺激美國造船業的迅速擴展；同

時，美國與中國貿易，使費城（Philiddphia）、波士頓（Boston）、諾福克（Norfolk）、查爾斯頓（Charleston）、薩凡納（Savannah）、莫比爾（Mobile）和新澳爾良（New Orleans）等港口城市日益繁榮。隨着中國商品向美國縱深地區銷售，美國內陸運輸網絡亦隨之發展；在與中國的貿易中，一些美商賺了大量財富，然後投資於國內的產業部門和金融事業中，同時帶動美國工商業的發展。[100]

二、美國西部開拓：早期中美貿易對於美國歷史的發展有極深遠的影響，莫過於從「西北海岸」與廣州間的皮貨貿易，所申引出美國西部領土的開拓運動；終於使大西洋東岸的十三州，拓展到橫跨太平洋、大西洋兩大洋的泱泱大國。同時，在尋求可資運銷中國的商品過程中，美國商船幾乎走遍了孤懸太平洋上的島嶼，這些商船的「訪問」使若干太平洋的島嶼成為日後美國領土主權的依據。買進「路易斯安那」州（Louisiana）、開發「俄勒岡」州（Oregon）、佔據西北地區和控制夏威夷群島（Hawaii Islands）等，正是為了維持和發展對華貿易而促使美國領土從大西洋擴展到太平洋的動因之一。[101]

三、環球貿易展開：自從「哥倫比亞」（Columbia）號在「西北海岸」販運海獺皮到廣州，再運回中國貨物的消息傳遍大西洋沿岸的美國各商港後，西北海岸的「皮毛貿易」便開始成為美國對華貿易的重要樞紐，許多的美國商船均取道南美合恩角（Cape Horn）到「西北海岸」，在那裏收集海獺皮，運往中國，再販運一些歐洲貨返回美國。法國大革命及拿破崙戰爭時期，美商這種「環球性貿易」獲利甚豐，其關鍵仍在於「西北海岸」的皮毛貿易之延伸。[102]

四、貿易糾紛出現：中美自直接發生貿易關係以來，商民相處甚少糾紛。但從事中美貿易風險很大，美商資金微薄，偶逢市場波動或航海意外，破產事件屢見不鮮；向行商賒欠的貨物款項，自然無法償付，這類事件的發生，不僅中國行商受到連累，美國政府亦遭受損失。如1815年「麗泉行」潘（長耀）水官（Consequa），向美總統麥迪遜（James Madison）控告美商有意賴債事件；1818年美商在賓夕凡尼亞州（Pennsylvania）的費城（Philadelphia）的法庭控告「浩官」（Houqua）的茶葉品質不符規定，判罰賠償美商損失25,000元。[103]

五、外交關係締建：雖然早期美國和中國已在進行着頻繁的貿易，但政府間還沒有建立起正常的外交關係；而隨着美國對華貿易深化的展開，兩國的外交關係亦有締交的

必要，1786年美國開始委派山姆・蕭（Samuel Snaw）為常駐廣州而兼具商務代表性質的領事，不過根據當時聯邦政府的規定，任何領事均無與所在國交涉的權力。[104]撒姆・諾（Samuel Snow）、愛德華・卡林頓（Edward Carrington）、衛格斯（B.C.Wilcocks）等先後繼任為美國常駐廣州領事，一直至1844年中美《望廈條約》簽訂，不平等的正常外交關係開始正式建立。

六、美傳教士東來：商務關係逐漸展開的過程中，宗教事業亦隨之而開始，美國傳教士來華從事佈道活動勢所必然。1807年部分美商支持英國倫敦宣道會的羅伯特・馬禮遜（Rev.Robert Morrison）首先來到中國的廣州；1830年美海外傳教會應馬氏的邀請，派遣大衛・阿比爾（Rev.David Abeel）、艾利亞・高理文（Rev.Elijah C.Bridgman）來華傳教。[105]美商對於來華的傳教士予以經濟支持，奧利坊洋行曾為他們提供旅費及一年的一切費用；此後，美傳教士被陸續派往中國，他們除佈道外，還從事出版、譯述、醫務和教育等工作。

七、增進文化交流：藉着貿易的發展，中國產品茶葉瓷器自然而然地進入美國的千家萬戶，成為他們日常生活的必需品。特別緊隨着茶的輸入，使飲茶習慣得以推廣和普及；又隨着茶文化的影響，以茶具為主的大批中國陶瓷、格調高雅的商品和種類繁多的手工藝品等，也進入美國社會和家庭。而中國絲綢、瓷器、壁紙的圖案、花飾和漆器等手工藝的製作技巧，亦給美國藝術家和技工以美學上的啓迪。[106]傳教士向美國介紹中國的歷史與現狀，促進美國人對中國的瞭解；同時又向中國傳播西方的文化，促進中國人對西方文化的瞭解，使中美文化進行雙向的良性互動交流。[107]

八、優良物種引進：隨着中美貿易的開展，一些美國人開始將部分中國優良的物種引進美國，如「中國皇后」號曾帶回「上海公雞」，經培育後繁衍成著名的新雞種（Bucks Country Chicken）；此後，美商還引種了中國的水稻、高粱、巢菜（*Vetch*）和黃豆等農作物，後者在美國推廣種植後並成為重要出口物。與此同時，美國又在南方做種植華茶的試驗；1830年美國哲學學會（American Philosophical Society）又建議國會以立法的形式推動養蠶業的發展，為美國蠶絲紡織業奠定基礎。[108]當時美國有識之士認為唯有引進新物種，美國最終才能擺脫對外國的依賴。

五、結論

總括而言，早在殖民時期，北美十三州的居民對遙遠的東方帝國——中國已有所感知。英國人飲用中國茶的習慣，十八世紀已每日兩餐均要飲茶；與飲茶習慣相伴隨之華瓷亦開始輸入十三州，茶與瓷器很快成爲大宗盈利的商品。當時美洲的人參通過英國東印度公司的商船遠銷到中國的廣州，中國的茶葉亦在遠隔重洋的北美市場享有盛譽，著名的美國獨立戰爭，就由於1713年12月16日波士頓居民把東印度公司遠銷北美的華茶傾倒入海而引發的。1783年美國人民經長期的奮鬥，終於擺脫英國的殖民統治，政治上的獨立，爲新生的美國自由發展對外貿易提供了契機。長期以來，美國商人與西印度群島的貿易，因英國實施經濟制裁而被迫中止；他們和地中海地區的往來，也因海盜的滋擾而難以展開；他們同歐洲地區的貿易更受英國、法國和西班牙等國的排斥，可是新生的美國卻迫切地需要開拓新的海外市場。

美獨立伊始，波士頓商人便於1783年12月籌組「哈利特」號商船赴華貿易，可惜船長懼怕風險，即於途經南非好望角時，以一磅人參換兩磅茶葉的代價與英商達成貿易，並中止赴華的航行。翌年二月波士頓和紐約商人集資裝備「中國皇后」號自紐約的曼哈頓港啓程駛抵中國的廣州黃埔港，揭開中美直接貿易的序幕；自此以後，美國商船接踵而至，因而掀起了赴華貿易的熱潮。由於有利可圖，對華貿易便迅速發展起來；1790年，中國輸美的商品總值佔美國進口總值的七分之一。二年後，美國對華貿易已超過荷蘭、法國、丹麥和瑞典等國，而僅次於英國之下；1803年美國對華貿易總值，超過了歐洲大陸諸國對華貿易的總和。十九世紀上半，美國對華貿易額僅次於對英國、法國、古巴而居於第四位。顯然，1790年後中美貿易發展突飛猛進，除了前所分析的原因之外，美國政府的積極鼓勵政策與美商尋求輸華商品的冒險精神係其重要原動力。美國國會對美商東來貿易，一開始便有鼓勵措施，1789年通過的航海法規定：美國從東印度進口的貨物，茶葉以外給予12.5％的關稅保護，對外商輸美茶葉關稅之重，幾乎相等或超過廣州茶葉的原價；可是美商輸入華茶卻獲三方面的優待：一、延期兩年繳納稅款；二、多出口退稅，即從中國進口茶葉至美國再轉運往歐洲，在美國中轉可以免稅；三、排除別國船隻載運茶葉進口。因此，美國茶葉進口商沒有競爭者，資金週轉方便，雖然稅重，

仍可獲巨額利潤。

　　中國政府和商人對美商印象比較好，亦有助美國商務的開拓。由於美國海員行為較他國的良好，美商又遵守中國的規章，所以能贏得「最為恭順」的評價。美國人之所以能贏得中國官商的好感，除海員循規蹈矩之外，尚有其他因素：其一、美國政府對美商的保護，僅限於國內關稅方面；而對於他們在海外所從事的貿易卻有心無力，不似西歐各國，特別是英國商人，他們在華的貿易得到大英政府的武力支持。其二、美商來華貿易者，不少資金短拙，經不起延宕與意外；而當時中國官府對不守規章「夷商」的懲罰之一，便是「封倉」，這種暫停貿易的措施，對美國商人威脅很大，為了避免，除「恭順」之外，別無他策。其三、中國官商憎恨英國人，因為英商從事鴉片走私，美商於1805年始從事土耳其鴉片走私，相對英商而言為數甚微；何況美商中尚有真正潔身自愛，而堅拒販賣煙土者，這一點能博得中國人的好感。其四、來華貿易的美商多為美國北方人，他們未到印度、馬來西亞，經歷那種白種人的優越，而表現出十分恭順；中國人則基於個人的尊嚴與自律而採取不與外界往來的方法，要求與他們交易的人必須尊重這一點，美國人開始便願意做到，所以博得中國人的好感，這樣間接有助當時美商對華貿易的擴張。

　　中美直接貿易發展，互濟有無、調節盈虧，對雙方都有益，彼此均蒙受其利。一方面，中國在中美貿易上一直處於出超狀態，美國為換取中國的茶葉、絲綢、土布及工藝品，得千方百計到處尋找平衡貿易逆差的銀幣，甚至不辭跋涉地從事三角皮毛貿易、環球通商，或不惜冒險犯禁地從事鴉片走私，以謀求中美貿易的平衡。另方面，美國商人通過對華的貿易，而賺取巨額的利潤，這些利潤則為早期美國原始資本積累的一個重要組成部分；一些對華貿易的富商巨賈逐漸形成，其中如在1805年幾乎掌握絕大部分對華貿易的四大商行，如波士頓的柏金斯行號、利物浦的郎氏·阿契爾、費城的瓊斯·奧燕和紐約的托斯瑪斯·司密斯。這些早期的對華貿易富商，利用其在華貿易中賺取的大量財富，投資於美國各州的製造業、銀行業、或購置地產、或修築鐵路，對美國早期工商發展起一定的作用，美商為取得對華貿易的商品而進行的「西北海岸」皮毛貿易，更引伸出美國西部領土的開拓運動，終於使大西洋沿岸的十三州，拓展到橫跨兩洋的泱泱大國；而美商尋找到可資運銷中國商品的過程中，商船遍訪太平洋各島嶼，更使其成為日後美國領土主權的依據。商品的交換，同時亦涉及政治上外交關係的締建，與中美宗

教、文化藝術的交流，其影響之大可想而知。

本文撰作榮獲中華民國教育部專題研究經費補助特此鳴謝！
又得到全師漢昇院士、李師定一教授多所提示亦於此一併鳴謝！
本文曾於「近代中國海防（1368—1949）國際學術研討會」上宣讀。

註釋

①Earl N. Mittleman, *An Outline of American Geography*（Hong Kong: Today World Press, 1978）, p.1.

②李師定一：《中美早期外交史，1784－1894》（台北：傳記文學出版社，民國67年5月），頁1。

③拙作：《明清之際海外貿易史研究》（香港：新亞研究所，1995年未刊講義），頁18。

④前揭書，頁6－21。

⑤林仁川：《明末清初私人海上貿易》（上海：華東師範大學出版社，1984年4月第1版），頁1－5。

⑥前揭書，頁6－14。

⑦黎惠賢：《明中葉海外貿易政策》（香港：香港大學碩士論文，1985年），頁1。

⑧李金明：〈清康熙時期海禁與禁海的目的初探〉，《南洋問題研究》1992年第2期，頁63－71。

⑨李士禎：《撫粵政略》卷一，「議復粵東增豁稅餉疏」。

⑩C. S. Osgood and H. M. Batchelder, *Historical Sketch of Salem*, p.34.

⑪齊文穎：〈關於「中國皇后」號來華問題〉，《中美關係史論文集》第一輯，頁65。

⑫S. F. Bemis, *A Diplomatic History of the United States*, p.34.

⑬H. B. Morse, *The Chronicles of the East India Company Trading to China*, Vol.1, Chapter 29, p.295－296; R. V. Harlow, *The United States: From Wilderness to World Power*, p.93.

⑭R. G. Thwaites, *Original Journals of the Lewis and Clark Expedition*, Vol.1, p.20.

⑮全師漢昇：〈明季中國與菲律賓的貿易〉，《中國經濟史論叢》第一冊，頁417－434。

⑯William Lytle Schurz, *The Manila Galleon*（New York: 1939）, pp.15, 193－194.

⑰全師漢昇：〈明清間美洲白銀的輸入中國〉，《中國經濟史論叢》第一冊，頁435；又〈自明季至清中葉西屬美洲的中國絲貨貿易〉前揭書，頁451－473。

⑱齊文穎：《關於「中國皇后」號來華問題〉，《中美關係史論文集》第一輯，頁67。

⑲梁碧瑩：〈早期中美文化交流〉，《中山大學史學集，刊》第二輯，頁337。

⑳See *Tea Party of Boston*（London: 1966）, p.7.

㉑H. B. Morse, op. cit., Vol.I, Chapter 29, p.295.

㉒K. S. Latourette, *The History of Early Relations between the United States and China*, 1784－1844, p.10.

㉓W. Speer, *The Oldest and the Newest Empire*, *China and the United States*, p.410.

㉔Jonathan Goldstein, *Philadelphia and the China Trade*, 1682 – 1846: *Commercial Cultural and Attitudina Effects* (London: Pennsyivania State University Press, 1978), pp.36 – 37.

㉕Joseph Quincy, ed., *The Journals of Major Samuel Shaw*, *First American Consul at Canton* (Boston: 1947).

㉖《清續文獻通考》卷6,「四裔考」五。

㉗F. R. Dulles, *The Old China Trade* (New York: 1976), p.62.

㉘Joseph Quincy, op. cit, p.62.

㉙K. S. Latourette, op. cit, p.10.

㉚Shu – lun Pan, *The Trade of the United States with China* (New York: 1924), pp.5 – 9.

㉛William Milburn, *Oriental Commerce* (1813 edition), Vol. II, p.486.

㉜H. B. Morse, op. cit., Vol. III, Chapter 71, p.227.

㉝Tyler Dennett, *Americans in Eastern Asia*, *A Critical Study of the Policy of the United States With Reference to China*, *Japan and Korea in 19 th Century*, p.45; H. B. Morse, op. cit., Vol. III, p.45.

㉞S. E. Morison & H. S. Commager, *The Growth of the American Republic*, Vol, I, p.790.

㉟T. Dennett, op. cit., p.72.

㊱T. Pitkin, *Statistical View of the Commerce of the United States of America*, p.303.

㊲J. S. Hoinans, *Foreigh Commerce of the United States*, p.181.

㊳英東印度公司認為美商所運到廣州的英國貨品質太差,乃是東印度公司所拒絕的劣等貨,而美商將之購運中國,並貼上類似東印度公司的商標,以蒙混中國人。

㊴W. B. Weeden, *Early Oriental Commerce of Providence*, pp.274 – 276.

㊵S. E. Morison, *The Maritime History of Massachusetts*, 1783 – 1860 (Boston: 1941), p.274.

㊶T. Pitkin, op. cit, p.301.

㊷See *Chinese Repository*, Vol. II, p.471.

㊸T. Pitkin, op. cit., p.301.

㊹*Chinese Repository*, Vol, IX, p.191; T. Pitkin, op. cit, pp.246, 247, 301.

㊺T. Pitkin, op. cit., pp.246 – 247.

㊻H. Murray and Others, *An Historical and Descriptive Account of China*, Vol. III, p.74; *Chinese Repository*, Vol. VI, pp.284 – 286.

㊼T. Pitkin, op. cit., p.49.

㊽T. Dennett, op. cit., pp.20 – 21.

㊾See *Congressional Globe*, Vol.12 (1843), pp.323, 325, 391 – 392; Charles Adams, ed., *Memoirs of John Quincy Adams* (Philadelphia: 1876), Vol.11, p.388.

㊿王鐵崖編:《中外舊約章匯編》第1冊(北京三聯書店,1962年),頁51 – 57。

51姚賢鎬編:《中國近代對外貿易史資料》第1冊(北京中華書局,1962年),頁373 – 374。

52See *Senate Document* (Congress No.28, Second Meeting No.67), pp.77 – 80.

53汪熙編:《中美關係史論叢》(上海復旦大學,1985年),頁116。

[54]Jules Davids ed., *American Diplomatic and public papers: the United States and China*, Vol.1, No.18, pp.99, 103.

[55]Ibid., No.19, p.127.

[56]See *British Executive Documents*, Vol.XXXX, p.433.

[57]Ibid. p.710.

[58]Eldon Griffin, *Clippers and Consuls*, p.312.

[59]Shu–Lun Pan, op.cit., p.29.

[60]See *British Executive Documents*, Vol.XXXX, pp.512, 776.

[61]Jules Davids, op.cit., p.101.

[62]汪熙編:《中國關係史論叢》,頁107。

[63]Ren.J.Wattenberg, *The Statistical History of the United States*, *From Colonial Times to the Present*, p.902.

[64]Shu–Lun Pan, op.cit., p.125.

[65]Ibid., p.143.

[66]See *Chinese Repository*, Vol.XV, p.293.

[67]See *British Executive Documents*, Vol.XXXX, p.433.

[68]Jules Davids, op.cit., Vol.19, p.73.

[69]Ibid., Vol.18.p.24.

[70]See *British Executive Documents*, Vol.40, p.777.

[71]Jules Davids, op.cit., Vol.XX, p.483.

[72]S.E.Morison, op.coit., pp.84–85.

[73]齊文穎:〈「中國皇后」號首航成功原因初步分析〉,《中美關係史研究論叢》,頁30。

[74]T.Dennett, op.cit., pp.16–18.

[75]喬明順:〈1840年以前中美關係述略〉,《中美關係史論文集》,頁3–4。

[76]*House Document*, no.248, pp.22–27; S.E.Morison, op.cit., p.274.

[77]See *Consular Despatches*, Canton, I, II.

[78]T.Pitkin, op.cit., p.303.

[79]Michaed Greenberg, *British Trade and the Opining of China*, 1800–1842（Cambrige: Cambrige University Press, 1951）, pp.161–165.

[80]齊文穎,前揭書,頁20–24。

[81]同上書,頁25。

[82]T.Dennett. op.cit., pp.61–65.

[83]李師定一,前揭書,頁46。

[84]S.E.Morison, op.cit., p.66.

[85]T.Dennett. op.cit., pp.61–65.

[86]李師定一,前揭書,頁55。

[87]拙作:〈明清之際中國的海外貿易發展——以馬戛爾尼使華前的中英貿易爲案例〉,《新亞學報》第十八期（1997年12月）,頁31–32。

㊷同上註。

㊸梁嘉彬：《廣東十三行考》（上海：商務印書館，民國26年2月），頁130。

⑨T. Dennett. op. cit., pp. 48－49.

⑨Ibid., p. 49.

⑨W. Milburn, *Oriental Commerce*, *Vol. II*, p. 486; Shu－Lun Pan, *The Trade of the United States with China*, pp. 5－9.

⑨Issac Smith Homans, *Historical and Statistical Account of the Foreign Commerce of the United States*.

⑨拙作：《明清之際海外貿易史研究》（未刊稿），頁264－265。

⑨前揭書，頁261－262。

⑨S. E. Morison & H. S. Commager, op. cit., p. 899.

⑨J. F. Davis, China, Vol. I, pp. 68－71.

⑨H. B. Mores, *The Chronicles*, Vol. II, pp. 95, 111, 119, 136, 173, 180; W. Milbrun, *Oriental Commerce*, Vol. II, p. 486.

⑨T. Dennett, op. cit., pp. 17, 21.

⑩J. Goldstein, op. cit., pp. 43, 45.

⑩F. R. Dulles, *The Old China Trade*, pp. 125, 127.

⑩T. Dennett, op. cit., p. 41.

⑩Ibid., p. 86.

⑩喬明順，前引文，頁12。

⑩E. J. Gilett Bridgman ed., *The Life and Labors of Elijah Coleman Bridgman*.

⑩張鎧：〈美中貿易與美國史研究的奠基〉（殖民地時期至第一次世界大 戰），《中國史研究動態》1995 年第5期，頁3。

⑩同19註，頁338－340。

⑩J. Goldstein, op. cit., pp. 41, 74.

薛福成交游考

陳群松

薛福成（1838－1894）係清季傑出外交家、政論家、古文家。自同治四年（1865）起至光緒二十年（1894）病逝於上海行台止，凡二十八年，足跡遍於大江南北，行程幾及半邊歐洲，相與交游者，宛如恆河沙數，都爲之考，於力恐有所不逮，於事亦恐有所不必，今但就其入幕之始計之，凡對其後之功業有所影響者考之，過從甚密者考之，餘均不及矣。

薛福成一生功業，得力於三人，首推曾公國藩，次李鴻章、又次丁寶楨。此三人堪稱爲師者，惟曾公一人耳，丁、李二公，與福成在師友之間。蓋文章與德業，福成於曾公皆有師承，施展長才，則丁、李之識拔與襃獎不可缺。是則三人均作介紹者乎？非也，蓋曾、李之於福成，前人多所述矣，惟丁公與薛氏兄弟之來往，前人未及論也，即論亦未詳，今嘗試以此考之。至於幕友一項，則前後相從者三十餘人，可考者亦惟十一人耳。十一人中，其後爲摯友者三人，即世人咸共稔知之曾門四弟子。當分別述之。

一、薛福成與丁寶楨

丁公諱寶楨，字稚璜，貴州平遠人。咸豐三年（1853）進士，選庶吉士。會母喪，居里守制。咸豐四年（1854）八月，貴州桐梓楊龍喜叛，寶楨散家財募壯士八百人捍衛鄉里。服闋，苗、教事起，巡撫蔣霨遠奏留，特旨授編修。增募勇士，復平越、獨山諸城。十年授岳州府知府，始散募士。明年調長沙。同治二年（1863），擢山東按察使，越年遷布政使。同治六年（1867），巡撫閻敬銘以疾辭，薦寶楨自代。捻亂平，以功加太子少保。

光緒二年（1876），代吳棠署四川總督，尋實授。寶楨治蜀十年，於鹽政、吏治多所建革。十一年卒於官，贈太子太保，諡文誠。

寶楨才識卓異，剛正敢言，其初至山東也，僧格林沁方治捻淄川，每見司道不設坐，意頗倨傲，閻敬銘苦之久矣。寶楨拜謁，告門者曰，坐則見，否則罷。時左右皆驚。僧王獨敬之，爲之改容優禮有加。事聞於敬銘，敬銘大異之，倚爲左右手，凡事必諮之而後行。此丁公寶楨之大略也。至其與薛氏兄弟之淵源亦可謂奇矣，不惟福成與之深交，即福辰、福保亦爲丁幕上客。

對此，《庸盦文續編》卷下，二十七頁〈母弟季懷事狀〉，述之甚詳：

> 會曾文正公以使相剿捻寇，北上張榜郡縣，招賢俊、諮籌略。余上便條萬餘言，文正立延余入戎幕，且問余居江北久，交游中頗有佳士乎？余答有弟福保，學識嶢然特出，所知殆無其儔。文正曰可與俱來。余乃挈季懷從文正臨淮、徐州、濟寧軍中。適今相國朝邑閻公巡撫山東，從文正求士，文正知閻公與先大夫同年進士，交尤摯，乃薦季懷入閻公幕。閻公之學，以苦身勵行、約己奉公為宗。季懷飫聞其説，所造益進。無何，閻公移疾歸，薦布政使平遠丁文誠公寶楨自代，復薦季為掌箋奏以佐之。

按寶楨代閻公出爲巡撫，在同治六年（1867），季懷自閻幕轉爲丁幕，職是之故，同治六年四月福成北上保定回曾幕，始投丁邸，蓋其弟在丁幕也，緣此而拜謁寶楨，緣此而見知於寶楨。交於丁公於是乎始。光緒元年，伯兄福辰時爲山東濟東泰武臨道，福成自蘇州北上探母，道出山東，復謁丁公，是爲丁、薛再叙也，後不復聞有相叙之事，蓋各事其所事也。

世事之巧合，多不可以理喻者，然主宰人之機遇，又每於巧合中似早有定數，如福成之與丁公，即此一例。丁公同治八年（1869）誅權宦安德海而聲譽鵲起，苟非福成兄弟早爲之籌謀策劃，丁公恐志未申已嬰其禍，亦未可知也，此豈非早有前定者乎！世事往往如此。光緒元年（1875）四月，一如同治八年（1869）四月，豈僅爲巧合者耶！冥冥中自有主宰乎？福成於丁邸，閱朝報，得悉兩宮懿旨，始草應詔陳言疏，由寶楨代爲陳奏。自此，福成大展其策論雄才，輔佐大吏，周旋於列強之間，衛國保權，籌謀獻計，有賴丁公之代奏一疏耳，苟無此機遇，福成以後之功業，果否如此，恐亦未有定也，此亦異數也。歷史之爲歷史，不容假設，昔孔子有言，「成事不説，遂事不諫」，乃最佳之釋言也。《十二朝東華錄·光緒朝》光緒元年（1875）夏四月己卯日①載：

己卯，丁寶楨奏上候補同知直隸州知州薛福成應詔陳言疏。……疏入，不報。尋交軍機大臣發各衙門議奏。

是年四月初一為丁卯日，以此推算計，則己卯日，係該月十三日。是寶楨代上陳言疏，在四月十三日爾。疏上，雖云不報，卻下部議奏，旋即傳誦公卿，京師雷動。錢基博《薛福成傳》[2]：

自是始定遣使駐外國之制，有停止捐例之令，有津貼京員之議，有稽校州縣交代之新章，而四川之裁撤夫馬局，各省免米商釐稅，及裁汰綠營、添設練官、吉林黑龍江相繼遣大臣練兵。十年之間，其大興革，皆以福成此疏發之。

寶楨代奏此疏，蓋亦有感於此疏之可救時弊，其後，寶楨之督四川[3]，乃有「裁夫馬以恤民，革陋規以恤吏」之舉，皆自福成之奏議也。是以同治十年（1871）八月初一日，寶楨《密保京外各員片》奏保福成出任山東沿海道府云[4]：

候補知府薛福成，純粹果確，志趣超邁，在知府中極為傑出。……如薛福成、吳德溥二員，於山東沿海道府要缺，洵能幹濟艱難。如蒙簡用，必能不負任使。

疏上，朝廷以資歷尚淺未允。光緒元年（1875）八月初二日，寶楨復疏舉福成學堪致用。其《保舉薛福成黎庶昌徐建寅創辦機器片》云[5]：

臣查知府直隸候補同知直隸州知州薛福成，學堪致用，識略閎深。

二疏奏上，朝廷雖未採用，然福成受知於寶楨之情可知。其後福成佐李幕、於外交事務多所見練。丁公後擢四川總督，二地相隔千里，至死遂不復得見，而後福成揚聲於異域，亦不負丁公知人之明矣。

二、薛福成與幕友

曾幕賓僚甚多，惟自同治四年至同治十一年（1872）間，與福成交游者三十餘人，三十餘人中，過從甚密者十人，十人之中，可從史傳考者，七人而已。《庸盦外編》卷三〈上曾侯相書〉末附自識云：

余從公八年，前後出入幕府共事者三十餘人，多一時賢俊。余頗得晨夕晤談以擴見聞充器識，皆文正提獎之力也。

上述三十餘人，既未明列其名，後人難有所據，已無從考究，惟《庸盦文編》卷三〈跋曾文正公手書冊子〉尚有十人可查：

始余與秀水陳寶衡容齋，居曾文正公府，共事七年，相善也。……乙丑丙寅間，從文正淮北軍次，是同在莫府者，若獨山莫友之子偲，嘉興錢應溥子密，武進劉翰清開生，黟程鴻詔伯敷，漵浦向師棣伯常，遵義黎庶昌蒓齋，東湖王定安鼎丞，桐城方宗誠存之，吳汝綸摯甫，皆一時豪俊。文正每治軍書畢，必與群賓劇談良久，雋詞閎義，濤湧麕至，間以識略文章相勖勉。或以長日多暇，則索書之紙，雜陳几案，人人各饜其意去。追維曩遊，忽忽逾十年，文正沒亦五年矣。嚮之同為賓僚者，皆散之四方，死者十二、三矣。

〈跋曾文正公手冊子〉寫於光緒二年（1876），距乙丑（1865）、丙寅（1866），相去十一年，所列舉幕友十人，沒者已二、三。查《庸盦文外編》卷四有〈向伯常哀辭〉及〈祭莫邵亭先生文〉，向伯常卒於同治四年（1865），莫邵亭卒於同治十年（1871），則所稱「死者十二、三」，恐係指此二人。曾文正公開府十八年，入幕之賓前後合計共八十三人[6]，則〈上曾侯相書〉附識所云「三十餘人」，當係稍有交情者矣，至若深交，則僅此十人。今據繆全吉《曾國藩幕府盛況與晚清地方權力之變化》[7]所引俞雨娣《曾國藩幕府賓僚入幕經過表》之資料，稍加整理撮成一表備覽，惟俞表缺陳寶衡、劉翰清與王定安耳。

姓名	別字	籍貫	出身	入幕時間	入幕經過	備考	資料來源
程鴻詔	伯敷	安徽黟縣	道光廿九年（1849）舉人	咸豐十年（1860）	曾國藩駐軍祁門，聞其名聘入幕府。	同治七年（1868），曾國藩調督直隸，遂辭幕。	碑傳集補
方宗誠	存之	安徽桐城	諸生	咸豐十一年（1861）	咸豐八年（1858）在山東布政使吳廷棟幕，曾國藩聞其名，召至幕中。	同治九年（1870）調棗強知縣，遂離曾幕。	清史列傳
莫友芝	子偲	貴州獨山	道光十一年（1831）舉人	咸豐十一年（1861）	咸豐十一年（1861）從胡林翼於太湖校刻讀史兵略。明年復從曾國藩於安慶。	同治十年（1871）往求文宗，文匯兩閣藏書，病死興化。	濂亭文集
錢應溥	子密	浙江嘉興	拔貢生	同治元年（1862）	曾國藩治軍安慶，召入幕，工文檄，敏捷如宿構。	在幕十餘年，以養親故，力辭授官。曾死，遂離幕。	清史稿
黎庶昌	蓴齋	貴州遵義	廩貢生	同治元年（1862）	上書論時政，朝廷着派往曾國藩處備訓練。	同治七年（1868），曾國藩調督直隸特保以直隸知州留江蘇，未隨北上。	清史稿
向師棣	伯常	湖南漵浦	諸生	同治元年（1862）	持嚴咸薦書，謁曾國藩於安慶，留佐戎幕。	同治四年（1865），隨軍剿捻，駐徐州遘病而卒。	續碑傳集第79卷。

姓名	別字	籍貫	出身	入幕時間	入幕經過	備考	資料來源
吳汝綸	摯甫	安徽桐城	同治四年（1865）進士	同治五年（1866）	方宗誠薦於曾國藩，在山東濟寧入幕。	同治八年（1869）補深州，遂離曾幕。	見薛福成與摯友。
張裕釗	廉卿	湖北武昌	同治四年（1865）進士	同治七年（1868）	道光三十年（1850），居京時受知於國藩。咸豐九年（1859）謁國藩於九江。同治七年（1868）至金陵入國藩幕，主講金陵書院。	國藩死，遂離幕。	見薛福成與摯友。
陳寶衡	容齋	秀水	生平多不可考，今錄薛福成光緒二年，〈跋曾文正公手冊子〉以爲補白。「始余與秀水陳寶衡客齋，居曾文正公幕府，共事七年，相善也。已而別，四五年，復會於天津，握手相勞苦。時容齋當以知縣待缺山東。」					
王定安	鼎丞	東湖	生平多不可考，光緒八年七月，曾國荃前奏保王定安出爲山西冀寧道，爲御史李肇錫參奏保舉非人。輯有《求闕齋弟子記》。					
劉翰清	開生	武進	生平多不可考。					

上列十一人，雖謂深交，若與世人所稱「曾門四弟子」相比，則又瞠乎其後矣。

三、薛福成與摯友

曾門四弟子，世指薛福成、吳汝綸、張裕釗、黎庶昌四人。此四人咸知遇於曾文正，而受其薰陶，雖成就有別，然均以古文飲譽於世，是以有「曾門四弟子」之稱。

此四子相遇於曾文正幕府，始而相慕，繼而相得，終而成兒女親家，亦世間難得事也。第凡人與人交往，必先志趣同而後爲莫逆者，是以欲知四人之交誼，先從志趣與幹才考之。

首爲曾幕賓僚之才能歸類者，薛福成之〈叙曾文正公幕府賓僚〉⑧是也，內分閎偉、明練、雄略、雋辯、古文、閱覽、樸學、幹濟、勤樸、敏贍等十門，因薛氏自撰，故己身未予歸類，餘三子者，黎庶昌與吳汝綸，薛氏將之歸入「明練」，張裕釗列入「古文」。以吾意忖之，蓋以黎、吳從政之故也，然張氏確以古文鳴於時，吳汝綸且譽之爲「近今能手」⑨。則薛氏之衡才分類，自有其卓見之處。當今又有繆全吉者，爲文〈曾國藩幕府盛況與晚淸地方權力之變化〉，刊於「中山學術文化集刊」第四集（1959年11月，台北），內分七門：謀略、作戰、軍需、文書、吏治、文敎、製造。將福成列入謀略，黎氏入文書，張、吳入文敎。以此分類，其衡才之法，與薛氏異，蓋薛氏以才衡人，繆氏以功業論人耳。按薛氏爲文歸類之時，在光緒十年（1884），其時賓僚大率尚在，不可以功業論斷；繆氏量人以業，時在民國四十八年（1959），相去已越二世代，當年僚屬，松楸俱拱，可蓋棺而論定，雖立點有歧，而論斷尚屬中允。近年見有李鼎芳之《曾國藩及其幕府人物》⑩一書，其說又由繆氏之七門而爲六門：鑒人才者、畫策者、治軍餉者、領軍者、治文書奏章者、幕中文士等。幕中文士又細分爲甲，以儒生游幕中者；乙、詩文爲曾國藩所賞者；丙、供職書局者⑪。按此六門，薛氏入「畫策者」，吳氏入「治文書奏章者」，黎、張二氏入「幕中文士」之乙類。以此分類，則又以其當時之職能分列矣。以上三說雖殊，然統而合之，則「曾門四弟子」之才能功業可知矣。大抵薛氏長於韜略、張、吳長於古文，惟黎氏簽仕於東洋，古書搜羅不遺餘力，成《古逸叢書》二百卷行世，大有裨益於文敎，此功不可沒也。四子者，各以其才而鳴於時，成曾氏湘鄉派之古文四大家。今謹將四子之關係，臚列一表，俾脈理淸晰、便於條陳。

曾門四弟子		吳汝綸	張裕釗	黎庶昌
定交年份	薛福成	同治五年（1866）	同治七年（1868）	同治四年（1865）
入曾幕年份	同治四年（1865）在蘇北寶應上曾侯書，遂入曾幕。	同治三年，方存之薦之曾侯。同治四年以內閣中書入曾幕。	同治七年秋入曾幕，主講金陵書院。	同治元年上書穆宗，上諭着加恩以知縣用，發交曾國藩軍營差遣委用，以資造就。

曾門四弟子		吳汝綸	張裕釗	黎庶昌
入李幕年份	光緒元年（1875）入李幕。	光緒二年（1876）八月至天津入幕。		同治十一年（1872）冬，赴保定謁李鴻章求事，未得。
關係		兒女親家		兒女親家
		汝綸長女字福成子翼運。		庶昌長女瑞蓀字裕釗長子後沅。

論姻誼則薛、吳至親，論交誼則薛、黎至交。此中因由，蓋亦有志趣之分野存焉，當於下三小節中陳述之。

先是汝綸從政，自同治十五年（1889）二月辭冀州而就蓮池教席始，即捨政行教；裕釗自同治七年入幕始，即伴教席以終，是二人之志遇合焉。福成與庶昌初而為政，繼而超擢使事，此又二人之志遇合焉，是以薛吳雖有特新之好，而薛黎為至交，其因由在此。至於張裕釗，雖世人均以曾門四子並稱，惟與薛氏無甚交往，文獻所載亦不多，今但存其名，聊為存案而已。

1. 薛福成與吳汝綸（1840 – 1903）[12]

吳汝綸，字摯甫，安徽桐城南鄉高甸之劉莊人。生於道光二十年（1840）九月二十日，少福成二歲。父元甲，字育泉，咸豐元年（1858）舉孝廉方正，姓馬氏。兄弟四人，汝綸居仲。兄汝經字肫甫，長汝綸六歲，弟汝繩，字詒甫，少汝綸九歲，汝純，字熙甫，少汝綸十三歲。姊一人，字同邑蘇氏。

（1）薛、吳結交考

汝綸少喜讀書，長以文章見知於曾文正公。同治二年（1863）縣試第一，兄肫甫第二，一門兩傑，同登科名。是年與桐城古文家方存之游[13]。同治三年（1864）十一月，江南鄉試，汝綸中式第九名舉人。是年五月，方存之薦之曾文正公[14]惟未往一見耳。同治四年（1865），入京會試，中式第八名進士，以內閣中書用，遂入曾幕。查《桐城吳先生年譜》同治四年條有編者郭立志案引曾文正公家訓云：「渠以本年連捷得內閣中書，告假出京，余勸令不必遽爾進京當差，明年可至余幕中專心讀書，多作古文」云

云，又曾文正公日記，同治四年十月十五日記云：「吳摯甫來久談。吳桐城人，本年進士，年僅廿六歲，而古文、經學、時文，皆卓然不群，異材也。」按此二條，則汝綸之入曾氏戎幕，當在同治四年十月十五日以後事，郭氏所輯吳先生年譜引曾氏同治四年家訓「明年可至余幕中專心讀書，多作古文」，尤為有力佐証。汝綸入幕，在同治五年，此說，今人兪雨娣之《曾國藩幕府賓僚入幕經過表》⑮已確立之。然究於何月入幕、兪氏未明言，今欲究其入幕之月。據王定安《求闕齋弟子記》卷二，同治五年四月十六日登岱嶽條云：「幕僚方宗誠、王定安、王鎮庸、黎庶昌、薛福成等，咸作詩文以紀其勝。」，未見汝綸之名，曾文正公日記，同治四年五月十六日條云：「黎明，早飯後與幕客六人登岱。」則王定安所云幕客方宗誠、王定安、王鎮庸、黎庶昌、薛福成等，合共僅為五人，然則曾公所云「與幕客六人登岱」定安所漏者何人也？此事關鍵甚大，必須明辨而後可。按薛福成《庸盦文外編》卷四有〈登泰山〉一文云：「同治五年，移駐濟寧，此巡閱河防，紆道泰安，觀形勢，遂登泰山。余與李榕申甫、黎庶昌蓴齋、方宗誠存之、王定安鼎丞皆從之。」所記亦為五人，校諸王定安所記五人，王無李榕，薛無王鎮庸，若加入王鎮庸，則曾公所稱「幕客六人」足矣，是知此時，汝綸尚未入幕也。若必謂汝綸入幕在五年四月十六日之前，尤與曾文正公所稱「明年可至余幕中專心讀書，多作古文。」之旨不合，蓋幕僚之為登泰山詩文，乃受曾文正公之意，汝綸文集何得無此之作也，此又一証也。是知汝綸之入幕在同治五年（1866）四月十六日之後矣，亦由此而反証，汝綸與福成之定交誼，係在同治五年四月十六日後之事，然亦應不過五年五月。查王定安《求闕齋弟子記》卷二，紀綠自四月十六日登岱嶽，十九日回濟寧。六月十五日發濟寧巡視運河，七月初八日入淮河。是同治五年六月十五日，曾文正公舉師入河南矣。又按光緒二十八年五月，汝綸在日本考察敎育時，答新聞記者問生平履歷云：「同治五年山東河南剿捻匪⑯」。同治五年（1866）四月十六日登泰山，汝綸既未見隨，則入幕必在四月十九日回濟寧後，既自云「山東河南剿捻匪」，又必在六月十五日之前。於此可知，汝綸入曾幕在同治五年五月，地點在山東濟寧，恐不中亦不遠矣。薛吳之交當在此時此地，應屬可信。

（2）薛、吳姻誼考

薛、吳由曾幕賓僚而為至交、而為親家，此亦交往中常事，特不知親家結親於何時耳。吳汝綸年譜無此紀錄，《庸盦文集》亦乏信徵，是以難究其姻誼之期。查《吳汝綸

詩集箋証》卷四⑰，有〈送薛南溟南歸〉七言古詩一首，作於光緒十四年（1888），編者郭立志附有案語云：「南溟名翼運，無錫人，福成叔耘子，公長婿也。時皆夫人來冀歸寧，將去時作此送之。」則薛、吳結爲兒女親家，應在光緒十四年以前。

然則，實始於何年？下列三條可作明証：

甲、據汝綸子闓生所編之《桐城吳先生（汝綸）尺續》丁寅光緒十三年（1887）七月廿六〈爲范肯堂續絃事與姚慕庭書〉云：

> 某前與薛宅議昏，係獨斷於己，其後傳言親家夫人至爲嚴刻，亦引爲私憂，及小女嫁後，其姑憐之，乃過於己女，以此見傳言之多妄，薛宅即其明徵。

此信寫於光緒十三年，則汝綸女在此信之前已爲薛氏媳。

乙、光緒初〈答程曦之〉書：

> 叔耘得關道，足爲幕府生色，不知何時赴官，弟與有姻連。

此函列在光緒初年，未有明確年份，然旣謂「叔耘得關道」，則年份有據可考。查叔耘得浙江寧紹台道在光緒十年（1884）初夏，此函寫於是年初夏無疑。

丙、翼運生於同治元年（1862），至光緒十年（1884）年已廿三，古人早婚，此正屬立室之期。由此觀之，光緒十年初夏之前，汝綸女當已于歸矣。薛、吳結爲兒女親家，至遲在光緒十年四月之前，當屬可信。

（3）薛、吳失歡考

薛、吳定交誼之期及結爲親家之期，旣已考之如上，然尙有一事頗堪陳述者，乃薛、吳由摯友而親家，而終於失歡者，其故何也？查清末劉聲木所撰之《桐城文學淵源考》⑱卷四「薛福成」下云：

> 福成雖喜言古文，吳汝綸譏其策論氣過重，切中其弊，最爲精鑿；福成亦謂汝綸與張裕釗標榜爲文。本屬至善，因此失歡。

劉聲木原名體信，字述之，清末民初人。撰成此書，耗時三十餘年，參考書籍達七百四十餘種⑲，是其所言，必有所據，惟未知其出處耳。今就吳汝綸尺牘中求之。

吳汝綸性頗恬淡，富貴非其所求，茲錄尺牘六條以申明之：

甲、同治十二年（1873）十月三日《答黎蓴齋》云：

歸家後四壁蕭然，方憂飢寒之不暇，亦以此自慰；內可以令先子瞑目九泉，外可以無愧於曾相。

乙、光緒十年（1884）正月《答程曦之》云：

生長山野，不喜與貴人往來，平生遊好，官至道員以上，便絕跡不通問訊，於朝貴要人，尤多所不可。

丙、光緒十四年（1888）三月九日《與詒甫書》云：

吾無上交之才，無左右游揚之人，無冒恥干求之術。

丁、光緒十四年（1888）三月九日《與詒甫書》云：

聞買洞賓泉，兄實不喜。吾兄弟平日全無不合意見，唯吾兩弟時時欲買田宅，乃與兄大刺謬。吾料及吾身，不致飢寒而死。若留與後人，則後有賢者，彼能自立；若皆不肖，雖有田亦豈能守？此妄見也。今吾兄弟得官未久，他務未遑，而惟置田之為念，志氣亦殊不高，傳之鄉里又非美名。如兄弟並為州縣，而能不增產業，歸時仍係飢寒，則世間可貴之事，莫大於此，何足患哉！

戊、光緒十四年（1888）十月二十二日《與詒甫書》云：

吾自少時，心中不甚美人榮貴，以為一命之士，與王公大人，並無高下，善則一命猶榮，惡則九錫猶辱，平生不俯首，正坐此處把持得定耳。今人升官發財之術，吾盡知之，吾若欲得意，非棄吾所學而學焉。萬萬不可，吾老耳，安能改節事人哉！

己、光緒十四年（1888）十月二十二日《與詒甫書》云：

吾本淡於宦情，尚不擬即行告歸。今月初至津，適保定蓮池書院尚未有人，因思他日告罷，未必得有佳館，不如仍理舊日成說，立談之間，遂己定計。遂於津郡具稟乞病，以就此席。

上引六函，一答黎蓴齋，一答程曦之，四與詒甫。詒甫者，弟汝綰也。所言皆流出肺腑。自同治十二年至光緒十四年，未嘗稍改其道，此真讀書人也。薛福成懷抱經世之才，因緣時會，必欲大用於時，其穩健進取，其勇於承擔，大抵與汝綸殊，此薛、吳失

歡之由乎？不獨一、二譏刺語也。今且觀其光緒十年（1884）正月《答程曦之書》已稍見端倪：

> 生長山野，不喜貴人往來，平生遊好，官至道員以上，便絕跡不通問訊，於朝貴要人，尤多所不可，與叔耘相處最久。叔耘則執政公卿、封疆大吏，交章薦列，僕所遇者，前惟曾文正，後惟傅相而已。假令僕再入幕，不惟才力不如叔耘，即後來名位，亦安敢望叔耘哉！自處己審，雖有傅相檄召，亦惟有自守所見，自行所志，不敢卒爾奉命也。

此函郭立志編輯《桐城吳先生（汝綸）年譜》時，收入「光緒十年甲申公年四十五歲」條下正月。然按其內容，頗與事實不合，照理不該列在此年。「官至道員以上，便絕跡不通訊」，福成為道員在光緒十年（1884）四月，是年正月，尚未實授，亦未見福成有何名位可言，汝綸不至「亦安敢望叔耘哉！」，是以此函不應在光緒十年正月。下述二事，頗有可疑處：

甲、「假令僕再入幕」一語。

汝綸入李幕在光緒二年八月十一日，離李幕在光緒七年七月初十日赴冀州任。在冀州八年，至光緒十五年二月二十五日出任保定蓮池書院教席，則「傅相檄召」當在光緒十五年之後。

乙、「即後來名位，亦安敢望叔耘哉！」福成名位，成就在光緒十六年以後：

補授光祿寺卿在光都十六年九月初二日。補授大理寺卿在光緒十七年八月初十日。補授都察院左副都御史在光緒十八年八月二十一日。

准此，則汝綸所云「即後來名位，亦安敢望叔耘哉！」必在光緒十六年下半年以後，始可發作此言。是此函郭君不應列在光緒十年正月。雖然，無論此函列於年譜何條，無礙汝綸淡泊宦情之性。是以自光緒十年五月以後，汝綸尺牘即不見「與叔耘」。所能見者，惟光緒二十三年三月七日《與薛南溟》，同年八月二十五日《與薛南溟》，又光緒二十七年八月十三日《與薛南溟》三函而已。其性如此，非僅劉聲木「切中其弊」或「標榜為文」之謂也。

言為心聲，心性一體；其性好此，其心必如此，是其言亦必如此也。光緒十年（1884）《答程曦之書》云：

叔耘得關道，足為幕府生色，不知何時赴官。弟與有姻連，竟未肅函申賀，疏嬾之咎，無以自解，專望叔耘知我，不以此等挑斥耳。

衡諸「平生遊好，官至道員以上，便絕跡不通問訊」，是汝綸自福成為寧紹台道始，即已自我疏離，往後，汝綸於友輩函中，亦間有微言，事為福成風聞，而至失歡亦未可知，劉聲木所言，未盡虛語也。光緒初《答程曦之》書云：

往時曾相幕中，最磨折人，而人才由曾幕出者不少，如弟之始終故我者不多見也，然則幕府何負於人哉！叔耘不欲還幕，實亦為貧所迫。春初有稟牘，自言不欲沉埋幕府，傅相亦摘以為言笑，曰幕府豈沉埋人之地耶！叔耘此言未是。以弟所知，渠在曾幕可云沉埋，若李幕，則名利皆有獲矣。叔耘真拙於立言者也。以吾兄相厚，聊為言之，勿示人也。

此信在吳闓生編輯尺牘時，編在光緒初年，未有明確年份，然既有「若李幕，則名利皆有獲矣」一語，當係指下列三事而言：

甲、光緒二年《上李伯相論與英使議約事宜書》。此係指中英《煙台條約》而言，福成頗以此事自矜。

乙、光緒五年《上李伯相論赫德不宜總司海防書》。此事杜絕赫德出掌海防，確保主權，而名噪一時。

丙、光緒八年《上張尚書論援護朝鮮機宜書》。主張出兵朝鮮，果能全功而回。

揆諸三事，以援朝鮮最為哄動，自此福成即扶搖直上，官運亨通。汝綸所言「名利皆有獲矣」，當係指光緒八、九年間事，是函應寫於此時。然則薛、吳失歡之契機在此。光緒十年四月，福成已貴為道員，則更無論矣。

2.薛福成與黎庶昌（1837－1897）

黎庶昌號蓴齋，貴州遵義人，生於道光十七年（1837）卒於光緒二十三年（1897），春秋六十有一。

咸豐七年（1857）春入府學，十年（1860）冬赴京應順天鄉試，不第，明年復應恩科試，不第。同治元年（1862）秋，以廩生應詔上書言事，直言無隱，忠愛之誠，溢於言表。是時河內李棠楷以名儒入主政府，謂宜擢用以風示天下。會曾文正公駐軍安慶，

上命以知縣發往安慶大營，聽候曾國藩差遣，遂入曾幕。

同治四年（1865），文正剿捻北上，福成入幕於寶應，乃得交游庶昌。此段結緣，福成與庶昌，每有申述。計見於福成《庸盦外編》者二，庶昌《拙尊園叢稿》者二。

《庸盦外編》卷三〈上曾侯相書〉福成自識云：

> 同治乙丑之夏，科爾沁忠親王戰殁曹南，曾文正春命督師北剿捻寇，並張榜郡縣，招致賢才，余上書於寶應舟次。文正一見，大加獎譽，邀余入幕府辦事。是時幕府諸賢，為劍州李榕申甫，嘉應錢應溥子密，黟程鴻詔伯敷，宣城屠楷晉卿，漵浦向師棣伯常，遵義黎庶昌蓴齋。文正語申甫曰，吾此行得一學人，他日當有造就。又謂余曰，子長於論事，可冀成一家言。即與伯常，蓴齋同舟互相切劇可也。

又《庸盦外編》卷四〈向伯常哀辭〉亦謂：

> 四年夏，相國督師剿寇北上，招余入幕府，俾與伯常及遵義黎庶昌蓴齋同居。時方盛暑，艤舟淮浦，每風月之夕，相與布席艐艙，縱論古今大局成敗興廢之所以然，暨曩哲建樹博臨，學術純駁，追溯文章源流，以究其升降利病甘苦，証羼至夜分不輟。

至於福成入幕之游，黎庶昌於《拙尊園叢稿》亦有述說，茲錄之以為印証。《拙尊園叢稿》卷四〈青萍軒遺稿序〉：

> 季懷吾友薛君叔耘之弟……余始識季懷在同治乙丑冬，曾文正公剿捻駐軍徐州，與其兄叔耘及漵浦向師棣伯常，聚游幕府，日夕究論天下事。

又見於卷四〈庸盦文編序〉：

> 叔耘之從公游，在同治四年，北征剿捻時，視余略後，而相從獨久。……庶昌所為心契叔耘，愈久而彌敬也。

黎庶昌謂與福成「相從獨久」，查福成在〈拙尊園叢稿序〉所言，可視為「相從獨久」之註腳：

> 文正没後，同人散之四方，罕通音問，蓴齋蹤跡雖隔，而情意益親，數萬里外，往往互達手書，有無未嘗不相通也，升沉未嘗不相關也，文藝未嘗不相質也。

案庶昌有《續古文辭類纂》者，庶昌於序文中亦稱「福成頗與商訂」，可見「文藝未嘗不相質」，乃非虛語也。至於福成之學問與品操，庶昌為之推崇不已。光緒十四年（1888）三月，庶昌為福成《浙東籌防錄》作序，對福成作如是之評價：

> 叔耘忠信醇篤，悃愊無華，……今觀其處事之詳，審持議之明通，不專己、不徇人，庶昌自愧弗如遠甚。

又同年七月，《庸盦文編》成，徵序於庶昌，庶昌評其文曰：

> 叔耘辭筆醇雅有法度，不規規於桐城論文，而氣息與子固穎濱為近。

光緒二年（1876），庶昌以三等參贊隨使英大臣郭嵩燾赴倫敦任所，嗣後調柏林、巴黎、西班牙使館參贊。光緒七年（1881）回國，派充駐日欽差大臣。此年福成與庶昌有否謀面，不得而知，惟以常理而論，光緒七年（1881）福成在李鴻章幕府，時李鴻章以大學士欽命直隸總督兼北洋大臣，庶昌九月赴京陛辭請訓，必道經保定，理宜一謁，若此，薛、黎故友，必能一敘。

光緒十年（1884）八月，庶昌生母病逝上海，十二月庶昌守制回國，時福成在寧紹台道任內，寧滬密邇，亦應弔唁，似此故舊亦可一敘。光緒十三年（1887）七月，庶昌服闋，起復原職，十一月赴日。光緒十七年（1891）庶昌任滿回國，福成已軺車西去有年矣。光緒二十年（1894）五月，福成任滿歸國，而庶昌已簡命川東兵備道兼重慶海關監督三年矣，六月，福成病卒上海行台，薛、黎終緣慳一面，光緒二十三年（1897）秋，庶昌病發，右目失明，十二月，病逝於故里沙灘舊宅。

四、小結

薛福成一生交游人物誠多矣，然每限於公事往來之交，非私交之篤也，是以日常接觸之人物雖多，仍與無友亡異。覽其《庸盦全集》百餘萬言，哀其友逝者，惟向伯常與莫邵亭矣。存而情厚者，不過吳摯甫與黎蓴齋，至於張廉卿，則雖名為幕賓，實非客卿之屬，其自始至終，浮沉於書院，晚年遁居關中，託身於同州書院，鬱鬱以終。終時，猶不忘囑其子，營其壙於橫渠之墓傍。是人也，何其哀而可敬也。

廉卿與福成，淡然之交耳，《庸盦全集》無廉卿之名，《濂亭全集》亦無叔耘之號，二人者，平日疏於交往，徒以世人目爲曾門四弟子，遂意其深交耳。所謂四弟子者，蓋四人同出文正之門，而又以古文成就於時，遂有此美名。由是觀之，福成之深交者，惟吳摯甫與黎蒪齋。摯甫於光緒十年後，與叔耘雖有特新之好，猶不免於失歡，則所餘者，惟存一蒪齋矣，此道不同也。古人嘗謂，君子有三失，老而無友，一失也，福成也者，果此之謂乎！

註　釋

①《光緒朝東華錄》第40頁，台北文海出版社，1963年。

②《碑傳集補》13卷，第3頁。閔爾昌，台北藝文，1967。

③《清史稿》丁寶楨本傳，第12493頁，北京中華，1967。

④《丁文城公遺集》奏稿卷8，43頁，台北文海，1968。

⑤上書卷11，33頁。

⑥《庸盦文編》卷4，108。

⑦《中山學術文化集刊》第4期。

⑧《庸盦外編》卷4，頁108。

⑨《吳汝綸日記》同治七年九月朔日記。

⑩長沙岳麓書社，1985。

⑪曾國藩在軍旅之中，所到皆設局刻書，計有安慶、金陵、蘇州、杭州、武昌等五書局。

⑫吳汝綸事略係根據郭立志《桐城吳先生（汝綸）年譜》，台北文海出版社，1969；《桐城吳先生（汝綸）文、詩集》，台北文海出版社，1969；《桐城吳先生（汝綸）尺牘》吳闓生編，台北文海出版社，1969；《柏堂遺書》清・方宗誠藝文印書館1971台北；《桐城文學流源考》清劉聲木，黃山書社，1989。

⑬《桐城吳先（汝綸）年譜》同治二年條引〈遊大觀亭故址記〉云：「今年應試皖城，始從方先生存之（宗誠）遊其地，先生曰，必有記。故記之。」

⑭同治三年〈祭方存之文〉：「同治之初，君客縈旋，吾初私學，君聞謂賢，招攜觀游，試使爲文，搜我篋藏，持獻相君。」又《曾文正公日記》同治四年十月十五日記：「吳摯甫來久談。吳桐城人，本年進士，年僅廿六歲，而古文、經學、時文，皆卓然不群，異材也。」

⑮《中山學術文化集刊》第4期。

⑯《吳汝綸先生年譜》同治五年條。

⑰郭立志編，台北文海出版社，1969。

⑱黃山書社，合肥，1989。

⑲見是書吳孟復序。

抗戰前國民政府與煤炭工業，
1928 – 1937

張偉保

一、孫中山的礦業發展策略

孫中山先生在二次革命（1913）失敗後，旅居日本，一方面組織中華革命黨，以謀「統率同志，再舉革命」[①]；另一方面，他廣泛購閱書籍，大量吸收各方面的知識。值得注意的是他除了研究政治、經濟、哲學等方面的學問外，於1915年1月6日至1月17日12天內，他三次前往位於日本東京橋區街三丁目的丸善株式會社，選購了大批與礦業有關的書籍。名單如下：[②]

1月6日　　Farrest – Mining Mathematics（礦業數學）

　　　　　Gratacat – Popular Guide〔to〕Minerals（礦物大眾指南）

1月12日　　Lewis – Determinative Mineralogy（有決定作用的礦物學）

　　　　　Peter – Modern Copper Smelting（現代銅的熔煉）

　　　　　Schuable & Lewis – Hand Book of Metallurgy，Vol. Ⅱ（冶金手冊）

1月17日　　Chamberain〔Chamberlin〕& Sailsbury〔Salisbury〕– Geology（地質學）

　　　　　Honer – Principles of Mining（採礦原理）

　　　　　Dana – A System of Mineralogy（礦物分類法）

　　　　　Tarrest〔Farrest〕– Mining Mathematics（礦業數學）

　　　　　Gratacops〔上文作 Gratacat〕– Popular Guide〔to〕Minerals（礦物大眾指南）

除了最後二本是重複購買外，其餘合共八種均與礦業有關的。孫中山先生對礦業的認識和研讀，充分反映他對這方面知識的重視。

其實，早在一八九四年，孫中山先生撰寫〈上李鴻章陳救國大計書〉[3]時，已對礦業與國家發展的重要關係，有深切的了解。他認爲「歐洲富強之本，不盡在船堅炮利，壘固兵強，而在於人能盡其才，地能盡其利，物能盡其用，貨能暢其流。」[4]其中，在「物能盡其用」內，他指出電力的用途，非常廣泛，它「無形無質，似物非物，其氣附於萬物之中，運乎六合之內，其爲用較萬物爲最廣而又最靈，可以作燭，可以傳郵，可以運機，可以毓物，可以開礦。……而取電必資乎力，而發力必籍乎煤。」[5]孫中山先生更進一步指出生產必籍機器之力。他說：

　　「如五金之礦，有機器以開，則碎堅石如虀粉，透深井以汲泉，得以闢天地之寶藏矣。」[6]

此外，孫氏也特別強調「貨能暢其流」的重要性，如鐵路能使「山僻之區」，也有「轉輸（的）利便」。[7]

辛亥革命（1911）後，孫中山先生爲了早日完成國家統一，遂與袁世凱協定。在袁氏答允尊重共和，遵守約法，南下就職三個條件後，他自願退處一隅，「專心致志於鐵路之建築，於十年之中，築二十萬里之線」，並希望能在「內力日竭，外患日逼」的情勢下，「從根本下手，發展物力，使民生充裕，國勢不搖。」[8]從此，孫中山先生在主持革命活動外，更研究中國實業的發展，並於1910年代末葉，完成了宏大的中國經濟發展藍圖——《實業計劃》。可以這樣說，《實業計劃》結合了國父多年研究的心血，並寄望第一次世界大戰（1914－1918）結束後，將會爲中國實業的大規模開展提供千載一時之機會。雖然，國父的計劃終因國內外條件不成熟而落空，它對國民政府的經濟發展策略，卻產生極爲深遠而重大的影響。

國父的《實業計劃》，除了利用外資及對外開放外，最主要的是以交通爲重點。「實業」一詞包括農、工、商各經濟部門，但重點在工、礦、交通。[9]孫中山先生認爲「富強之道，莫如擴張實行交通政策。世人皆知農工商礦爲富國之要圖，不知無交通機關以運輸之，則著著皆失敗。」[10]又說：「予之計劃，首先注重於鐵道、道路之建築，運河、水道之修治，商港、市街之建設。蓋此皆爲實業之利器，非先有此種交通、運輸、屯集之利器，則雖全具發展實業之要素，而亦無由發展也。」[11]國父嘗爲上海民眾解釋中國貧弱的原因及其解決辦法。他說：

「我中華之弱，由於民貧。余觀列強致富之原，在於實業。今共和初成，興實業為救貧之藥劑，為當今最要之政策。……國家之富，在於礦產，今中華煤礦，甲於全球，英美亦有所未及。如能合全國之資與力，分頭開採，並多築鐵路以便轉運，能如是則民富矣。」⑫

由此可見，國父的實業計劃，雖以築路、闢港、治河、移民、造林等為手段，最終目的則在救貧。救貧的方法在發展農、工、商業，使人民的生活水平日漸富裕。

孫中山先生認為中國工業的開發，可分為個人企業和國營企業兩部分。他指出「凡夫事物之可以委諸個人，或較國家經營為適宜者，應任個人為之，由國家獎勵，而以法律保護之。」除了改良稅制及幣制和斥去暴官污吏外，最重要的是「利便交通」。至於不適合於個人的事業（如有獨佔性質的），便需由國家負責經營。⑬整個實業計劃，藉交通網絡的建立來促進全國實業。開發煤、鐵礦藏以提供原材料來支持和建立製鐵鋼工業的發展是孫中山先生在第一計劃中的重要主張。所以他特別指出建設北方大港、修築鐵路系統、發展殖民事業和修治運河水道等等基本交通建設，這些工程所需物料，非常浩大，如倚賴外國供應，不但花費鉅大，而且各國在戰後重建工作上，本身消耗煤鐵原料也極多，無法供應我國所需。孫中山先生繼而指出自行大規模開採直隸、山西煤鐵礦藏，是「勢有必然」的。⑭他在第六計劃中，表示「中國礦業尚屬幼稚，惟經營之權，素歸國有，幾成習慣，……當由政府總其成。」⑮同時，就煤礦而言，孫中山先生更認為「中國煤礦素稱豐富，而煤田之開掘者，不過僅採及皮毛而已。」他估計中國煤業的發展，能迅速遍及全國各地，「其產額亦可以預定。」⑯他可能是中國煤業第一個主張「預定產額」的人。此時，孫中山先生似乎心目中已掌握了一套發展經濟學的理論。他認為「煤為文明民族之必需品，為近代工業之主要物，故其採取之目的，不徒為利益計，而在供給人類使用。」至於開發煤礦的利潤，除部分作為「外資之利息外，其次當為礦工增加工資，又其次當使煤價低落，便利人民，而後各種工業易於發展也。」⑰同時，孫中山先生預計中國對煤的需求量將會急劇增長，「除為鋼鐵工廠使用外，開始計劃當以產出二萬萬噸，備為他項事業之用。」他並指出「沿海岸河岸各礦，交通既便，宜先開採，內地次之。」孫中山先生認為當時歐洲各國急欲進行重建工作，正想向中國購買煤炭，所以他肯定這個煤產額斷「無過多之慮。」⑱最後，他樂觀地表示「此之新工業，既無人與之競爭，且在中國又有無限之市場，故資本之投放，其利益之大，可斷

言者。」[19]

整體而言，孫中山先生對中國礦業，特別是煤礦業的發展素有研究，因此他的計劃所涉範圍極廣，從開探地點、生產數量、運輸條件、投資回報、提高工人收入及協助其他工業發展等各方面都有所論述。孫中山先生這計劃日後演變成為國民政府煤炭政策的基礎和總原則。

二、國民政府建立初期的煤炭生產問題

本章以國民政府建立初期至「九一八」事變發生為上下限，着重探討煤炭工業的內部問題。其中，尤以運輸問題最為嚴重。其次也會涉及關於稅釐及地方苛索等等。至於外煤傾銷問題，則留在第四章處理。

我國新式煤礦出現於十九世紀七十年代末期。到了1928年國民政府成立，剛好已有半個世紀之久。五十年間，新式煤炭工業的發展大約可分為四個階段：（1）發軔時期——從開平煤礦的建立至甲午戰爭爆發為止。這個階段，只有開平煤礦能較為成功。（2）緩進時期——從甲午戰後至第一次世界大戰開始。這個段落因為平漢、津浦、正太、株萍等鐵路相繼通車，改善了內地煤炭的運輸問題，一些土法煤礦漸漸增投資本及改為利用新式捲揚、汲水等機器，有些礦井內開始鋪設小鐵路以便礦內運輸。可是，發展仍十分緩慢。（3）猛進時期——因為受到第一次世界大戰爆發的刺激，煤價急劇上升。除了個別煤礦曾短暫地受到戰事的干擾外，從1914至1924年間，中國煤炭生產漸趨活躍，無論在資金、規模及產銷總量方面，俱有節節上揚之勢。在戰後也曾有短期的回落，但不久便恢復過來。此段時期，可稱得上產銷俱旺，各礦的盈利十分可觀。（4）衰敗時期——從二十年代初期起，由於軍閥混戰，各煤礦的產銷漸受影響。自1925年起，戰事擴大，鐵路運輸多為軍人所控制，一般商品難以利用鐵路轉輸。煤是質重價賤的商品，更難獲得軍事當局的青睞，一般礦商無力負擔各方的苛索，致使煤炭無法從礦山運到市場，存煤山積，生產唯有停頓，以減低損失。鐵路沿線的各大煤礦，幾同陷入全面破產的困境。[20]

國民政府成立後，曾積極參與煤炭的生產與整頓。此外，爲了改善運輸，遂設立專部來負責。首任鐵道部長孫科曾說：「鐵道部成立以來，莫不日謀整頓。」[21]由於軍事活動仍然頻繁，格於形勢，難收大效。[22]到了1930年底，中原大戰結束，全國大致歸於統一，鐵路運輸才有補弊救偏的機會，我國煤炭生產才有再度發展的希望。現先把1928年至1931年間，我國煤工業生產的問題，加以敘述。下表記錄一些重要的華資煤礦產額的增減情況，很能反映當時煤炭業的生產萎縮問題。

表1　重要華資煤礦產額增減（1924—1930）

年份 廠礦	1924	1925	1926	1927	1928	1929	1930
臨城	150,618	151,503	105,212	62,737	——	——	——
怡立	258,364	217,531	237,055	69,155	120,732	136,731	131,795
柳江	122,964	158,191	211,309	164,184	131,872	195,754	206,851
正豐	365,500	366,253	109,945	15,305	84,157	115,000	240,000
保晉	410,952	225,885	334,541	171,766	190,153	294,654	377,039
中原	949,339	564,200	54,000	83,000	310,000	286,511	395,198
六河溝	594,963	555,987	277,464	165,800	382,302	367,365	256,470
中興	795,737	779,739	603,440	259,765	——	139,458	355,502
賈汪	127,503	105,000	88,583	37,527	59,477	67,024	30,000
長興	34,000	32,500	——	——	——	20,919	128,750
烈山	71,137	94,000	116,476	77,863	37,021	117,907	12,260
萍鄉	648,527	512,300	75,715	183,349	163,821	233,311	147,946
合共	4,529,604	3,763,089	2,213,740	1,290,451	1,479,535	1,974,634	2,281,811

資料來源：《中國近代煤礦史》（煤炭工業出版社，1990），附錄二。

如前所述，孫中山先生認爲鐵路爲全國實業建設的基礎。這個觀念，實際上已被國

民政府所完全贊同。鐵道部成立後，部長孫科欲繼承乃父遺志，積極籌劃中國鐵路之發展。為了融通建路的資金問題，他向政府提出〈庚關兩款築路計劃提案〉。提案首先指出：

「謹案總理實業計劃為建設三民主義物質基礎之具體方略，其中尤以交通計劃內之鐵道建設，為發展國民經濟之利器。總理手定十萬英里路線，擘劃精深，規模宏遠，久為本黨建設羅針；當今訓政開始，自當恪遵遺教，努力鐵道之建設。」[23]

由於築路費用龐大，政府財政緊迫，故孫科希望一面利用英、俄、意三國之庚子賠款，籌組「庚款築路公債計劃」，發行公債；另一方面要求利用新訂關稅稅則增加的五成收入，撥充鐵道建設經費，草擬「關稅築路公債計劃」，發行公債。孫科希望運用這筆資金，在六年內修築2,527英里的鐵路。[24]其時，孫氏非常樂觀地認為「國家大定，整個國民經濟將如春雷動蟄，萬芽爭茁，不數年間，將大改厥觀。」[25]

為了解釋該計劃的選線標準，孫科分別以政治、經濟、營業三部分來加以說明。關於礦業特別是煤炭生產方面，孫科詳細介紹了他的觀點。他說：

社會之工業化，以煤鐵為基礎。中國煤炭之儲藏量為218,000,000,000噸，而每年之產額不過25,000,000噸，其用於工業及原動力之發生者，僅為產額百分之四十。……鐵之儲藏951,700,000噸，為數雖小，儘足初期工業化之用，而年產額乃不及2,000,000噸。……至於其他礦產如銅、鋅、金、銀，尚可開採，如銻、鎢、錫、錳，且可謀巨量輸出。故鐵道之計劃，應以啟發礦藏，尤其以供給工業以巨量之廉價煤炭，促進工業化為又（另）一（案：指農業方面）經濟之最大目的。」[26]

孫氏所擬各路線中，有很多與煤炭運輸有直接關係。其中，包括「粵漢線以貫通南北，且謀以湖南之煤，促進南部之工業化也；滄石線所以謀巨量山西煤炭之出海也；寧湘線所以謀萍鄉、鄱樂煤炭之東運也，……京粵線縱貫東南煤區，但其性質、儲量，均待調查。……道濟線通，則河南白煤得以東運；同蒲線通，則汾河流域得以遍行，且謀晉煤之西運也。」[27]在選線方面，孫氏強調經濟調查，特別是礦產地質測勘，因為它們決定了路線效用及營業問題。[28]

由此可見，孫科對利用鐵路以協助中國煤炭生產的認識，是很有心得的，其對路礦

的特殊關係，堪稱克紹箕裘。然限於當時的政治經濟狀況，此偉大之計劃終無法在短期實現，其情況與一次大戰末年國父之實業計劃之無法實現，甚爲相類，十分可惜。在民國十九年底，孫科以十分悲觀的語調，追述此事之經過。他說：

> 「在撥用庚款發展建設事業決議……各案，均以形格勢禁，無術執行，不特建設新工不能邁進，即原有鐵路亦以國家不幸，叛變紛乘之故，受損獨巨；如平漢、津浦、隴海、湘鄂各路，計兩年以來，營業損失總計不下七八千萬元，路產之損失，……亦總在四五千萬元。加以金價飛漲，鐵路負債……竟達十一萬萬元之鉅量，是全國鐵路已陷於破產之境矣。」[29]

鐵路運輸既發生嚴重問題，極端倚賴此種現代化運輸工具的煤炭工業，便大受打擊。除了計劃中的煤礦的投產遙遙無期，就是已經確立及分佈在華北、華中的各大內陸煤礦，都因運輸的種種不利的情況而大受影響，大有全面破產的危險。[30]所以，有作者歸納路礦兩者之特殊關係。他說：

> 「煤為賤重原料，每賦存於內地或山區，欲求充量之運輸，載重涉遠，費輕省，惟賴鐵路，故礦業之盛衰，亦惟鐵路運輸之暢滯是視。」[31]

除了鐵道的通塞影響煤業的產、運、銷外，各礦亦面對車輛不足、運價高昂、地方苛索等等問題，都直接影響各礦的營業成績與發展潛力。鐵道部在1931年舉辦了第一次全國商運會議，召集了全國各地與鐵路運輸有關的政府機關、商號與商會代表來共同討論我國的鐵路問題，與會者約共160人。鐵道部長孫科在致開會詞時就特別指出「過去兩年中，反動的軍閥相繼叛變，各路都是在軍事範圍內」，對各路造成很大的破壞。「現在軍事已經告終，國家已經整過的統一。今後我們最大的任務就是要整理全國鐵路，使運輸的力量能夠增加。」他並指出「各路的運輸力量很是薄弱，原有機車車輛損失總在十分之幾。以平漢路說，從前運貨的車輛有四千輛，而現在只有一千輛可以裝貨。……還有一點，因歷年來軍閥把持鐵路，故路政迭遭破壞，商人運貨，除應繳運費外，還須納種種……陋規，鐵路運輸方面，必受到極大的障礙。」[32]這次開會的目的，是鐵道部鑑於全國戰事大致在上年終結，全國恢復統一，「乃乘時籌統整頓，……以期洞澈（路、商）雙方困難，合謀改善良圖，以爲整理方案。」[33]

全國商運會議在民國二十年（1931）三月一日正式揭幕。次日，即舉行第一次大

會，並由鐵路部當然員劉司長維熾作出報告。他回顧鐵道部成立兩年以來，「天天想方法去整理。不過，因為環境和時間的關係，只有希望的心理，而沒有力量去做。如要恢復那一條路的運輸，但這條路的車輛卻被軍人扣押得零落不完，自由運貨售票，把國家的交通機關給軍人做發財的機會。這種情形，不但是鐵道部尚無法整頓，即宣之中央政府的命令，叫扣車的軍人放還，也竟置之不問。可見此輩軍人的怙惡不悛了。」[34]現在戰事終結，全國復歸中央政府的統，故鐵道部乘機提出全面的整頓計劃。其中與煤炭業有直接關係的有（一）恢復運輸能力；（二）集中車輛及支配；（三）實行聯運；（四）取銷各路附加捐；（五）禁賣車皮及（六）增加機車效率。[35]以上數項，均能切中鐵路營運之問題，對改善煤炭商人的困難確有很大的幫助。其中，屬於增強鐵路營運能力的是一、二、三、六等項，都是由部方就其部內所支配的資源上加以改善，加強管理的效率和設施，以便利運輸為目的。第四項則需與財政部溝通，以全面取消抑制鐵路運輸發展的各種不合理的釐稅。以鄰近北平的門頭溝地區為例，在民國十七年二月至十八年十二月間，在平門枝（支）路的煤勛軍事附加費用，竟達每噸一元五角之鉅，[36]足見此種稅捐加在煤炭商上的痛苦。第五項倒賣車皮，濫索費用，對已經面臨倒閉的礦商，更屬苛虐和無理。幸而在路政復歸統一後，以上弊端已漸漸改善，日趨正常。

　　就礦商的觀點而論，對於路方上述各種改善措施，自然十分贊成。然而，這並未完全解決他們在運輸煤炭上所遇的全部困境。礦商在是次會議中，提出大量議案。這些提議歸納起來，可以分為兩大類：（一）缺乏車輛；（二）運價問題。我們知道鐵道運輸在軍事倥傯之際，往往受到破壞，路軌的切斷和機車、貨車的扣留，都是軍事活動的一個方面。現在，軍事告終、路軌一般都能迅速條理，以保證通車。但是，機車、貨車的損失，就沒有即時的解決辦法。以道清鐵路為例，當時該路「因限於機車車輛，每日只能維持混合列車長短各二趟。且因機車年久失修……以致列車時常誤點，……至於運煤列車，每日最多只開四次，每次以五百噸計，每天可運煤二千噸，……路收既受大絕大之影響，煤勛又不能暢運。」要求鐵道部增購「大機車四輛，貨車四千噸。」[37]面對這種要求，鐵道部限於財政困難，實在很難滿足路增購車輛的要求。而且，由於匯率的變動，出現了「金貴銀賤」的問題，「新添車輛比前要貴一倍多。」[38]所以，要大量增添車輛，鐵道部實際能力有限。

表2 華北地區主要鐵路運輸能力統計（1932）

路　　線	機車約數		貨車約數	
	原　有	現　有	原　有	現　有
平漢	200	80	4,000	1,600
津浦	120	60	2,000	800
正太	40	40	1,000	1,000
北寧	200	200	4,000	3,000
平綏	110	60	2,000	600
膠濟	90	110	1,000	2,000
道清	10	10	400	300
合共	750	560	13,400	9,300

資料來源：侯德封《中國礦業紀要（第四次）》（地質調查所，1932），第75—76頁。

所以，煤商爲了自身的利益，遂向部要求指定車輛專作運煤之用。煤炭業中最具代表性的中華民國全國國煤產銷聯合會曾經指出：

「嘗考我國國煤之不能發展，……運輸不便，實爲最大之阻礙。其礦區居於窮鄉僻壤，不通鐵路者，固無論矣。即鐵道經過之各礦，亦感運輸之困難。時塞時通，不能儘量暢運，甚至有經年累月不得一輛車者，以致供方有餘而求方缺乏。供方積煤如山，無法運輸。積煤既有自燃之危，礦工又有生計之慮，礦商坐耗血本，常至失敗。……」[39]

這種情形，實在是當時煤炭業的衰敗的最重要因素。因此該會隨即要求「鐵道部通令各路，估計各礦產煤數量，指定若干車輛，專爲運煤之用，無論何時，不得調作別用。並通令銜接各路，聯合通運，以免中途停頓。」[40]

除了車輛缺乏外，礦商最關切的莫如運價問題。由於路局受戰爭的影響，正常營業遂大受干擾。同時，軍運的增加也嚴重影響路局的正常收入，扣車的現象亦非常普遍，引致各路的財政出現危機。孫科指出：「現在（1931年）全國鐵路所負的債額，以金價計算已達十幾萬萬，而營業收入寥寥無幾，故無從清償，實際上鐵路已宣告破產

9

了。」[41]路局在這數年間，為求自保，便增加運費，以彌補各種損失。同時，以前各鐵路公司曾給予礦商的運煤專價合同，亦紛紛私自取消。現在戰事終止，部分礦商成功爭取到恢復舊價，有些卻不成功，引致同一路上運輸煤炭，各廠礦所支付的運費，頗為參差，直接影響各礦的競爭能力。以平漢路為例，該路沿線「向有煙煤礦十餘處，後因運價太昂，無法銷行，相繼倒閉。……前交通部為維持實業，發展鐵路計，……令前京漢路局與沿路各礦訂立運費用煤互惠專價合同。……且由各礦交納運費押款若干萬元，運費用煤，均系暫時記賬，每至月底沖撥一清。……至十六年（1927年）二月，柴前局長為籌軍餉，竟將全路各礦運費專價合同取消，今按三十二款（即由原來每噸公里0.006825元增為0.0183元）繳納現金。……各礦遭此奇變，不啻晴天霹靂，營業運銷完全停頓。」[42]北伐完成後，平漢路局把六河溝的專價合同恢復，中福煤礦則減為每公里0.00625元徵收，井陘煤礦也按三十二款七折收費，而正豐、怡立、中和三礦則照舊不變。[43]同一路上運輸同類貨物，竟有四種不同的運價。我們知道煤炭市場的售價中，運輸費用往往佔最大部分。[44]所以，運價如此參差，對負擔高運價的礦商而言，實足以制其死命。礦商往往因而被迫提高其銷售價格，結果是競爭失敗，銷售委縮，造成財政的嚴重不平衡。

　　以上是運價不公平對部分礦商造成不良的影響，是頗為嚴重的。此外，礦商還普遍要求運費的全面減低，以救濟面臨崩潰的煤炭業。有代表指出「運價增減直接間接與國際貿易、社會經濟、政治文化發生密切之關係，故必先調查沿線之生產如何，人民之生活如何，然後規定適當運率，非僅足以促本路營業之發達，並可以促本國工商進展。」[45]以萍鄉煤為例，「多由株萍鐵路，因無水道競爭，運價抬高，煤一噸計由安源運至株州，不過九十公里，運費三元零二分。再由武長路運至鮎魚套，運費亦在三元以上，合計運費已超過成本，再加上進出厘金及上下腳力，與……額外需索，到漢成本高至十三四元不等，無怪乎武漢煤市日本煤經數千餘里之舟車運漢，而我國……反不能與之競爭者此耳。煤既如此，他可類推。運價太昂，商人裹足，甚至煤窿歇業，路收因而短少，……近年城市鄉村物價增加數倍，尤以煤米為最。……影響國民生計實大。」[46]由於運費之高昂，江西萍鄉煤礦的發展，遂受嚴重限制。再加上該礦從前負債過鉅，工潮亦屢次發生，致使曾年產九十五萬噸的南方大礦，[47]終日在風雨飄搖之中，全無改良的能力。

　　運價的高昂，對國煤炭儲藏最多的山西省，更形成一個不可逾越的發展樽頸。太原

總商會代表梁上椿便在會上提出〈請鐵道部核減正太、平漢鐵路晉煤運價以開發晉東煤礦增加鐵路運輸案〉。提案中特別指出「除大同一帶沿平綏路運輸外，晉東平定一帶之無煙煤，專恃正太路為尾閭，而正太路運價之昂，為其他國有鐵路所罕有。晉東煤礦……為正太路昂貴之運價所限，運出成本不足與外煤抗衡，……以致中外多年豔羨之晉省煤藏，至今尚不能發展。」以保晉煤為例，「由陽泉至石家莊一百二十一公里，每二十噸車需運價六十元零五角，每噸即需洋三元有零，公費雜費尚不在內。若照其他國有各路每公噸每公里為七厘之運價計算，……每二十噸僅合十六元九角四分，是正太路……每噸竟多二元有餘。……往昔者正太路以負息甚鉅……入不敷出，對於陽泉各礦請求減價，未能俯允。近數年來，正太運輸全年收入已超出五百萬元，盈餘則幾三百萬元，其中陽泉硬煤運價佔大部分，誠使晉煤運價能每公噸每公里七厘核收，而平漢路之運費能照井陘、六河溝……不但陽泉硬煤每年運額可由四十萬噸擴充至百萬噸，即太原、榆次、壽陽等處之煤，亦悉可儘量外銷。」[48]梁氏所言，雖未必盡得實行，亦足以反映運價高低與礦業發展的特殊關係。[49]

除了運價問題外，一些路線較短而對煤運有迫切需要的延長線，也在大會上提出討論。其中，以請求展築隴海鐵路至海州（即現在的連雲港）和展修正太路較為重要。原來，隴海路的東面終站「由大浦站經臨洪河出口」。因為臨洪河日漸淤塞，輪船時常擱淺，嚴重局限了隴海路的運輸能力。該路遂提議「將路線接展至許溝為止，即於該處建築臨時海港，俾利便海航巨艦之運輸。」[50]關於展修正太路一案，是由山西省政府提出。該提案指出「晉省煤藏甲於全國，……徒以運輸不便，不能暢銷。比年以來，各礦探煤，多形停滯，民生凋弊，達於極點。……竊以為救濟山西之窮困，挽回中國之權利，莫急於展修正太鐵路。由石家莊至滄州……路長不過二百數十公里，概係平地，若鋪用窄軌，譬之正太，添修一支路耳。且可利用正太原有之機車車輛，其費至省，其事至便。」[51]

以上兩項建議，反應甚佳，均即時經大會議定實行。[52]隴海路稍後因獲中興煤礦的借款，成功修建了一個規模頗大的碼頭，並設立專門處理煤炭的特別碼頭，使經由隴海路出口的煤炭數量不斷增加。[53]滄石路則終因限於財力而在抗戰前卒未能完成，對改善晉煤運輸仍無法完成。

大會曾對全國鐵路之運價，訂立五項原則作為審查各議案的標準，與煤炭業有關的

分別爲：（一）各路貨物運價構成之方應行劃一，包括(i)里程略等之路，貨物運價遞遠遞減之構成方法及(ii)整車運價與不滿整車運價高低之比例；（二）(i)國產煤斤運價應根據各路運輸成本及各礦出煤成本、銷煤價格之最低可能範圍內爲標準及(ii)在一線路上之經營之煤礦，應一律平等待遇，不得因互惠情形減輕運價。[54]此種原則的實施，對減低運煤費用及取消各礦之不同待遇方面，均產生積極的作用，對日後各路運煤價格的減低和合理化，是很有幫助的。這也反映政府對煤炭工業的重視。

綜合而言，國民政府建立後，煤炭工業因承襲前期所遺留下來的種種問題，加上戰事的延續，軍事衝突不停爆發，引致鐵道部空有改革的理想和抱負，卻無力對此惡劣狀況大加改善。幸一九三零年底，全國軍事漸次終結，鐵道部乘時組織全國商運會議，一方面釐清問題之所在，一方面積極改革鐵路的管理與營運，制訂合理之運費原則，以增強商礦與政府的連繫，集思廣益，對減少政府與商人的隔閡，增進雙方之友誼，以圖改革。有了這次會議的經驗，路礦雙方奠下合作的基礎。不久，發生「九一八事變」，我國煤礦業遂在這個基礎上迅速組織起來。在政府的領導下採取了一些有效的應變措施，以應付日益艱險的局面。

三、國民政府建立初期對煤炭業的協助及參與

上章說明中國煤炭工業在1924至1930年間，生產上曾出現嚴重萎縮（參見表1）。1931年鐵道部組織全國商運會議。根據當日衆多的提案，可以歸納出礦商面對(i)運輸中斷；(ii)運輸不足；(iii)運價不公和(iv)稅釐苛濫等四個問題。這次會議，增強了官商間的溝通，爲將來進一步合作奠下基礎。除此之外，其實政府也曾直接參與煤炭生產的工作。

第一個由政府部門參與生產的是位於浙江省長興縣之西約二十六公里的長興煤礦。這處的煤田在清初即有當地人用手工開採。1912年，長興紳民鍾仰貽等集資開採，次年轉給劉長蔭辦理。[55]據王樹槐教授研究，該煤礦在抗戰前可分爲三個發展階段：（一）長興煤礦公司早期的發展（1913－1927）；（二）建設委員會接辦時期（1928－1932）和（三）寧益銀團經營時期。[56]王樹槐特別指出長興煤礦初期的發展，是因爲「第一次大戰發生後，外煤輸入大減，……煤價因之看好。……因而引起了上海資本家的興趣。

……決定集資二〇〇萬元，設立公司，並向農商部呈請擴大礦區探探權。」[57]投資者包括劉長蔭、劉萬青、朱葆三、虞洽卿等，他們都是上海工商界的聞人。換言之，這是上海實業界的集體投資。[58]

礦區的對外交通，初時頗為困難，為解決煤運問題，乃興建輕便鐵路一條，自礦區至五里橋，全長約50里。此路於民國九年完成，約計投資50萬元。自五里橋起，可由小輪運至杭州、上海各地，交通尚稱方便。[59]長興煤礦投產後，年產量約三萬餘噸，王樹槐指出該礦產量偏低的原因有二：(i)經營不善；(ii)礦井條件不佳。[60]加上1924年江浙戰爭爆發，「礦區地當衝要，……所有鐵路、軍隊往來，均供軍用。原有礦工驅使運輸，十九星散，礦場職員更逃避無暇，行李蕩失。及至事後，非特礦面各種材料遺失無存，即機器、火車等類亦損失殆盡，……而礦內工程，遭此停頓，水滿坍塌，修復不易，其損失尤不可計算。」[61]長興煤礦經此一役，雖曾獲北洋政府發給庫券一百萬元以補助，[62]終不能使其恢復生產。停工四載，礦商仍無辦法。後礦主劉長清（萬青？）聯絡陳立夫，要求幫助。[63]陳立夫是學礦的，他在北洋大學畢業後到了美國匹茲堡大學修習煤礦工程。這個系極為有名，而匹茲堡也是煤和鋼鐵工業的中心。陳立夫常隨該系系主任勃萊克教授(Prof. Black)到匹大附近的煤礦實地學習。1924年夏天，陳立夫完成了〈中國煤礦業的機械化與電氣化〉，獲得碩士學位。陳立夫曾立志在工程界服務，獻其所學以促進中國實業的發展，回國後「準備接受中興煤礦公司總經理錢新之先生邀請，去擔任該公司的工程師，」[64]後因服務政界，事遂不成。民國十七年（1928）二月，陳立夫任國民政府建設委員會常務委員。建設委員會主席是張人傑，張、陳二人均對中國重建問題，十分關注，觀點也接近。他們均認為「對重建國家，需要大量資金，但是那時政府財政很艱難，那裏有巨額資金用之於建設。」[65]所以，他們有了以下構想：

「第一，我們要先組織一個工程師顧問團，這個顧問團的作用就是給予企業家以技術和行政管理的協助。例如：如果一家工廠經營不善，我們就會設法協助他們解決這家工廠的困難；第二，等我們有了充分的資金，我們就要根據國父實業計劃來建設。如果這項企業進行順利而是屬於私人營業範圍的，就將它交付私人企業家接辦。因為當第一個企業或工廠賣給民間後，我們就可以用這筆所得，開始其他的建設。」[66]

就是在這個背景下，建設委員會便與長興煤礦發生關係。當陳立夫知道長興煤礦

需要協助後，他便請畢業於科羅拉多礦業專科學校的陸子冬來做這項工作。陸子冬實地調查後，估計長興煤礦的恢復工作只要四十萬元。據此，陳立夫便與劉長清（萬青？）商定，先由建設委員會「幫他恢復，等到把煤礦產量足夠自給（後來確定日產二百噸——引者註）時，由建設委員會交還給他自己經營。我們的投資由劉礦主分年償還。」[57]礦方並可留用其技術人員繼續工作或擔任顧問。[58]

其實，對於重工業基礎的煤鐵工業，國民政府是非常重視的。建設委員會將停工已久的長興煤礦接收辦理，除了平抑煤價、防止煤荒外，還帶有提倡煤業的理念。國民黨在1931年11月第四次全國代表大會〈國民政府政治總報告〉中提出：

> 「礦業為工業上供給原料之主要泉源，而煤鐵為立國要素，關係尤為重大。我國天然礦產儲藏頗富，惟採礦事業尚屬幼稚。以目前而論，除為外人所主持各礦外，什九均歸失敗，投資者視為畏途，非由政府出為提倡，積極開發，樹之楷模，不足以轉移國人之視聽，而立建設事業之礎基。」[69]

長興煤礦在戰爭中所受的損失，只是中國眾多華資煤礦的一個較具體例子。該礦停工後，「礦井工程以及機爐、鐵道……，毀壞殆盡。」[70]現經建設委員會的悉心整理，生產節節上升。

表3　建設委員會時期長興煤礦產額

1928	20,919噸	1930	184,641噸
1929	128,750噸	1931	208,970噸

資料來源：轉引自王樹槐《浙江長興煤礦的發展，1913–1937》（近代史研究所集刊第16期，1987年6月）第345頁。

建設委員會在恢復長興煤礦的生產方面，實有重大的貢獻，但關於礦權問題方面，也引起不少的爭執（特別是債權方面）。[71]無論如何，建設委員會在民國二十一年（1932）九月與長興公司訂立退還合同，並希望把資金挹注在正急速發展中的淮南煤礦——建設委員會的另一個重要煤產生產單位。

淮南煤礦位於安徽北境懷遠、壽縣、鳳台、定遠四縣的交界，在淮河的南面。據調查所得，該區蘊藏煤炭甚豐，約數億噸，為南省大煤田之一。1929年由建設委員會投資

創辦，隨即全面規劃，迅速組成淮南煤礦局，「領得礦區四區約六十餘方里，擬定開採計劃，將全部工程分期進行：

第一期以日產二百噸爲目標，爲期半年，求礦場經常費之自給；

第二期以日產二千噸爲目的，爲期二年；

第三期以日產五千噸至一萬噸爲目的，其期限爲三年至五年。」[72]

爲了加強運輸能力，淮南礦局計劃自礦山建築狹軌輕便鐵路，經皖中各縣，直達長江，以方便煤炭的大量轉輸長江各埠。原來，國民政府接辦長興、創辦淮南兩礦，其着眼點除了提倡礦業提資外，也考慮到「長江下游各商埠，銷煤甚多，大都仰給外人所經營之撫順、開灤，遇有事故，斷絕時虞」[73]這便不是單從經濟方面立論，而是已經包含了政治因素。特別是政府奠都南京，建設委員會有責任加強長江一帶的煤炭供應，以應各界的需求。淮南礦路局曾詳述該礦創辦的動機。它說：

「初，國民政府建設委員會成立，以吾國南方燃料，向仰給於北方各礦，自中央政府奠都南京，長江流域，工業益臻繁盛，人口集中，煤焦銷量，日益增多。惟華北各礦，類皆外資經營，國產煤焦，爲數蓋鮮。謀提倡國煤生產，供給長江沿岸燃料，即經從事研究籌辦國營煤礦，爰於十八年勘定淮南礦區。……十九年四月十四日，東廠一、二兩號井舉行破土典禮。」[74]

該礦在投產不久，便遇上「九一八事變」及「一二八事變」，產、銷稍受挫折。後由建設委員會竭力經營，局面才漸見寬廣。不數年間，遂成爲年產逾五十萬的大礦。該礦能在不景氣時代能迅速發展，礦方曾歸納出四個原因：（一）本礦所產煙煤，煙質甚佳；（二）本礦井下水量不多，沼氣亦少，絕少淹沒及爆發之患；（三）本礦風紀頗好，工人均服從管理；（四）辦事人員，均克苦耐。[75]

四、九一八事變後國民政府對煤炭工業的扶持與統制

如要明白國民政府對工業特別是煤炭業的政策，最好先去看看她的政綱。在1928年2月發表的〈中國國民黨二屆四中全會宣言〉，是國民政府北伐接近完成前的一次重要宣言，反映當時國府的主要政策。它指出「國民經濟生活的建設，爲國民革命最

主要之目的。」該宣言特別對共產黨加以抨擊，批評他們「利用人民生活之困苦，專以煽動國民間之經濟階級鬥爭，為若輩取得政權的工具。於是最幼稚之新興工業的生命，及最貧弱之農業的生產的基礎，益陷於傾覆破產。」國民政府宣稱「吾黨喚起民眾之努力與乎革命的民眾之奮起，其根本的目的，乃在民族全體之生存，而非自尋生存途徑之斷滅；乃在發展中國之產業，而非破壞中國之產業；乃在建設生產之秩序，而非破壞生產之秩序。吾黨今後，必以強毅而堅忍之決心與不斷的努力，以發展中國之農業工業者，裕中國國民之生活，建國家富強之基礎，實現總理建國方略宏遠之計劃。」[76] 大哉斯言。我國經濟發展，從小農經濟轉至工業、農業並重的結構，實是社會發展的正確方向。我國幅員廣大，世罕其匹。蘇聯、加拿大兩國面積，均較中國為大，然其地界北極，多冰天雪地之荒漠，似不能與我國相提並論。與我國堪相匹敵者，惟有美國。然我國人口眾多，經濟發展條件稍遜，且不如美洲能利用二大洋。因此，中國必須依據自身條件，作為制訂經濟政策的總原則。其時，中國的經濟狀況，實極為貧弱。這種情況，孫中山先生是常常提及的。[77] 我國當時最需要的，莫過於盡速完成北伐，並以穩定政局，努力生產，救貧扶弱為宗旨，而非階級鬥爭、農民暴動等破壞活動。

到了1930年3月，中國國民黨三屆三中全會〈關於建設方針案〉有以下的宣佈：

> 「建設經緯萬端，非可一蹴而幾，欲求實際不落空談，吾人亦惟有擇其需要最迫切者以逐漸推行之耳。以言需要，則敷設鐵路，改良水道，經營工業，開發礦產，扶植農商，均為目前迫切之圖，所刻不容緩者也。」[78]

建設方針涉及的範圍十分廣泛。當中，與煤礦業有關的主要有以下兩項：

> 「（一）煤鐵礦之已開採有成績而無逆產之關係者，應准予繼續開採。其有逆產關係，只收其逆股，作為公私合辦。
>
> （二）煤鐵油銅礦之未開發者，均歸國家經營。政府得照總理所定之國際發展實業計劃，在一定之範圍內，准外人投資或合資創辦。」[79]

這種政策，一方面依據國父節制資本的原則，另一方面又照顧到礦業的實際情況，是較為洽當的。以中國煤礦業為例，其時各礦正處於風雨飄搖之局面，亟待政府之援助。特別是由於多年來國煤生產萎縮，運輸中斷，整個煤市已為開灤、撫順、日本、安南等煤

炭所充斥，華商大部分面臨倒閉的危機。[80]政府的重要工作和責任，是協助煤炭業渡過難關，以免廠礦破產，爲數衆多的工人失業，造成社會問題。

要清楚國煤所面對的銷場問題及政府所扮演的角色，我們必需對當日的煤炭市場，有一定了解。我國工業化水平，在本世紀20年代是非常有限。所以，主要的煤炭市場，均集中於沿海各大城市如北平、天津、青島、上海、汕頭、廣州和一些重要的內地城市如南京和武漢。其中，尤以滬、漢、平、津、廣五地最爲重要。[81]其餘各地甚少工業城市，故內地銷量有限，而且十分零散，只是鐵路沿線經過一些中、小型城市，有少量的家庭消費。由於煤市結構的不平衡性，致使重要市場均集中於沿海城市如上海和廣州，及號稱九省通衢的武漢市。這些市場均位於水道交通便利的位置。國內華資煤礦一般位於鐵路的沿線，當鐵路運輸在20年代中期以後受戰爭的影響下，這些市場便被開灤、撫順、日本和安南煤所壟斷。他們利用廉價的輪船運輸，從秦皇島、大連、九州，海防等港口源源不絕地把煤炭送到銷場。上海在30年代，每年用煤近400萬噸，[82]自然成爲他們的目標。當時，日本煤在上海勢力極大。一位對我國煤業極有研究的學者（Tim Wright）指出：

「上海幾乎完全依賴水路把煤運進來。由於中國缺乏海關自主權和上海這種地理狀況，中國這個最大的市場上海在建設鐵路以後，日本煤仍能在同等的條件下與中國煤競爭。」[83]

這個情形，反映出協定關稅和上海的地理特點，都是促成日本壟斷上海煤炭市場的客觀原因。到了第一次世界大戰爆發後，因中國的煤炭生產日漸提高，局面才略有改善。此外，日本國內需求增加，也導致中國市場上日本煤所佔比重下降。[84]20年代中葉以後，華北地區大部分煤礦受到戰爭的影響，這個趨勢又再逆轉過來。日煤乘着當時鐵路運輸的瓦解，便乘虛而入，再次佔據中國的主要煤炭市場——上海、武漢和廣州。加上撫順煤和魯大煤產量的上升，致使日煤或由日資煤礦進一步控制我國的煤炭市場。國煤在無法運銷的情況下，生產更形萎縮。[85]下表以京漢路爲例說明國煤產銷的衰疲不振。

表 4 京漢路沿線煤產量和由鐵路運輸的煙煤量指數（1923–1931）

年　　份	運　煤　量	煤　產　量
1923	100.0	100.0
1924	90.0	117.0
1925	67.6	90.3
1926	32.8	36.2
1927	28.9	24.1
1928	22.8	37.7
1929	26.7	45.8
1930	27.5	49.2
1931	46.5	83.9

資料來源：Tim Wright《中國經濟和社會中的煤礦業》（丁長清譯，東方出版社，1991）第144頁。

　　京漢路是中國內陸地區一條縱貫南北的主要鐵路，沿線分佈着大量的華資新式煤礦，例如中原、井陘、正豐、怡立、臨城、六河溝等煤礦，晉東的陽泉煤礦也藉京漢為正太路之尾閭。這些商礦不但為沿線居民和各式鄉村工業提供廉價的燃料，也是武漢三鎮每年達一百萬噸煤炭的供應商。自1924年起，京漢鐵路受戰爭的干擾，已不能正常運作。有作者十分感慨地指出：

　　　戰事蔓延，國無寧日，各鐵路貨運既停，長江航業更入外人之手，於是日煤又乘機侵入，廉價兜銷。國煤既不能源源接濟，難與爭衡。……似此國煤大好市場，竟因戰爭影響送與日人之手，坐觀每年損失，動達千萬。」[⑧]

　　除了武漢輸入大量外煤，上海和廣州都出現相同的情況，反映全國主要的煤炭銷售地區均陷入外煤的包圍中，國產煤觔的銷售便更形衰竭。先以上海煤炭在20年代末期的變化為例，來說明這個問題。上海市場是全國最重要的煤炭市場。國煤在這個重點銷售區失利，其影響自然較武漢更大。同時，武漢遠離海口，外煤要「不遠千里而來」，仍有實際的困難。而上海因地處長江出口，無論從北方港口、日本或安南出口的煤炭，因為能夠利用較廉宜的輪船運輸，加以日本海運業的發達和我國缺乏關稅自主等因素，國煤在上海市場的顧客如改用外煤，便會形成難以修補的損失。我們知道，外煤的供應遠較國煤穩定，這對增強外煤的銷售，是十分重要的。換言之，就算日後我國戰事平息，

鐵路交通恢復過來，國煤面對憑藉各種有利條件的外煤的競銷下，要重新在上海爭奪市場，也是非常困難的。1928年，上海煤炭供應共達330萬噸（包括由上海再轉運到內地各埠的），它的來源如下：

表 5　上海煤炭供應的來源（1928年）

來源地	輸入額（千噸）	%	各國煤所佔百分數
日本煤	1,140	36.6	日本煤（撫順在內）54.6
撫順煤	560	18.0	
安南煤／柳江煤	290	9.6	安南煤（以半數計算）4.8
開灤煤	938	30.1	國煤共40.6
山東煤及其他煤	180	5.7	

資料來源：侯德封《中國礦業紀要（第三次）》（地質調查所，1929），第265頁。

大量的外煤，充斥了整個上海市場。它們都是乘着我國政局混亂、運輸梗塞、國煤生產停頓之際，儘量擴大其在上海及長江流域一帶市場的銷售。

此外，廣州的煤炭市場更早已成為外煤的囊中物。表6記錄了1928年廣州進口煤炭的來源地和數量。

表 6　廣州煤炭供應來源（1928年）　　　　　單位：噸

來源地	輸入額	各國煤輸入總量及百分數	
山東煤	65,771	本國煤	共140,530
開灤煤	74,759	29.8%	
撫順煤	87,677	日本煤	共196,777
日本煤	9,650	41.7%	
台灣煤	99,450		
鴻基煤	25,790	安南煤	共79,905
海防煤	54,115	17.0%	
印度煤	41,486	8.9%	
其他	12,400	2.6%	
共計	471,098	100%	

資料來源：《中國礦業紀要（第三次）》，第274－275頁。

註：原表誤把鴻基煤歸於日煤一類，現更正。

從以上兩表，可見國煤在此兩大銷場僅佔三至四成的銷售量（包括開灤煤），足以說明國煤在外煤競爭下的積弱之勢。以1928至1930年的國內政局的不穩定的條件，國民政府要全面對國煤加以援助，以扭轉頹勢，實在是極端艱難的。我們從上文可知當時建設委員會接辦長興煤礦，開辦淮南煤礦以改善國煤供應，略有成就外，鐵道當局也曾計劃增建線路，加購機車、客貨車，改良各路的管理及營運狀況，終因外部條件欠佳而沒法完成。

至1930年底，馮玉祥、閻錫山軍事失利，國內復歸平靜。明年初，鐵道部召開全國鐵路商運會議，對整頓路政、增購車輛、改良運價等等，均能詳細討論，決定發展方向。然對如何重佔主要市場，與外煤爭一日之長短，大會眾多議案中，只有數語涉及，反映礦商仍以紓解目前各礦所面對之困境（如恢復運輸、減低運價等等）為主，對於如何排拒外煤，似未遑深論。

1931年9月18日，日人在東北發動侵華戰爭，引起軒然大波。國煤問題遂與抵制日貨運動結合，出現令人眩目的種種反響，餘波更有愈演愈烈的趨勢。現仍由中國最大的煤炭市場——上海——說起。

日煤在上海煤市佔據極大勢力，從表5的數據已充分反映出來。自從國內戰事在20年代中葉日趨頻密，國煤因運輸問題，無法把煤炭運抵上海，各個廠商為免因燃料供應問題而影響生產，唯有購買價較昂的外煤，使商人的經營成本大增。1928年7月25日，上海特別市商民協會以「北伐成功，建設伊始，獎掖工商，急不容緩，最要問題，尤在於煤」為理由，要求國民政府財政部、農礦部及全國裁釐委員會正視「我國歷年以來，煤權操諸外商，估計損失，年達一萬萬元」的問題，要求「發展國煤，……應先免徵國煤特稅，使其成本減輕，推銷較易。……利便國煤運輸，多備車輛，隨時接濟。」[87]由於當時政局仍不穩定，所以改善國煤的條件並未成熟。

到了1931年初，上海的情況更形惡化。是年三月中旬起，「開灤礦務總局以與北寧路局發生爭執後，煤輪停運，已屆五旬餘，上海工廠林立，工人依此為生活者，歲以數十萬，果使因燃煤斷絕，工廠迫而停工，致令數十萬生靈一朝失業，其為害寧堪設想。近滬地各廠以灤煤不濟，已忍痛購用日煤，藉維現狀。惟東匯奇高，買方力有未逮，僅就價格論，開灤壹號屑煤每噸售銀八兩三錢，而撫順壹號屑煤須售銀十三兩以上。……日煤較開灤煤每噸價高以四五兩計，此中損失之鉅，實足驚人，實業前途，更瀕絕

境。」⑧⑧事件雖未有擴大，⑧⑨然上海華商已增加不少負擔。稍後，韓國發生暴亂。日人「藉萬寶山案，嗾使韓民慘殺（我國）僑胞，引起全國反日運動，厲行對日經濟絕交。……惟我國工廠賴需日煤者，為數至鉅，一旦併此抵制，所有工業必遭下銷，險象危境，立呈目前。……為未雨綢繆計，惟冀政府從速籌備。」⑨⑩

　　為了支援在韓僑胞，上海商人一方面支持抵制日貨運動，一方面籌備停購日煤後的補救措施。上海工廠林立，若發生煤荒，將對我國經濟造成嚴重打擊。為說明停購外煤對我國燃料供應的即時影響，先看下表。

表 7　日煤及撫順煤輸入中國的數量（1924－1931）　　　單位：噸

年　份	日　煤	撫順煤	合　共
1924	1,321,118	634,285	1,955,403
1925	2,348,338	645,000	2,993,338
1926	2,989,434	1,142,000	4,131,434
1927	1,683,358	1,097,000	2,780,358
1928	1,664,252	1,138,000	2,802,252
1929	1,443,979	1,269,000	2,712,979
1930	1,428,432	1,334,000	2,762,432
1931	1,111,643	1,200,000	2,311,643

資料來源：侯德封〈日煤對華傾銷問題之研究〉，收於《中國礦業紀要（第四次）》，附錄三，第437頁。

　　表7記錄日煤及全日資的撫順煤輸入中國的數量。1924年兩者共輸入近200萬噸。1925至1926年，更躍升至400萬噸以上。1927年後，日煤與撫順煤有不同的發展趨勢，日煤慢慢地回落至1924年的水平，撫順煤則維持其增長的數量，至1930年達至130萬噸以上，淨增1.1倍。整體而言，日煤及撫順煤每年進入中國市場一般都超過200萬噸，最多曾超逾400萬噸。1926年後，由於日本煤在其國內需求增加，輸出減少，進口之總數漸為撫順煤所超過。

　　九一八事變後，我國煤炭的產運銷均經歷異常劇烈的震動，並在數年內改變了原來在各大煤炭市場由外煤壟斷的狀態。能達到這種效果，實有賴政府與煤商之共同努力，

與人民之愛國熱誠，有以致之。現在，我們先看下表。

表 8　上海煤炭供應來源（1931－1934年）　　　　　　　單位：噸

	礦別	1931	1932	1933	1934
華資煤礦	大同	32,984	80,478	33,810	87,910
	博山	226,063	136,081	247,967	367,801
	中興	29,655	98,535	313,613	375,588
	臨榆	140,019	109,126	97,518	82,518
	陽泉	35,574	51,044	61,433	108,165
華北地區小計		464,295	475,264	754,341	1,021,982
	華東	3,200	39,600	48,500	88,627
	大通/淮南	—	—	82,050	109,746
	烈山	—	—	8,750	7,280
	饅頭山	—	—	—	5,251
	大冶	—	—	36,540	45,441
	其他	2,946	—	6,550	14,300
	小計	470,443	514,873	936,731	1,292,930
	%	14.43	18.45	28.26	40.60
中外合資煤礦	開灤	1,283,971	1,266,932	1,117,841	1,132,308
	井陘	30,801	27,114	4,720	2,610
	魯大	39,925	34,224	72,684	116,781
	中英	3,588	4,370	5,007	2,688
	中福	3,000	10,450	25,837	15,750
	小計	1,361,255	1,343,090	1,226,089	1,320,137
	%	41.76	48.12	36.99	41.45
外煤	撫順	610,230	361,572	429,870	176,600
	日本	614,953	369,173	520,458	255,054
	安南	185,249	178,890	201,406	133,857
	俄國	—	23,249	—	—
	小計	1,428,207	932,885	1,151,734	571,721
	%	43.81	33.43	34.75	17.95
總計		3,259,905	2,790,847	3,314,554	3,184,788

資料來源：侯德封《中國礦業紀要（第五次）》（地質調查所，1935），第120－122頁。

表8記錄1931至1934年間上海煤炭供應來源。它充分反映這四年間上海從一個以外煤進口為主漸漸變為以華資及中外合資為主的煤炭消費城市。這個發展的過程，大致可分為五個階段：（1）原來由外煤佔主導力量的局面，經九一八事變後，因受抵貨運動的影響，日煤的銷售急挫。與此同時，實業部與各商礦急籌增產辦法，以補充每年進口200萬噸的日煤，以免上海及長江一帶，出現煤荒；（2）淞滬戰役後，由於上海受戰火波及，工商各界的生產備受破壞，煤炭消費急降，上海的煤荒問題無形中消失；（3）由於受世界經濟不景氣的影響，日本的煤炭消費量急降，原來的生產便呈過盛，為保護日本國內的市場，日人限制撫順煤的進口，並把日本過剩的煤炭對中國傾銷。與此同時，撫順煤在東北也因工業不景氣而滯銷，加上日本限制進口，它幾乎陷於財政崩潰的局面。為了自救，撫順煤也加入傾銷的行列，對已經滯銷的國煤，形成極大的壓力；（4）在實業部的建議下，國煤救濟委員會正式成立，並在鐵道部、軍政部、財政部的協助下，採取一連串措施，如提高外煤進口關稅、疏通路運、改善治安、取締苛捐雜稅等等，來扶持各礦商。這些應變措施，逐漸產生效果；（5）關稅提高令外煤進口下降。與此同時，華北及部分長江流域一帶的煤礦生產漸次恢復，運輸能力也日漸增加，全國各重要煤炭消費市場如上海、武漢、廣州等地，外煤進口的數量持續下降，令國煤在中國煤炭市場得到較穩定的發展。以下再就其間的演變詳細分析。

九一八事變發生後，無論是政府或商民，均大受刺激，努力尋求對抗之方法。實業部負責全國工業之發展，反應最為敏捷。在目睹國民一致抵制日貨運動的蓬勃後，該部礦業專家胡博淵即時將其擬訂之應變計劃，呈請實業部長、次長等批核。這份報告書，內容繁富，對我國煤炭工業的發展路向，勾劃出整個圖像，十分清晰，是一篇極重要的歷史文獻。[91]

在這篇題為〈謹將補充日煤意見擬具節略呈請鈞鑒〉的開端，胡博淵先指出日煤在上海煤市中的特殊地位，外煤在1930年進口共達「2,467,042噸，其中日本煤佔1,318,659噸，為最多數，……上述日煤銷用揚子江一帶者有1,120,000噸之多，……若再將撫順煤加入，則日煤之銷售於揚子江區域者，年達二百萬噸以上，即每天銷售六千噸。」如要抵則日貨，必須預籌如何補充揚子江一帶年銷二百萬噸的日煤，以免我國工商業受到影響。「且轉瞬嚴冬將屆，銷煤尤旺，苟來源缺乏，必致釀成恐慌。」胡氏進

一步擬訂了三個策略，以補充日煤之中斷。他說：「一在增加國內現有煤礦產額；二在開辦新煤礦；三在多購安南煤。」並指出「我國產煤，本可自給，（只）因連年戰爭，運輸阻滯，而車輛又時虞缺乏，致煤斤不能暢銷，產額因而減低，日煤遂乘機而入，今者抵制日煤，固以擴充產量，開辦新礦為要素，而對於疏通鐵路運輸，尤為切要之舉。」胡氏更進一步指出，現在情勢危急，「宜由本部（實業部）通盤籌算，定一採煤、供煤方案，分別進行。」㉒他繼續說：

「竊維長江沿岸煤礦，希望有限，今欲救濟長江一帶用煤，自以從津浦、平漢沿線各礦運送為便，且最適宜。茲將該兩路沿線及長江沿岸可以擴充產量之現有各煤礦情形，略述於後：

1.平漢路沿線煤礦

1.1　六河溝煤礦公司……民國十三年曾產煤五十九萬五千噸，……近年因軍事影響，車輛缺乏，其煤能運達漢口者甚少。現國內戰事已息，聞該礦最近出煤，每天可達一千八百噸。若增加產量至二千五噸，除平時銷售數量外，即每天溢出一千五百噸，為救濟（指補充—引者註）日煤之用；

1.2　磁縣怡立煤礦……民國十五年（1926年），該礦產煤二十三萬噸，即每天七百餘噸，十六年（1927年）因會匪互鬨，房產被焚，損失甚鉅，尚未恢復舊觀，不難乘此時機，回復原有產量，則每天出煤五百噸當非難事；

1.3　磁縣中和煤礦……民國十七年（1928年）產量七萬二千四百噸。如加意整頓，每天當能出煤三百噸。

2.津浦路沿線煤礦

2.1　中興煤礦，於民國十四年（1925年）產煤八十二萬二千噸，即每天出煤約計二千五百噸。十四年後，軍事頻繁，運輸梗阻，產量日減。如車輛裕餘，產量可增至每天二千五百噸。該礦之煤，平時已供給長江一帶。除去原銷數量外，茲估其每天溢額產量為五百噸；

2.2　華東煤礦，即以前之賈家汪煤礦，近年因時局影響，辦理不善。今正積極進行。據該礦負責人員稱「三四月後，每天產煤可增至六百噸」云；

2.3　淮南、大通煤礦。淮南煤田……現建設委員會正在該處積極開辦，日出煤一百噸左右，預計嗣後每逾一月，每天可多出百噸，故數月以後，每天可出四五

百噸；又大通煤礦……每天可出煤二百噸；運銷當地及蚌埠各處，每天如增加產額至（衍文？）二百噸，當屬可能。

　　3.沿長江兩岸煤礦

　　3.1　安徽貴池縣饅頭山煤礦，向由官辦，日產只數十噸，成績不良，現已另行組織，踴躍進行，於五六月後每日可達三四百噸；

　　3.2　宣城縣水東官礦，平日產煤最多時可至一百數十噸。自十七年發生火災後，損失甚鉅，進展不力，現如能增開井窪，則每天出煤三四百噸，亦非難事；

　　3.3　江西鄱樂煤礦公司，其礦區……面積甚廣，現在僅開採樂平縣之鳴山區，設備尚屬完備，惟受匪禍及戰事影響，運輸停頓。每日產煤僅有二百噸左右。如匪焰歛息，營業恢復，工程主持得人，則每天可出煤五百噸。」[93]

胡氏計算以上「各礦能恢舊觀或稍加擴充，每日即可溢出煤斤四千五百噸。……惟此事煤商知者甚少，應由本部召集以上各關係煤礦負責人員，從長計議，討論切實辦法，籌商運輸，指定車輛，統力合作，必能有濟。」此外其他補充方法包括增購安南煤，恢復萍鄉煤礦和開辦一些新煤礦。[94]

　　最後，胡氏總結各點，指出以上述方法去補充長江一帶每天六千噸的日煤，並非難以完成，但必須由實業部召集有關的礦商及各政府機關和金融領袖，和衷共濟，特別是「決定運輸車輛問題，使津浦、平漢兩路南半段各煤礦恢復原有狀態」和興辦新礦等方法來達致防止煤荒的目標。[95]詳細審閱胡氏的〈節略〉，便知其對我國煤礦業的狀況，實有全盤的籌劃，對於問題的癥結與解決方法，更了然在胸。胡氏所呈〈節略〉反映他所持的觀點有以下四個特徵：（1）肯定抵制日貨之正義性，故能對此危機作出積極而有建設性的正面反應；（2）我國煤產，原可自給自足，不需外煤補充；（3）國煤在20年代所遇之困難，應乘時解決；（4）政府各部門應對國煤立刻施以援手，一方面可防止煤荒，另一方面增強國煤競銷能力。

　　其時，孔祥熙擔任實業部長。他對胡博淵的〈節略〉十分贊成。他指出「煤斤問題，關係極鉅」，對於胡氏建議各點，已提交「行政院核議，進行所陳補救方法」，並指派胡氏以後參酌辦理。[96]他並即時核准由實業部「召集各關係煤礦負責人員，從長計議，討論切實辦法，籌商運輸，指定車輛，統力合作。」[97]

　　孔部長既批准召商集議，實業部隨即發出礦字第二〇八〇號公函。函內指出：

「近年軍事頻仍，運輸阻滯，採煤各礦，多未能儘量開採（此句原作「多就停頓」，後為審批者所改——引者按），所蒙損失，自不堪言。長江一帶商業及家庭用煤極為困難，本年對於供給煤料問題，尤應注意，否則今冬即有煤荒之虞。本部現為補救長江一帶工商業用煤起見，亟應通盤籌劃，提倡國產，便利運輸，茲定於十一月十七十八兩日，召集津浦、平漢兩路南段沿線及長江一帶各大煤礦及鐵道、交通有關各機關代表暨金融、航業界領袖，在本部會議，集思廣益，交換意見，免去各方之困難，促進煤產之增加，並如何調劑金融、增加產額、劃定車輛、統策銷場，按照本部預定補救方略，俾能產銷合作，於煤業前途，樹更新之發展，為工商實業謀燃料之自給（原作「謀燃料之自供，決定方案。克日進行」——引者按），事關實業補救大計，屆時務請台端出席。……」⑱

此信並未直接提及抵制日煤，以免引起外交衝突。但它的含義卻顯然易見。收信者均以該會議關係煤業前途極大，故反應熱烈，踴躍參加。有些礦商除立即選定代表，具函回覆外，並聲明帶備提議書以供大會討論。⑲

在各項議案中，以上海市煤業同業公會提出的〈救濟煤荒之方案〉⑳，較為全面。它指出近年「江浙粵閩等（地區），每年銷用日煤1,809,308噸之多，今即拒銷，急須起運國煤，分發抵充，方可維持工業與交通之原狀。」為求未雨綢繆，該會提出七點善後辦法：

「（一）關於存煤之起運……請求政府令飭航政局，責成國營各航業公司，限一星期內調動輪船十艘，分往塘沽、青島起運，使彼兩處存積十五萬噸之國煤，務於旬日間盡數運滬。

（二）開放航運之海口與碼頭……請政府令飭上海濬浦局，調用挖泥機船，會同天津工程局，趕工疏濬……大沽海口積泥。（在）未濬完工時，擬請政府……開放秦皇島碼頭。……（又）青島港務局將一號至四號各碼頭，仍許靠船裝煤。

（三）關於陸運國煤之鐵道車輛……國煤之運輸，實為鐵道營業之經常主要物，故應趕工修理舊車，撥款購置新車，以應各路運輸國煤之用。

（四）關於鐵道運價之劃一：各路運價低昂弗一，為發展礦煤，實現《實業計劃》起見，此時對煤之運價，應統盤計算，廉平而劃一之。

（五）禁止各礦商直接售煤與日商……查日本之採用我國礦煤者，實為利於兵艦及工業之需求。……故急應禁止國煤賣與日本，一則可殺暴日之野心，一則可免國內之煤荒。

（六）收回魯大日股及博山博東煤礦：魯大煤礦，日人之股資實居半數。至博山之博東煤礦，則純為日人所經營，……應先後設法收歸國有，毋使腹心礦業，久操仇人掌握，為我國心腹之患。

（七）各礦區之交通問題……礦區與鐵道之交通、鐵道與海岸之交通，二者必相連接，使礦煤掘出（後）……達於遠方。……本問題若經政府注意及之，略事設計，便可實行。」[101]

該會並認為以上各項，「有聯貫一體之關係，……惟任何一端之實施，均須政府之能力，始克有濟。」[102]除第六點關於取締日資煤礦及禁止對日商出售煤炭外，其餘均集中於運輸的改良和運價的減低，以求能大量轉運國煤到上海一帶及降低其所承擔之運費。

這次會議定名為「救濟長江煤業會議」，為執行大會議決各案，政府遂決定成立「國煤救濟委員會」，以「促進煤礦業產、運、銷合作而利工業、民生為宗旨。」[103]該委員會於1931年12月4日在南京成立。它標誌着官商合作的個里程碑，並在往後三數年間成為救濟國煤的最重要機關。而胡博淵以實業部代表身份被推選為該會的副委員長，擔負溝通商人與政府的聯繫工作。

後來，駐（國煤救濟委員）會專門委員朱用和曾回顧1931年底該會成立的原因、組織和發展方向。他說：

「上年九一八變起，人民以抵貨為外交後盾。日煤被擯，國煤需要驟增。然一方面需要即增，他方面生產、運輸、儲積、銷售種種問題，均未預籌完備，緩不濟急，困難滋多。各礦有鑒於斯，奮起聯合。同時，我政府提倡實業，不遺餘力。於是由實業部召集……會議，……與議之士，有實業、財政、交通、鐵道、軍政五部代表及各礦商煤商、各航商。提案四十九，凡生產、運輸、儲積、銷售各問題，皆有博精之條款，詳細之討論。復以決議事項，亟待執行，乃……組織「國煤救濟委員會」。……官商合作，設委員二十三人。……旋移會址於上海，設置各組，分掌

設計、經濟、生產、運輸、推銷之事，俾專責成。」[114]

朱用和特別強調官商合作，並稱讚國民政府積極提倡實業。由於政府各部門的直接參與，減低了部門間的隔閡，對救濟國煤及防止煤荒，直接施加援手，使解決國煤問題，漸露曙光。終於，在實業部會同其他部門的聯手下，迅速進行救濟國煤的必須工作，「並由鐵道部抽調各車輛，專司載運」，總算把煤荒問題暫時壓下來。[115]

然而，自從1932年1月28日「淞滬之役」爆發後，上海慘被日軍肆虐破壞，工商業大受影響，煤炭銷售的數量驟減。中日協議停戰後，日煤與撫順煤因受世界經濟崩潰影響，銷路急降，為維持其生產，減低損失，遂不惜代價，向我國煤炭市場，厲行傾銷。國煤的處境便更形惡劣。

1932至1933年間，可以說是國煤最困難時刻。上海及長江下游附近一帶的消費，因受戰火波及，經濟殘破，工業用煤的需求急降。另一方面，日煤則推行其跌價傾銷政策，吸引了一些商人轉用日煤。表8記錄1931年上海日煤（包括撫順煤）進口為1,225,183噸，1932年降為730,745噸，但到了1933年，日煤繼續在上海傾銷，使其銷售總量急升至950,328噸，較上年度增加超過30%。對於「外煤輸入仍旺」，實業部曾指出其原因。第一，「外煤貶價售賣，並展長貨款日期，使煤商見有厚利可圖，樂於承售。」第二，「國煤資金枯澀，周轉維艱；成本既高，產、運復不足以供市場需要，以致銷路頓失。」[116]因此，實業部「擬先定減輕國煤成本，使售價低廉，足與外煤頡頏。」[117]並要求財政、鐵道、交通、軍政各部指派負責人員，與實業部切實商定救濟方案，以維護本國煤業的生存發展。

吳半農在〈日煤傾銷中之國煤問題〉指出兩個阻礙國煤發展的根本問題：（一）中國國民經濟，近數年來，業已破壞；加上去年洪水汎濫，全國農村迅速地趨於破產；農民生活極度貧窮化，購買力愈見低減；工業製造品的銷路已遠不如往昔；（二）1929年以來，世界經濟不景，我國出口大受打擊，而國內市場市因之變本加厲，愈為外貨所充斥。我國民族工業原已苟延殘喘，現在國內的市場既日見狹小，而國外的壓力又見加重。[118]

面對日煤大量傾銷，全國煤業幾乎陷入全面衰退的局面，吳半農曾分別將當時的主要華資煤礦（包括井陘、臨城、柳江、長城、怡立、中和、中原、六河溝、中興、保晉、晉北、賈汪、長興、萍鄉、烈山等十五個較大的煤礦）作一概略的考察，得出的結

論如下：

「我國境內，在這幾年中，不但沒有增加一個規模較大的新式煤礦，即舊有華資各礦，也差不多沒有一個不是氣息奄奄，朝不保夕。」[109]

除了運輸問題外，吳半農也強調國煤的生產成本普遍要比開灤煤和撫順煤為高，原因有以下五點：

「（一）華資各礦，一切用人行政多趨於衙門化；

（二）華資各礦，規模都很狹小；

（三）華資各礦底工人，因為待遇惡劣，工資久欠，極易發生工潮；

（四）目前華資各礦大多負債累累，每年應付利息為數亦鉅；

（五）華資煤礦所負礦稅亦較開灤（和撫順）為重。」[110]

國煤的成本即高，運輸方面又有問題，故礦商屢次要求政府實行保護性關稅，增強鐵路運輸能力和減低或補貼運費。「國煤救濟委員會」在這些問題上，擔負重要使命。[111]因為日煤傾銷，一方面使煤市擁擠，另一方面也使煤價普遍急降，使國煤的銷售疲弱，華資煤礦的財政更為惡劣。國煤救濟委員會1933年12月指出，「自九一八以後，社會不景氣日見深刻，如工廠停歇者多，銷數本減，復以外煤傾銷、遍地皆是，價格狂落，為數十年來未有的低價。政府雖增加外煤進口稅率，然東鄰蓄意傾銷，查其來煤，既加運費、關稅，而售價反較本國為廉。」在這種情況下，「國煤受其排擠，銷路日蹙，然猶不免（於）同業之競爭。」[112]為保護國煤，該會遂根據中興煤礦之議案，轉請政府依據「國民政府於二十年（1931）二月公佈傾銷貨物稅法（第）九條：『凡外國貨物以傾銷方法，在中國市場與中國相同貨物競爭時，除進口關稅外，得徵傾銷貨物稅。』」予以懲罰。[113]現再看以下兩表。

表 9　撫順煤在上海售價（1932）　　　　　　　　　　　　單位：日元/噸

煤類	行銷地點	售價	鐵路運價	碼頭裝卸費	海運費
撫順煤	奉天	7.70	1.20		
	大連	10.70	3.50	1.00	
	上海	7.50	3.50	1.00	1.10

資料來源：《國煤救濟委員會專刊》（自印本，民國22年）第15頁。

表 10　日本煤上海售價（1932）　　　　　　　單位：兩/噸

種類	售價	關稅	碼頭費	海運費	在日本海口價
元山統	4	1.3506	0.6	1.08	0.97
松浦末	5.75	1.3506	0.6	1.08	2.72
神田末	5.8	1.3506	0.6	1.08	2.77

資料來源：《國煤救濟委員會專刊》，第16頁。

　　表9載撫順煤在大連售價、每噸除去運費及裝卸費，它的價格應爲6.2日元，在上海售價，應合共爲11.8日元，現以7.5日元出售，即較原來者減少4.3日元，以當時100日元兌換77兩計算，共減少3.3兩以上。[114]表10載日煤在上海出售的價格，在扣除關稅、碼頭費、海運費後，在日本海口交貨成本最高爲2.7兩，最低僅0.97兩，其眞正成本，決不止此。由此可見，日煤之蓄意傾銷，壟斷市場，已毫無疑義。[115]

　　1932年10月21日，國煤救濟委員會根據上述一類提案[116]，決議：「請求政府實施傾銷稅，或對中、外各礦一律徵收特稅，對於完全華資所辦各礦，一律給以獎勵。」[117]此外，他們亦就開灤釐稅較低，妨礙國煤公平競爭，決議：「請求政府對於國煤應與開灤一律待遇。」由該會呈請財政、實業兩部執行。[118]

　　關於礦產稅的改革，財政部在1934年9月，令開灤「改照礦業法納稅，其餘各礦，稅額亦經分別妥訂，於二十四年（1935年）5月26日實行改徵。」[119]總算是華商各礦多年爭取的成果。此外，爲鼓勵煤炭出口，更推行出口煤的退還原徵礦稅辦法。由「財政部於二十三年（1934年）八月間，規定凡煤類出洋，准援照統稅辦法，於繳納關稅後，即予退還原徵礦產稅，藉資獎勵對外貿易。」[120]而「財政部爲越煤（即安南煤）進口減稅，對於運銷外洋之國產白煤，經核准免稅出口。於二十四年八月十六日起施行。」[121]

　　關於全面整頓國煤問題，國民政府行政院在民國二十二年六月二日秘密訓令實業部一函指出：「奉中央政治會議密函：查關於取締日本向中國傾銷煤及其他商品一案，……決議交經濟組審查。茲據該經濟組報告審查結果，認爲……（應）交由實業部召集各業代表及專家研究，再行核議。」[122]實業部遂呈請行政院令飭「外交、財政、鐵道、交通、軍政各部，商訂整個救濟方案，再召集煤礦商各業及有關專家會議，共策進行，

以恤商艱，而維國產。」[12]實業部在該呈文擬稿中說：

「查我國礦業衰敗原因，甚為複雜，除關稅互惠（中日關稅互惠品目協定限滿，並未續訂，此節已不成問題——原註），外煤傾銷，額外稅捐，影響甚鉅，應即改善或制止外，其餘應行研究進行之點尚多，如：

（一）各煤礦業應如何團結一致，力謀振拔，抵禦外煤傾銷？

（二）嚴密考查國煤必需成本，有無糜濫，應如何裁節？

（三）水陸運價，是否過昂，應如何更訂？

（四）各路運煤車輛，應如何使其不感缺乏？

（五）各礦有無壟斷，應如何取締？」[13]

該稿經略作修改後，在1933年10月9日發出，10月18日獲行政院長汪兆銘覆函批准。會議在11月10日在實業部舉行。大會預先以密件形式，擬定議事案七項，內容如下：

「會議救濟國煤各案

一、屬行關稅保護政策，徵收外煤傾銷稅；

二、減輕成本；

三、疏通運路，使運煤車輛不感缺乏；

四、謀各煤礦業團結，使力自表拔；

五、取締各礦壟斷行為；

六、免除非法捐稅並減輕礦產稅；

七、減輕鐵路、輪船運費。」[14]

出席者有軍政、交通、鐵道、財政、外交、實業各部代表，並由國煤救濟委員會代表章祜列席，參加討論。大會由實業部常務次長劉維熾擔任主席，主持會議。

這次大會探討的範圍頗為廣泛，涉及不同的層面，現將討論重點加以歸納為以下四點：

（一）關稅問題：財政部與實業部一直進行會商徵收傾銷稅問題。在1933年3月，據傾銷貨物審查委員會意見，認為對日煤徵收傾銷稅有技術性困難。又以撫順煤雖屬傾銷，惟徵收傾銷稅則恐外交上別生枝節，且將東省出產視為非本國土貨，有違東三省仍為中國領土之意，故該會主張增加進口稅較佳。這個建議獲得財政部同

意，隨即令國定稅則委員會妥批進口煤新稅率。[126]由於在同年5月，中國已能對日煤的進口稅率，自由伸縮，[127]故財政部在5月22日把外煤進口稅改徵1.8金單位，約較前增加一倍。實施半年，日煤進口日見減少，因此財政部認為大概不必再行加稅。[128]鐵道部代表孫多葵則指出：「各路沿線煤斤成本甚高，依照現在外煤所納關稅，國煤仍不能與之競爭，財政部似應再將外煤關稅增加。」[129]他更認為「撫順煤似應暫以外煤看待，應考慮再加關稅或徵傾銷稅。」[130]外交部代表方文政也提出「傾銷稅可否再行決定徵收。如徵傾銷稅，外交上似無問題，外部方面必力為應付。」[131]財政部代表曹樹藩表示不同意，認為：「關稅增加則物價必高，所擔負者仍為我國人民，此問題並不簡單。（並不是）欲增若干即可增若干，須顧及國人之擔負。」[132]由日後觀察，日煤進口在1934年大幅下降，應為提高進口關稅之直接效果。[133]

（二）疏通路運和減低運費問題：（ⅰ）軍人扣留煤車問題：已由軍政部通飭遵照，頗見有效；[134]（ⅱ）增撥車輛問題：已由鐵道部安排，並「擬將各路破損車輛修理，專為轉運煤斤之用。」鐵道部代表孫多葵在大會上宣稱「近來對於六河溝之煤已全部運出，共約七十餘萬噸，中興公司之煤亦已全部輸運，」反映已在此問題上有很大的改善。[135]（ⅲ）運價問題：早在1933年初，鐵道部疊奉實業部轉來各方面函件，請求減低運費，經該部「妥慎考慮，業視各路能力，與以充分補救。膠濟煤運出口者，前已給予回扣二成，以內銷者回扣一成；晉北煤斤出口特價，已減至每噸三元七角；平漢路煤由北往南至漢口者，近又特准按照新三十二款現行運價八折收費。」又在本年12月1日開始，「各路對國煤運價，內銷以九折收費；出口以八折收費，故鐵道部在運價方面，無不力求核減。」[136]國煤救濟委員會列席代表章祜卻指出：「各路運輸以煤為最多，如無煤運，則鐵路成本更屬不了，故應彼此兼顧，大家合作。政府如有一定政策，則鐵路成本之如何，國庫稅收之如何，均不能計較。」大會主席劉維熾隨即補充說：「章代表（祜）所談實為根本問題。如（政府）實行保護政策，則不能斤斤為盈虧之計較，在外國（如日本、英國——引者註）輪船運輸有時不收運費，並有由政府與以津貼者，政策使然也。故對國煤徵稅及運費，能減一分即減一分。」[137]

（三）減輕成本問題：對於華資煤礦生產成本較高，引致其不能與外煤和開

灤、撫順煤競爭，鐵道部並不抱同情態度。[139]他們認為礦商沒有把本份做好，卻常歸咎運價過高，令其競爭能力削弱。章祜指出：「各礦頗多浪費，實業部似應將各礦會計統一。」又說：「第一步應從減輕成本下手。」主席代表實業部答覆：「（此項）由本部負責督促礦商方面，切實辦理。」鐵道部代表認為「各路沿線煤斤成本甚高」[140]，故「國煤成本應切實核減開灤煤成本每噸祇一元七毛，國煤則自三元至五元不等，為數太鉅，（主張）救濟國煤自應由政府方面、商人方面雙管齊下。」[141]

（四）壟斷和礦業團結問題：壟斷是指開灤煤成本已較輕，又不用繳交礦產稅，今乘關稅增加，日煤減少之便，積極擴大其銷售，引致各小礦岌岌可危。章祜指出：「國內各小礦數約七百，供給內銷煤斤年約二百八十萬噸，供給各鐵路者八十萬噸，如小礦為大礦所打倒，則（i）鐵路用煤、（ii）當地人民用煤和（iii）各礦之職工及間接賴以生活者，必立即發生問題，故政府為礦商計、為人民生活計、為地方治安計，當使各礦互相維繫，大礦與小礦、遠礦與近礦共同生存，平均發展。」他並指出我國最大煤市──上海──每年用煤已增至360萬噸。「惟滬上工廠，大都對於國煤不甚信任，以國煤每因政治關係，時有時無，不能源源接濟。故吾人抵制外煤、抵制開灤煤，工作非常重大，非極力將國煤整頓不可。」[142]鐵道部孫多焱也表示「國煤向不敷用，現欲抵制外煤，將更不敷。以北票、撫順等煤礦，似已變成外煤，故刻下最重要問題，應研究如何發展國煤。」[143]財政部曹樹藩則表示「礦產稅依法納百分之五，已徵產稅者免徵轉口稅。」實業部代表黃金濤則指稱：「開灤煤須設法使其依照礦業法繳納礦產稅。」[144]最後，大會要求章祜「對於大小、遠近各礦，究應如何調劑，請（他）以書面提出，以便下次開會決定。」[145]

這次討論既深入，又全面，是國民政府謀求解決國煤問題的一次極為重要的事務會議。會中各部門代表發言均能切中問題核心，並負責在其管轄範圍內督促各項救濟國煤的工作。例如，財政部負責監察外煤傾銷情況，在提高關稅後，確能壓抑其進口數量。軍政部則保證制止軍人扣車之歪風。鐵道部儘量提供車輛轉運煤斤，並就其能力範圍內盡力減低運價，並鼓勵國煤努力外銷，以擴大其銷場。至於有代表要求對國煤實施補貼政策，則是當時政府的財政負擔能力之外。實業部除監督各礦之經營，指導其技術之改良和促使開灤煤依照礦章納稅，並致力於各礦的團結及

生產成本之減輕。關於最後一項，將成為日後討論的焦點。

首先，生產成本是構成煤炭價格的第一個重要指標，它反映每個礦的經營能力、規模和效率。它包括材料、工資和事務費等等。此外，生產成本也反映該礦的煤炭量、儲藏狀況、機器設備和產額。以下是30年代初主要國煤生產成本：

表 11　30年代初國煤的生產成本　　　　　　　（單位：元）

礦名	采煤成本	事務費	合計
井陘	1.95	0.25	2.25
正豐	—	—	2.60
怡立	—	—	2.65
中原	2.12	1.05	3.17
六河溝	2.60	—	2.60
中興	2.88	0.62	3.50
晉北	2.00	0.50	2.50
大同保晉	—	—	2.60
平定保晉	—	—	2.90
萍鄉	—	—	6.30
鄱樂	—	—	6.50
華東	—	—	3.60
長興	—	—	5.00
大通	—	—	5.80

資料來源：侯德封《中國礦業紀要（第四次）》（地質調查所，1932年）第60頁。

以上14個華資煤礦，平均的生產成本為3.17元，較開灤（2.2元）、撫順（2.49元）均超越五成以上，加上兩礦有較優良的運輸系統，所以長期以來其銷售遠較國煤為佳。1932年起，開灤更乘國人抵制日煤之際，加強推銷，致使國煤銷售仍不能改善。國煤救濟委員會以救濟國煤為宗旨，在第一次大會上，已向與會者提出〈減輕出產成本、改良各礦本身辦法案〉，除籲請蠲免稅捐、減輕運價、疏通海運、增撥列車外，更積極提倡「施

用科學方法、改良開採、杜絕一切枉費、力事撙節。」[14]經分組討論，決議：「（甲）各省煤開採殊不經濟，……應請實業部令各小礦合辦大礦以減輕成本；（乙）函知各礦，將成本實在情形，按月報告本會，以資研究。」[14]甲項雖經決議，進展不大；乙項則屬長期工作，加強調查，對該會研究改善方法，有一定的幫助。此外，大通煤礦公司代表朱用和主張避免同業互相跌價競爭。他說：

> 「淞滬案協定，戰事結束，日煤乘機傾銷，國產銷場更受侵奪。……默察前途，危險實甚。凡我同業，似應聯合一致，協力對外，以圖挽救，始足以謀國煤之發展，固各礦之基礎。否則各礦爭先跌價、互相競爭，則煤業市場，必形芟亂。……擬請按照各礦化驗單為標準，……公估價格之高下，於市價漲落，共同步驟，一經鏖訂，相與遵守。」[14]

此議雖被議決「保留」，但他要求各礦合作，避免競爭，是煤礦商尋求煤業合理化的濫觴。惟當時各參加者均以疏通路運，防止傾銷為首要目標，故對上述兩點未能全力謀求解決辦法。

到了1934年初，實業部開始對於減輕成本、加強團結兩項，積極尋求改善措施。在全面整頓國煤第一次大會後，實業部收到由國煤救濟委員會送來〈救濟國煤方案〉一件，副題為「國內煤礦業衰落之原因與影響及救濟辦法」，內容繁富，文長數千言，現略為介紹一下。文中首先指出煤礦業衰落的原因，共有十二項：（1）資本缺乏；（2）設備不完；（3）學術欠缺；（4）交通不便；（5）車輛缺乏；（6）運費高昂；（7）稅率不均；（8）外煤壓迫；（9）銷額減少；（10）地方需索；（11）軍事損害和（12）土匪騷擾。前三項為礦商本身問題，其餘則多屬外在因素。文中亦指出礦業衰敗之影響，包括民生、經濟、稅收、路政及剿匪工作五項。至於提出的補救辦法，亦有（1）加強調查；（2）經濟援助及（3）技術改良三點。最後，該文要求「政府予以實力之援助，」並希望政府能通盤籌劃，盡力「平均稅率、疏通運路、減輕運費、限制外煤、維持地方治安。」[14]

實業部收到該文後，以所陳各點，多屬政府援助範圍，聲稱「政府當就職權所及，盡力推行，」但是，對於「各礦究應如何團結？其成本應如何核減？」文中並未詳細申述，要求該會再「擬具切實辦法，呈候核奪。」[15]

國煤救濟委員在民國二十三年二月二十四日答覆實業部,指出前文關於減輕成本一節,皆依據業者「各自之立場與環境,相期鐵路待遇之改善與夫苛捐雜稅之蠲除。」但是,「各礦對於究應如團結一層,多未置論」的情況,「非出偶然。」該會估計各礦多有隱衷,並認為與當日的煤市狀況有關。該會詳述當時煤市的變化,其經過及發展如下:

> 「自日煤傾銷之勢既衰,其所遺之市場,宜可由國內各礦之煤以補充。詎料國
> 內大小各礦為推銷起見,即自行開始競爭。購戶利用,價格日落,遠礦小礦,資力
> 不充,交通梗阻,困苦之境,或加甚焉,而利益偏枯,此為競銷期也。」[150]

所以,該會提出令煤商團結的三種辦法,供實業部參考。它的內容包括:

> 「第一,應節制中外合資各大礦之產量以維小礦出路;
>
> 第二,宜減低各種捐稅及鐵路運價,並予小礦遠礦特別之便利,以輕成本;
>
> 第三,應減削煤商回佣,縮小外煤可乘之隙。」[152]

救濟國煤委員會強調,如能實現以上各項,「則產銷供求之數,可期平均,煤價自趨穩定,庶幾相維相繫,共存共榮,而後始可與言團結。」否則只會兩敗俱傷。但是,她也指出各礦「因利害關係,……或不能一致接受。」如由實業部「召集煤礦商會議,」或能收團結之效。[153]

這件函件,正好說明當時礦商最關心是如何減低運費及稅釐,政府則鼓勵煤業生產的合理化,減低各礦之間不必要的競爭。兩者目標並不一致。礦商較重視自身的問題,如能獲得財政補助或低息貸款則更佳,而政府則希望對煤業施以有效的統制,加強各礦的合作,以保證整個行業的生存與發展。

特別關於經濟援助一項,在前函(〈救濟煤業方案〉,民國二十二年十二月)中,國煤救濟委員會在關於煤業救濟的辦法一項,除提議政府加強調查、技術改良外,也提出:

> 「國內煤礦因資本短絀,設備不完,致不能與外煤抗衡,應由專門機關,設立
> 經濟科,酌量情形,予以經濟之援助,或由政府發行債券,或以較低利率,憑相當
> 擔保,貸與款項,俾各礦得能經營其業,以圖發展。」[154]

國煤救濟委員會曾在第一次大會上,提議發行煤礦公債,以幫助各礦擴充設備、增加產

量及購買機車貸車等，並由實業部與財政、鐵道各部多次磋商，已有頭緒。但最終因「擔保品難於切實指定，且恐影響其他公債，故未實行。」[135]

發行公債的計劃雖然落空，實業部並不氣餒，盡力尋求大宗貸款，來協助煤礦商。努力經年，最後與英商喬治麥克班公司（Messrs George McBain）達成貸款協議。1935年8月1日，實業部與該公司簽訂合同，由該公司貸款一千萬元，年息不超過八釐，由雙方認可的礦商承借。這項貸款，專為這些礦商提供所需的資金或其他技術的協助，以「探勘、測量、開採、啓發、及投資，或補充資金，或改良運輸設備等工作。」[136]實業部對於各項「借款之償還，及利息之支付，允許另備擔保金，即以每年所得六十萬元以上礦區稅收入，撥存雙方同意之銀行，作為借款擔保。」[137]此外，麥克班公司「因供給資金、技術及專家之協助，對於承借款項之礦方每年編贏餘，應得百分之十，作為報酬。」[138]日後實業部認為如有需要，得要求麥克班公司增加借款額數，條件是部方將擔保金按比例增加。[139]為免受不公平的要求，實業部規定合同內一切條件，均不得違背中國礦業法，並聲明一切爭執，如不能由雙方或雙方選擇的公斷人解決，則須「交海牙公斷法庭處理」，而所有評決，雙方均應遵守[140]。在簽訂該合同前，實業部曾向行政院報告，指出：

> 「近年來，我國礦業日趨不振，……即國內僅有之煤礦事業，其大半亦幾至難以維持。在歐美及日本各國，對於礦業……苟至危殆時，皆由政府貸款維持，以暫渡危難之局。近來我國各礦，呈部請求予以救濟者，已有數起，而尤以煤礦為甚。惟今日政府，財政支絀，實無的款可資貸借，以供救濟礦業之需，但如坐視各煤礦……瀕於破產，而不與援助，亦非培養一國元氣之道。……現有英商喬治麥克班公司，願以資本分貸給我國礦業，為開發或救濟之用。……由本部指定每年礦區稅收入，作為擔保。……合同經核准成立後，本部即擬於部內附設一「礦業金融調劑委員會」。……」[141]

實業部並希望「藉此將國內礦業，陸續整理，俾得建立統制之基礎，並可限制生產或獎勵輸出，使我國經營礦業者，不致如現時有破產之虞。同時，本部對礦業技術，與礦業管理，力加注意改善，則十數年後，我國礦業，庶幾獲有健全根基，此亦實為國家應施行之政策。」[142]

實業部希望對煤業加以整理，以建立統制的基礎。究竟甚麼是統制？當時爲甚麼要對煤業施以統制？它有何優點或缺點？實業部採取那些步驟去推行？對礦商有何影響？他們的反應如何？結果如何？這一系列問題，似乎都需要加以考慮，以辨明當時的實際情況。

關於統制一詞的確解，政府公函中，直接應用於煤炭行業的，筆者暫時仍未發見。但是，在其他工業中，卻有正式的解釋和特殊的含義，可以參考使用。以國民政府在1934年12月第四屆五中全會關於紗廠救濟爲例，由中央執行委員會第五次全體會議通過的〈請由政府切實救濟全國紗廠恐慌及推廣土布銷路以裕民生而維企業案〉，曾列出五項辦法，第三項爲「由政府實行統制，如有組織之生產與推銷。」[163]這點大概是指產、銷的合理化。用這個含義去考察煤業的情況，或較能接近事實。陳公博的《四年從政錄》一書中收錄了他在1933年8月刊載於《民族》雜誌的一篇文章：〈序四年實業計劃初稿〉。該文首先指出「四年實業計劃，是根據二十年（1931年）中央決議來起草。……內容是希望國家重要工業能於四年內籌設完畢。」[164]陳公博用了一年半的時間把計劃草擬。該文特別指出，要經濟建設，必須要經濟統一。其次，要先擇定一個建設中心（揚子江地區）。這個計劃，也包括了對煤炭的管理。他曾在一個煤礦會議上，針對運輸問題，「提出一個合運辦法，即把各個煤礦組織一個公司，由這個公司把各鐵路的壞車修理起來，專作運輸煤之用。」[165]陳氏所言的統制範圍很廣，認爲「政府不但要採取統制經濟政策，凡一切生產事業，政府都應該扶助人民來組織一個建全團體，消滅內部不經濟的鬥爭，進而爲生產和消費的合作。」[166]

同年12月，陳公博在《民族》雜誌發表了〈爲實業計畫告國人〉。文中，他指出中國在1928年1932年間，平均每年進口外煤共2,099,748噸，價值是20,242,993海關兩。他很不滿意外煤源源而來，本國煤礦卻處於減產、停工和虧蝕的狀態。[167]

在1934年5月，他在〈統制經濟的先決條件〉一文中，指出「煤業救濟，在今日爲必要；煤業統制，更爲必要。然而於此中有兩大問題：其一、是運輸；其二、是管理。」他特別批評「有些煤礦，已變了衙門。」他強調「統制經濟是根據國家自足政策來的，……除了經濟自衛外，還包含着經濟向外的意義。」他激烈地批評當時一些省份（如山西和廣西省）也都來統制經濟，認爲會產生很大的流弊。[168]

陳公博在《四年從政錄》中，也曾指出中國煤業有以下幾個缺點：（1）管理不合

理，開支太大；（2）資金缺乏，周轉不靈，利息太重；（3）運輸困難。他個人認爲煤商因事業的衰敗，切望統制。原來的統制計劃由全國經濟委員會負責，後來該會不辦，陳氏覺得「實（業）部總須設法。」然而，基於政府的統治勢力未曾遍及全國，所以在他擔任實業部長的任內，統制煤業的構思終於無法實現。[160]

總之，這三數年間政府救濟煤業的工作，主要是解決那些跟鐵路運量、運費，以及稅率等有關的問題。政府對煤業的最大貢獻也許是1933年頒佈的關稅表。[161]其他如改善運輸條及除止同業惡性競爭方面也做了很多的工夫。到了1936年，實業部開始努力促使煤炭生產合理化。

早在日煤傾銷正烈的時期，大通煤礦公司代表朱用和已提議「劃分區域、規定國內銷場，」以避免同業跌價競爭。[162]這個意見已引起實業部相當的關注。到了1934年2月，國煤救濟委員會函覆實業部時，建議「節制中外合資各大礦之產量以維小礦出路，」但亦同時指出各礦「或不能一致接受。」[163]1935年與喬治麥克班公司簽訂借款合同，並組織「礦業金融調劑委員會」，實業部認爲應乘機建立統制，以限制生產，獎勵出山及改良技術、加強管理等手段，鞏固煤業發展，促使生產、運輸與銷售均能在政府的監督與指導下，加快煤炭業的合理化進程。

1935年12月，吳鼎昌接任實業部長一職。上任伊始，他鑑於煤市「供過於求，煤價遂按年跌落，計每年平均遞減之價，恆達百分之十。前數年各煤礦尙可向銀行借款維持，但近年來本息旣不能償還，則新債更難於籌借，捉襟見肘，多瀕破產，」於是便通知國內各大礦，「將業務上困難障礙各點詳細陳述，以便設法扶助。」[164]各礦覆函中，涉及稅捐、運輸、銷售、價格金融等問題。部方考慮礦商的意見後，認爲以下兩點最關重要：（一）「銷售市場向無限制，」引致礦商要求「劃分區域，規定國內銷場」以改善惡性競爭的出現。（二）「同業間跌價濫消〔銷〕」迫使礦商要求政府採取以下步驟：「（1）以煤內熱力爲單位，規定市價標準；（2）分區支配產量，規定價格，俾供求相應；（3）由政府實行統制；（4）由政府喚起各礦連橫合銷。」[165]實業部也同意如要避免「煤業傾軋，多採競銷」的弊端，「未始不可用政府力量施行統制。惟煤礦範圍遍及南北各省，資本且有中外之別，營業亦非簡單之事，不如由政府督促公司自行團結，依產煤區域及已佔有之市場，組織聯合售銷機關，較爲易擧。」[166]部方根據這個原則，制定了以下五個方針：

「（一）、就產煤地點運輸情形劃分銷售區域……為求煤業合理化計，應以京滬、青島、津沽、武漢、閩廈、汕粵等要埠為中心，從最近或最便利之煤礦運煤供給之。質地特佳之煤，則應鼓勵其運銷於閩粵及海外各市場，以期騰出內地市場，由腹地各礦供給之；

（二）按每一區域內各煤已佔有之市場分配各礦之銷量。……以各該礦煤在該市場每年售出之數量為標準，並酌留煤額百分之五以供尚未加入聯合團體（之）小礦及有特殊情形之大礦；

（三）分別煤類等級，規定公平市價……應由聯合機關就各煤之發熱量及其化驗成分，推算各煤價格之比率……製成各煤之標準價目表，呈本部核定後，售價即依此為標準，不得自由變更；

（四）聯合銷售力量，防遏外煤傾銷……聯合銷售之後，競爭之對象，應以外煤為限；

（五）節省競爭費用，補助國煤出口……各煤礦聯合售銷後，省去競爭費用，對於出口煤價，儘可削減，外銷量既增，則產煤過剩之事，即無足慮。」[176]

政府雖然急切希望推行煤炭的聯合銷售，各商礦對新政策多抱觀望態度。例如，代表開灤、中興、中福、六河溝、晉北、怡立、正豐、大通、華東、長興等公司的中華民國礦聯合會表示：

「鈞部解除國內銷路競爭、增加國內輸出力量之主旨，莫不同聲欽服。惟詳究各煤礦營業所感之困難，屬於銷售傾軋，固無何諱言。然其可以致於銷售之傾軋者，仍以運費、稅捐為最大原因。……今欲解除競銷，先在限制產量，欲限制產量，先減輕成本，欲減輕成本，先在減輕及平均運費與稅捐。……（又）聯合銷售之舉，其間產額銷額運額應如何分配，各路運費及各地出口等稅應如何改訂。且也官辦之礦與商辦之礦是否一體參加，皆需並顧統籌，一一妥協商定而後可言聯合。爰併為先決原則五項：（一）產銷額之平衡；（二）運量及運費之平衡；（三）礦稅之平等；（四）官辦商辦之平等；（五）出口稅之減免。」[177]

因此，聯合銷售之議卒以未能獲多數礦商支持而作罷。究其失敗之因素，主要是實業部缺乏影響眾商追隨此計劃的基礎。

值得特別注意的，是煤炭與國防及外交的關係，也曾導致政府直接介入煤炭的開發和整頓。首先，在九一八事變後，國民政府對中國的國防問題加強關注。據錢昌照的回憶，事變後，他向蔣介石提出籌辦一個國防設計的機構。他認爲總有一天，日本會大舉侵略中國，爲發展中國的工業，以配合國防上的需要，這個組織應該儘快成立。錢的意見爲蔣氏所接納，並指派翁文灝擔任國防設計委員會秘書長，錢爲副秘書長。該會於1932年11月正式成立，工作分八個部分，與礦產資源有關的，是「原料及製造方面」的分組，它進行了一系列的煤炭資源的調查工作，作爲將來抗戰時的準備。該會原隸屬國民政府參謀本部，1935年4月改隸軍事委員會後，易名爲資源委員會。根據組織條例，它的職掌包括：（一）關於資源的調查研究；（二）關於資源的開發；（三）關於資源的動員。從那時起，調查研究階段過渡到重工業建設階段。同年，它擬具了一個三年計劃，除統制鎢銻、開發銅鐵等資源，計劃也包括「開發高坑、天河、譚家山和禹縣煤礦，年產150萬噸。」這些煤礦都位於遠離沿海的內陸地區，是資源委員會預計沿海地區在戰爭爆發後可能會失陷，和針對內地煤礦未足擔負抗戰時的需求而出現的。[⑰]可以肯定地說，國民政府在九一八事變後已開始籌備抗日戰爭的工作，並爲抗日戰爭準備一些不可或缺的「國防資源」——例如煤炭——的工作。可是，政府鑑於中日衝突愈遲爆發，對我國愈有利的觀點，對這些國防上的準備工作，當然不能向國民明白宣佈，以免成爲日人立即發動戰爭的藉口。

另一項與國民政府扶持煤業有關的工作是中福煤礦的整理。這個礦因涉及英商，如處理不佳，可能影響中英關係。1934年2月，翁文灝從南京乘汽車到浙江長興做煤礦調查工作，途中撞車受了傷。之後，他返回北平休息。是年秋天，他傷勢還未復原，正在北平休養時，忽然接到蔣介石的電報，要他立刻到牯嶺商量要事。一見面，蔣就向翁提出中福煤礦的事，要他去整頓。

其時，中福煤礦復工不久，因主持人營私舞弊，弄得公司存煤山積，負債累累，連職工的工資也發不出。福公司的董事長吳特洛夫（Woodroff）向蔣氏投訴，要求派員去整頓。[⑱]蔣氏爲免中福公司的問題影響中英兩國外交關係，要翁文灝出任整理專員，翁氏推辭不獲批准後，便在1934年底上任。翁文灝回憶當時的情況：

> 「我去焦作接辦中福前，因礦中無錢，先從金城銀行借現大洋三十萬元，發清
> 員工欠債（薪？）。工作方針是認真降低成本（從原來每噸七元以上，降到大概每

噸兩元），嚴定煤種品質，改善營業方法，壓低煤價，推廣銷路，增高每天產量（從三千噸增加到五千噸）。同時勉勵職員努力工作，真正廉潔（我每月支薪一百五十元），提高效率，為保障工人安全，加聘良醫，增多醫院，以治療各種傷病。如此進行，收效是很快的。為期不久，便轉虧為盈，舊債新債一律全數清還。……那時中福煤礦計劃，煤應暢銷上海，完全抵銷安南鴻基煤的進口。對日本擴大銷路，增加我國的出口。這樣，道清鐵路的車輛是不夠用的。我的方針是路礦取完合作態度。曾經商量由中福機廠免費代修道清運煤車輛，並在北京商請京綏鐵路局將多餘車輛廉價租給道清。那時任道清鐵路局長是范予遂，大體是可以合作的。」[18]

由於在產、運、銷幾個環節上都下了不少功夫，中福的整理是相當成功的。除翁氏個人的貢獻外，徐梗生指出蔣介石曾預先頒佈「河南中福煤礦整理辦法」，授予翁氏整理之全權，並為他「劃開了煩重的經濟負擔，斬斷了複雜的人事葛藤，鎮壓了無謂的地方紛擾，」為整理中福奠下基礎。[18]而政府派出專員來整理一個煤礦，在中國還是第一次呢！他不但能對中福加以整頓，更把大部分的安南煤驅逐出上海，為國煤爭取更佳局面。

五、結語

探討國民政府在1928－1937年間對煤炭業的政策及措施，對我們了解這段時期的經濟發展，特別是國民政府在經濟領域內所扮演的角色，應有相當的幫助。學者對國民政府在這十年間的表現仍然眾說紛紜。大陸方面表長期受到意識形態或共產黨宣傳的影響下，對國民政府往往持全盤否定的態度。如考慮到國共兩黨在這十年之間之惡劣關係，這種觀點便不難理解。例如，在四十年代後期，許滌新的《論官僚資本》和陳伯達的《四大家族》[18]肆意評擊國民政府，對其政績一概否定。這些作品，不但在國內產生影響，在歐美各國，有不少學者[18]接受了這類觀點，對我們認清事實的真相產生很大的障礙。

最近，有一本由德國人墨爾（Mohr）寫的回憶錄，對上述情況，大表不滿。他在30年代曾擔任德國駐華大使館參議。他以德人獨有的冷靜觀察，對國民政府領袖有以下的

看法：

「以短短兩年時間勢如破竹地完成中國統一……的蔣介石，到底是何等人物呢？……蔣介石為國民黨奉獻的精神不亞於孫中山，却被共黨分子及其黨羽詆為惡棍、反動分子、歹徒及法西斯主義者。第二次世界大戰後數年內，……美國也加入詆毀蔣介石的行列。……中國打敗日本後，美國却背棄蔣介石。中國共產黨只因計劃推行土地改革，一夜之間便躍升為真正的民主人士，蔣介石則被稱為『鐵石心的暴君』及『法西斯主義者』。日本留在中國東北的大批軍備全數落入中共手中；而美國在猶豫多時後，決定將軍隊撤出中國，並中止支付美國國會已批准的五億元貸款給中華民國。美國無意激怒史達林，因此對中國共黨分子與蔣介石的衝突，一直強調保持中立的態度。美國的這種立場，對中國大陸的赤化應負起絕大部分的責任。[184]」

這位德國人對中國領袖的觀察，也不是單方面的。他指「蔣介石缺乏孫中山的卓越政治秉賦，是一位不折不扣的軍人，政治魅力不大，審慎而內向。」他又認為「蔣介石之所以被政敵稱為獨裁者及法西斯主義者，世界性的時代風尚潮流多少有些影響。」[185]因此，墨爾認為：

「中國局勢也迫使蔣介石不得不採取強冷酷的措施。（因為）中國帝制瓦解後，地方勢力落入軍閥手中。這些軍閥無異於土匪流氓，不採取強硬手段，中國統一便遙遙無期。……置身於如此特殊的時代中，蔣介石實不得不然。[186]」

他又說：

「共產黨一再指責蔣介石於1927年對共產主義份子所進行的大陰謀（指『四·一二』清黨——引者按）。吾人若正視毛澤東在『文化大革命』期間殺害無數生靈，欠下中華民族一大筆血債的事實，那麼共黨分子及其歐美友人即應平息對蔣介石作為怒氣，進而反身自省。[187]」

這篇論文不是要評論蔣介石的功過，文中提及他也不多。但是，由於蔣在此十年內是國民政府的最重要領袖之一，特別是西安事變後，他「一身繫天下國家安危」的形

象，深入民心。若對他有敵意的誹謗及偏見，自然會直接影響我們對此時期的政績作出公正和合理的評價。此外，人們喜歡把抗戰前和抗戰後的情況等量齊觀，這個也是不恰當的，因為前者為中國奠定長期抗戰的基礎；後者卻因蘇聯扶助中共及美國的中立地位令國民政府處處被牽制，終致其在大陸失去政權。這兩種截然不同的情勢，如混為一談，必然會導致觀察問題不準確的毛病。

在上文中，筆者首先描述孫中山先生的礦業政策。孫氏最重視基本建設，對建設所需的資源如煤、鐵也極為重視。在「節制資本」的原則下，孫氏主張利用外資來開發自然富藏。煤是現代化動的主要來源，大規模開發中國藏量豐富的煤是孫中山《實業計劃》的一個重要項目。孫中山先生的礦業政策基本上為國民政府承襲。只有少部分政策根據實際情況略作調整，例如，她承認當時商辦煤礦的合法性，並給予扶持和保護。

原來，國民政府建都南京後，便面對華資煤礦因運輸中斷而陷於停產的惡劣形勢。政府努力恢復鐵路運輸，並設立鐵道部來推動這方面的工作。計劃是十分全面的，籌集資金也有一套方案。可是，由於軍閥依然存在，仍擁有很多軍隊，引發了不少戰爭，使經濟建設難以進行。

中原大戰（1930年）後，戰事大底結束，政府隨即着手經濟重建，礦商經歷多年來慘淡經營，發現主要煤炭市場外煤充斥，無法開拓銷路。此外，礦商面對多年積聚下來的運輸問題（如車輛不足、收費高昂、待遇參差、稅捐苛重、管理不善、軍人扣車等）和本身的經營問題（如負債纍纍、資金不足、設備殘破、工程停頓等），似乎只能束手待斃。

政府在此危局下，唯有勉力扶持，除參與煤炭的開採外，更與各華資礦商直接協商，以謀救濟之策。及至「九一八事變」爆發，政府一方面防止煤荒的出現，另一方面乘機協助各礦，務使國煤能佔據主要煤炭市場，改善各礦的營業狀況。

第四章大量引用政府檔案及其他有關資料，來說明國民政府如何與礦商商討各種救濟國煤辦法。參與上項工作的政府部門主要是實業部和鐵道部，其他如財政部、軍政部、外交部也各在其工作範圍內盡力與以協助，然後由行政院總其成。如有重大的決策，更需經中央政治會議討論，或由其指定特別委員會再將問題詳細討論，探討解決辦法。文中詳細列出各項特別會議，是希望通過檔案的披露，來顯示政府在救濟煤業的工作，曾做了大量工作，使煤炭業從1928 – 1932年的疲弊狀態慢慢恢復起來，並重新踏上

發展的道路。其中，由實業部主持的「國煤救濟委員會」和「礦業金融調劑委員會」曾發揮極其重要的貢獻。此外，鐵道部對增加車輛、減輕運費、鼓勵出口和改善管理各方面，都能達到相當的成績。財政部的工作也非常重要，除了裁抑稅捐、提高進口關稅、獎勵出口等措施外，對限制外煤進口及提高出口兩方面，都有顯著的成就。另一方面，翁文灝整理中福煤礦、資源委員會開發湘潭、天河等煤礦，也曾爲國民政府參與煤業留下光輝的紀錄。

我們若通盤考慮十年內的各種因素，特別是抗戰前夕，我國煤炭業的蓬勃發展和各個煤礦的優良營業狀況，與1928年國民政府剛剛執政時悲慘局面，作一比較，就能體會得到政府及各部門曾爲此作出積極的貢獻。若不是日本在1937年7月發動戰爭，我國煤炭業定當能夠在國民政府的領導下，迅速進入起飛及持續發展（take – off and sustained growth）階段。[180]

註釋

①中國國民黨中央黨史史料編纂委員會編《國父全集》（台北，1965）（全3冊）第2冊，頁5 – 6，〈中華革命黨總理誓約〉，民國三年七月八日。
②孫中山在丸善株式會社購書清單見姜義華〈孫中山思想發展學理上的重要準備—跋新發現的一份孫中山購書清單〉，《近代中國》第四輯（上海社會科學院，1994），第29 – 36頁。
③《國父全書》，第2冊，函電，頁9 – 18，公元1894年6月。
④同上書，頁9 – 1。
⑤同上書，頁9 – 4。
⑥同上註。
⑦同上書，頁9 – 6。
⑧同上書，頁9 – 165至166，〈論籌築鐵路事致宋敎仁函〉，民國元年八月。
⑨參看葉世昌〈《實業計劃》——近代中國現代化思想的重要里程碑〉，收於《近代中國》第一輯（上海社會科學院，1991），第266、271 – 273頁。
⑩《國父全集》，第2冊，演講，頁8 – 24，〈救中國之貧弱必自擴充鐵路始〉。民國元年八月二十九日。
⑪同上書，第2冊，專著，頁7 – 101，〈中國實業當如何發展〉。
⑫《國父全集》，第2冊，演講，頁8 – 12，〈興發實業爲救貧之藥劑〉，民國元年四月十七日。

⑬同上書，第1冊，方略，《實業計劃》第1計畫，頁3－247。

⑭同上書，第1冊，頁3－256。

⑮同上書，第1冊，頁3－349。

⑯同上書，第1冊，頁3－349至350。

⑰同上書，第1冊，頁3－350。

⑱同上註。

⑲同上註。

⑳參看拙文〈華北煤炭的生產、運輸與銷售，1870－1937〉（博士論文，未刊稿，新亞研究所，1994年）第4章第2節及第5章第4節。

㉑《全國鐵路商運會議彙刊》（收於近代中國史料叢刊3編第236冊，文海出版社影印民國二十年本〈緣起〉，頁1。

㉒同上註。

㉓孫科〈庚關兩款築路計劃提案〉，收於《革命文獻》第26輯（台北，中央文物供應社，1963年），第8頁。

㉔同上書，第9－10頁。

㉕同上書，第10頁。

㉖同上書，第17頁。

㉗同上書，第17－18頁。

㉘同上書，第21頁。

㉙孫科〈鐵道部政治工作報告書──民國十九年三月（至）十月〉，收於同上書，第176頁。

㉚參看前引拙文第85、90、97－98、102、104及146－152各頁。

㉛實業部國際貿易局編《煤》（長沙，商務印書館，1940）第61頁。

㉜《全國鐵路商運會議彙刊》，第27－28頁。

㉝同註21。

㉞《全國鐵路商運會議彙刊》，第262－264頁。

㉟同上書，附錄，〈整理鐵路業務計畫報告〉，第297－300頁。

㊱同上書，第302頁。又參看第61－62頁。

㊲同上書，第202頁。又膠濟路也面對相同的問題。參看同書第176－178頁。

㊳同上書，第44頁。

㊴同上書，第153頁。

㊵同上註。又參看同書第113頁。

㊶同上書，第27頁。

㊷同上書，第101－105頁，〈平漢路無故取消各礦專價請恢復案〉。又參看同書第97－98、114－115頁。

㊸同上註。

㊹參看前引拙文第167－174頁關於煤炭的運價佔總銷售成本的比重。雖然所引資料為1935年初的情況。其時，各路運價已較1931年為低，但仍能反映這方面的情形。

㊺《全國鐵路商運會議彙刊》，第108頁，〈改訂運價案〉。

㊻同上書，第109頁。

㊼見《中國近代煤礦史》（煤炭工業出版社，1990）附錄二。

㊽《全國鐵路商運會議彙刊》，第170－171頁。

㊾正太路運價偏高的另一個重要原因是使用窄軌，使它的營運成本均較他路為昂。

㊿《全國鐵路商運會議彙刊》，第55頁。

51同上書，第58頁。

52同上書，第217頁。

53參看前引拙文，第137－139頁。

54《全國鐵路商運會議彙刊》，第280－282頁。

55《近代中國煤礦史》，第169頁。

56參看王樹槐〈浙江長興煤礦的發展，1913－1937〉，收於中央研究院近代史研究所集刊第16期（民國76年六月），第321－366頁。

57同上註，第325頁。

58同上註，第327頁。

59同上註。

60同上註，第330－334頁。

61〈長興煤礦公司為該礦因江浙戰爭，損失甚鉅，懇請政府借撥公款以維實業呈〉，收於《中華民國史檔案資料匯編》，第3輯，《工礦業》（江蘇古籍出版社，1991）第845－847頁。

62同上註。

63陳立夫《成敗之鑑—陳立夫回憶錄》（正中書局，1994）第122頁。

64同上書，第12－32、37－43及46頁。

65同上書，第120－121頁。

66同上書，第121頁。

67同上書，第121－122頁。

68同上註。

69《革命文獻》，第27輯（正中書局，1963）第360頁。

70同上註。又參看註61，內有該礦開列受江浙戰事損失之清單。

71關於長興煤礦的礦權和債權的爭議，王樹槐教授〈浙江長興煤礦的發展，1913－1937〉第346－351頁已有詳細的討論，可參看。又陳立夫先生的回憶，在這方面似與檔案記載不太吻合，可能是檔案中不便作出記式紀錄。同時，他提及曾與礦主劉先生簽定的合約（見陳立夫，前引書，第122頁）不知是否保存在近代史研究所檔案館的檔案內？抑或已經遺失？筆者暫還未清楚。但從他的《回憶錄》看，他是直接參與這次接辦工作的。長興煤礦輕易地獲得發還商辦，或與此有關。此外，長興煤礦在發還後的生產營運情況，可參看王樹槐教授，前引文，第351－362頁。

72《革命文獻》，第27輯，第361頁。

73同上書，第360頁。

47

⑭淮南礦務局編《淮南煤礦六週年紀念特刊》（自印本）第1頁。

⑮同上書，第99頁。

⑯《中華民國史檔案資料匯編》第5輯、第1編《政治》（中國第二歷史檔案館編，江蘇古籍出版社，1994）（二），〈中國國民黨第二屆四中全會宣言〉，第19頁。

⑰參看本文第1章。

⑱《中華民國史檔案資料匯編》第5輯第1編《政治》（二），第163頁。

⑲同上註。

⑳參看前引拙文，第146－155頁。

㉑侯德封《中國礦業紀要（第五次）》（地質調查所，1935）第119頁。

㉒C. A. Bacon, Coal Supplies of Shanghai: *Actual and Potential*, *Chinese Economic Journal*, VI, 1930，第195頁。

㉓Tim Wright《中國經濟和社會中的煤礦業》（丁長清譯，東方出版社，1991年）第63頁。

㉔同上註。

㉕參看前引拙文，第193－194頁。

㉖侯德封《中國礦業紀要（第三次）》（地質調查所，1929）第274頁。

㉗中央研究院近代史研究所藏《經濟部檔案》，編號17－24－01，第7函。

㉘《經濟部檔案》，編號17－24－01，第25函之（3），〈中華工業總聯合會王曉籟、全國商會聯合會林康侯函〉。

㉙吳半農〈日煤傾銷中之國煤問題〉（《社會科學雜誌》第3卷第4期，1932年12月）524頁。

㉚《經濟部檔案》，編號17－24－01，第25函之（4），〈上海市各界反日援僑委員會致國民政府電〉1931年8月28日。

㉛《經濟部檔案》，編號17－24，第8函之（3），胡博淵〈謹將補充日煤意見擬具節略呈請鈞鑒〉1931年10月20日。

㉜同上註。

㉝同上註。

㉞同上註。

㉟同上註。

㊱孔祥熙的批文見於〈節略〉原件的最後部分。

㊲孔祥熙在此段文字尾批一「可」字。

㊳此公函收於《經濟部檔案》，編號17－24，第8函之（3）。又此函草擬的日期在10月底。

㊴如劉鴻生在11月5日即函覆參加；鄱樂煤礦則指派常務董事謝天錫攜備提議書一件到會。兩覆函均見於《經濟部檔案》，編號17－24，第8函之（3）。

⑩該方案收於《經濟部檔案》，編號17－24，第8函之（3），民國二十年十一月十六日。

⑩同上註。

⑩同上註。

⑩〈國煤救濟委員會章程〉，第1條。收於《國煤救濟委員會專刊》（自印本，民國二十二年）第1頁。

⑩見於同上書，朱用和〈序〉，第1頁。

⑩《經濟部檔案》，編號17－24，第8函之（3），實業部〈呈為制止外煤傾銷（致）行政院〉1933年10月。

⑩同上註。

⑩同上註。

⑩吳半農，前引文，第492頁。

⑩同上註，第501－517頁。

⑩同上註，第519－521頁。

⑪關於議會在成立第一年所做工作，包括開放碼頭、增車運煤、核減運價、啓封存煤、豁免附捐、提倡國煤等等。其內容可參看由該會發出一系列（共24件）文件。這些文件收於《國煤救濟委員會專刊》，第24－36頁。

⑫《經濟部檔案》，編號17－24，第7函，國煤救濟委員會〈國內煤業衰落之原因與影響及救濟辦法〉，1933年12月25日。

⑬《國煤救濟委員會專刊》，第15頁，中興煤礦提議〈日煤貶價傾銷、國產衰落，請政府加徵傾銷稅以挽利權案〉。

⑭同上註，第15頁。

⑮同上註。

⑯即第3、4兩案，性質與此案相同，不贅。

⑰《國煤救濟委員會專刊》，第20頁。

⑱同上註，第20－21頁。該呈文見同書第34頁，可參看。

⑲《革命文獻》，第29輯，第662頁。

⑳同上註。

㉑關於安南煤之進口減稅，係出於政治考慮，故有此安排。

㉒《經濟部檔案》，編號17－24，第8函之（2）第8頁，〈行政院訓令實業部〉，民國二十二年五月二十九日。

㉓同上註，第21－24、39頁。

㉔同上註，第23頁，又見於第39頁。

㉕同上註，第75頁。

㉖同上註，第76頁。

㉗同上註，第78頁。

㉘同上註，第81頁。

㉙同上註。

㉚同上註，第82頁。

㉛同上註，第83頁。

㉜同上註。

㉝Tim Wright，前引書，第207頁。

㉞《經濟部檔案》，編號17－24，第8函之（2）第77頁。

㉟同上註，第77、80頁。

⑬同上註，第2頁。

⑬同上註，第81頁。

⑬同上註，第82頁。

⑬同上註，第11－13頁載「本部（鐵道部）調查國內煤業衰落之原因，全係經營者之不得其法及煤礦本身各項成本之過重，不正當之開銷之過鉅。……（又言）減輕國煤成本一事，除鐵路當局以外，從來即無人注意。」

⑭同上註，第81頁。

⑭同上註，第82頁。

⑭同上註，第80頁。

⑭同上註。

⑭同上註，第81頁。

⑭同上註，第83頁。

⑭《國煤救濟委員會專刊》，第16－17頁。

⑭同上註，第21頁。

⑭同上註，第18頁。

⑭《經濟部檔案》，編號17－24，第8函之（2）第61－70頁，〈遵令擬具救濟國煤方案、仰祈鑒核採取施行由〉，民國二十二年十二月二十三日。

⑮同上註，第72頁，〈實業部代電〉，民國23年2月6日。

⑮國煤救濟委員會〈呈為國煤商礦應有團結力量暨調劑方案〉，見於同上註，第84－85頁。

⑮同上註，第85頁。

⑮同上註，第86頁。

⑮同上註，第68頁。

⑮《國煤救濟委員會專刊》，第11－14、21、28－30頁；《經濟部檔案》，編號17－24，第10函之（3），實業部〈呈為開發礦產、救濟煤業，將與英商擬定借款合同草案〉，1935年6月。

⑮《經濟部檔案》，編號17－24，第10函之（3），實業部與麥克班公司合同正本（以下簡稱〈合同〉）第一、二條。

⑮同上〈合同〉，第三條。

⑮同上〈合同〉，第四條。

⑮同上〈合同〉，第五條。

⑯同上〈合同〉，第十三、二十二條。

⑯《經濟部檔案》，編號17－24，第10函之（3），〈呈為開發礦產、救濟煤業，將與英商擬定借款合同草案〉。

⑯同上註。

⑯其餘四點為（1）由政府聯絡金融界，使與全國紗業互相提攜並實行低利貸款，以濟資本之不足；（2）於可能範圍內酌量提高入口關稅並減低對內稅則；（3）全國紗廠設置地點須分配適當，管理及生產方面須實行科學化與合理化；（4）全國公務人員、黨務工作人員、各學校教職員與學生須一律服用國貨，絕

對禁止用非國貨服裝。此案收於《中華民國史案資料匯編》第5輯1編《政治（二）》，第458頁。

⑯陳公博《四年從政錄》（商務，1936），第121頁，〈序四年實業計劃初稿〉。

⑯同上書，第126頁。

⑯同上註。

⑯收於同上書，第137頁。

⑯同上書，第190－192頁。

⑯同上書，第52－57頁。

⑰Tim Wright〈南京時期的國民政府和對中國工業的管制—煤礦業中的競爭和統制〉（李必璋譯，收於《近代中國》，第1輯），第73頁。

⑰《國煤救濟委員會專刊》，第18頁。

⑰《經濟部檔案》，編號17－24，第8函之（2）第85頁。

⑰《經濟部檔案》，編號17－24，第8函之（1）第1－2頁。

⑰同上註，第4頁。

⑰同上註，第5頁。

⑰同上註，第8－11頁。

⑰同上註，第54－56頁。

⑰錢昌照〈國民黨政府資源委員會始末〉，收於《回憶國民黨政府資源委員會》（中國文史出版社，1988），第1－5頁。

⑰吳兆洪〈我所知道的資源委員會〉，見於同上書，第69頁。

⑱翁文灝〈關於福公司歷史的回顧〉，收於《文史資料選輯》，總102輯。（文史資料出版社，1989），第193頁。

⑱徐梗生《中外合辦煤鐵礦業史話》（上海商務印書館，1947），第145頁。

⑱許滌新《論官僚資本》（上海海燕書店，1951，第4版）；陳伯達《中國四大家族》（人民出版社，1965）

⑱例如 Douglas S. Paauw 的 The Kuomintang And Economic Stagnation, 1928－1937（收於 Albert Feuerwerker 編輯的 Modern China（Prentic－Hall Inc.，1964）. Paauw 總結說：「This analysis suggests that the Kuomintang was not prepared on either the conceptual or policy level to cope with the economic stagnation. The powers of government were not used to provide financing of economic development, to induce technological change, or to encourage institutional reform. Worse than this, ... income distribution became more unequal; potential savings were diverted to hoarding and speculation; investment in improved technology was discouraged. The trend toward bureaucratic capitalism ... flourished under the blessing of Sun Yat－sen's name and party resolutions. Its objective was control by the few rather than the expansion of output. The regime's fiscal and monetary policies, and even its lack of concern with the agrarian sector of the economy, reflected this underlying propensity.」最後，Paauw 說：「It is doubtful that Kuomintang could have solved China's traditional problem of economic stagnation with more political control and less Japanese aggression.」（第135頁）Pauuw 的觀點在美國頗有影響。此說其實對國民政府所處的環境（內有舊式軍閥之離心力量和中共的活動，外有日本之軍事侵略政策），並沒有深切的了解。反過來說，如果美國東岸工業區在30年代初期受外國軍

事的入侵和佔領，羅斯福總統的「新政」能順利進行嗎？能達到預期的效果嗎？依據 Paauw 的思考方向，答案可能是肯定的。這難道不是晉惠帝「何不食肉糜」的笑話的歷史再現嗎？

⑱墨爾（Ernst Gunther Mohr）《蔣介石的功過：德使墨爾駐華回憶錄》（張采欣譯，台灣學生書局，1994年）第119頁。墨爾又引述德國軍事顧問塞克特（von Seeckt）對蔣介石的觀察：「他外貌正直，聰明，卻不優雅；眼神穩定而坦率，且領悟力強，但有追求烏托邦理想的傾向；性子太急，應學習如何耐心等候的藝術。他缺乏助手，單獨一人負責太多的事務；唯一能取得其信賴者恐怕只有他的夫人。」（第130頁）。

⑱同上書，第120–121頁。

⑱同上書，第121頁。

⑱同上書，第120–121頁。

⑱例如，中共的第一個五年計劃能夠在整頓舊礦而沒有投入大量資金的條件下急速增產，相信可以在這裏找到答案。

現代西方形上學的轉向

陶國璋

一、西方形上學的傳統

有些時候，人類並不完全把握自己的心向。一種不知其來的感觸，竟然覺得世界的虛幻性，忽然脫離了一切日常生活的牽連，沉思起宇宙的本源、人生的目的、存在最後的眞相等問題。

這就是本體的尋求，要求反本溯求世界存在以外的眞實性。人類開始對世界產生疑惑，並開始發問。

人感知到現象的變化。四時變化，生物生長的形態變化，都可以引起人的好奇，進而追問變化的理由。追問的方式有所不同。追問落入具體事物，則形成法則性的知識，如物理規律、天文規律、生物規律。

另一種求問則希望綜合一切現象變化的根源而逐漸超出經驗範圍。古代希臘哲學家認爲宇宙一切變化原來是由「水」、「火」「空氣」或者「地、水、火、風」「金、木、水、火、土」等交互而生的，追問宇宙變化的原質（arché），形成一種生成宇宙論。此種生成宇宙論內在有一困難，就是我們如何能以簡馭繁，將一切事物及生命現象納入一簡單的法則中。所以古希臘一些宇宙論者，往往不自覺運用擬人化的想像，認爲愛的力量，使宇宙凝聚，恨的力量，使宇宙分化；愛恨交織，就產生萬物不斷生成（凝聚），不斷毀滅（分化）。這類思維好像很幼稚，很原始，不過，現代一些術數之士，不是仍運用類似的類比性思維？

西方的形上學，就是爲尋求本體或存在（Being）而奮鬥。關鍵的地方，不在於本體是甚麼，而是在於「尋求」。「尋求獲至」本身就是西方文化的「向上而外求超越」之精神方向。向上喻其理念性，向外則表示其以一客觀思辨理性的方式，要求達至絕對

的確定性，所謂浮士德精神。

近代的存在主義思潮，開始反省此向上而外求超越精神的盲點，齊克果、尼采、沙特、卡謬等人，都強調存在先於本質，目標是逆轉傳統西方哲學偏重純粹思辨的構想，而要求重視個體的特殊性、存在性。及海德格出，更全盤否定傳統形上學的方向，稱過去自柏拉圖開始，即遺忘了存在（Being）的真相。遺忘是掩蔽、迷失之意。他個人的哲學重建魄力甚強，重繪了一套西方哲學的存在遺忘史。

海德格的存在（Being）問題甚為複雜難明，我們一方面參照他的重構想法，一方面將其存在問題轉稱為本體問題，作用是銜接中西哲學對形上方法的求索，如何由西方式的方法論轉為東方式的體證問題。過程是相當幽微曲折，需要精密的思辨訓練。

我們稱「存在」為本體，是希望不以海德格哲學為局限，僅僅跟隨他的思路發展。因此本體一詞是取其普遍意義，視之為各種形上學尋求終極解答的象徵；一如絕對、永恆、終極，乃至於道、神各各不同的超絕概念。在我們尚未獲至絕對的理論體系（此本為不可能，但又是一未決定的事實）之前，它們同樣是理念式的象徵，此為我們尋求形上學的基本設定。

又「本體的遺忘」的觀念其實是一形上方法論的試探。東方哲學中，道家即以現實世界已經是一「失道」的狀態，其工夫在致虛守靜，觀復生命的本然原始狀態，以回歸於道的世界。此層論述可參考拙著莊子《齊物論義理演析》中有關「道的隱蔽性」部分。現試就海德格論西方傳統形上學對存在/本體的遺忘歷程，以陳示一套新的哲學觀念。

近代自尼采始，即對柏拉圖思想有所否定。表面上，柏氏是將理智分析抬高，以至出現二元世界，成本質主義的歧出。更重要的，此理智分析構成西方的分離思維，陷入主、客對立的結構中。

海德格既認為柏拉圖是遺忘存在問題的始作俑者，遂向柏拉圖之前求證存在概念的本源。他從古希臘哲學家如赫利赫拉斯（Heraclites）、巴曼尼底斯（Parmenides），乃至亞斯曼德斯（Anaximanders）等求索真理之原義。

海德格對柏拉圖哲學的評議是否公允，仍有所爭議。許多時候，一位哲學家批評另一位哲學家，往往不是誰對誰錯的問題，而是後者需要透過揚棄（negation）的方式來開展他自己的體系。黑格爾說：揚棄是精神上昇的軌跡，特別呼應西方哲學史的發展。

西方哲學既處於學術分途多端的發展傳統與及充量求客觀化我們的求知理性活動之文化精神①，自然自覺要求超越前人的立論而別豎一幟，惟有如此，才能顯示西方人最重視的個體性精神。

海德格極敏感於西方文化過往重智的偏向，越近晚期越向寬容性的東方智慧合攏，但早期在《存在與時間》中所展現的體系性要求，確實仍未擺脫西方的文化特徵，要求徹底否定前人的建構而別闢路蹊。

從哲學史說，柏拉圖一方面對抗辯士們（如普達哥拉斯 Protagoras）的相對真理觀，另一方面否定赫利赫拉斯的流變說。他認為真理必須是絕對而永恆者。於是參取了畢達哥拉斯（Pythagoras）的數學理型觀。他為何走上以數學為真理典範的道路，也很費解。可能人文化階段總有凝聚要求，如儒家有正名，周代有制禮作樂，都要求將世界的含糊性（原始性）穩定下去，定其份位。蘇格拉底時代被稱為人事論階段，與當時之政治、社會條件有關。所以人一旦進入倫理階段，總須揚棄其原始之感觸，進入人文世界。

依此構想，柏拉圖確實有要求將真理定位，此為人文化、穩定化的亞波羅精神（指理智精神）。於是他遺忘存在的第一身性——它直接自己顯現，不假外求。道家言「樸」，大概此種體會。理智分解必落入主、客對立之中。我是求真理者，真理為我所求，於是真理被外化而置定，成為符合關係，即程明道謂此中有二本，若說天人合一，此中之合已是二，而非本合之一。②柏拉圖認為真理（理型）是靈魂（psyché）與宇宙心靈（Nous）之統合，實亦落入二本之中，分離思想一立，則存在自然隱沒，或轉為抽象之共相，或下落為對象（beings）。

跟着，亞里士多德再歧出於真理的本義。他的核心觀念為實體（Substance），希臘文為「ousia」，又可譯作本質。

實體就是十範疇中的首出（leading）範疇，《選擇工具學》則稱此為主、謂式中之主詞（Subject）。Substance 屬存有層，則表示任何物之為其自己，必為一實體；實體有變中不變義，有托體（Substratum）義，更有再生義。亞氏將一物的存在分為兩部分，一為偶然屬性（accidental attributes），如蘋果的紅色、圓、甜等性質；一為本質屬性（essential attributes），此為形上的，是蘋果在現實世界中的變中之不變，否則蘋果為何不變成橙？所以實體又可析為本質。而二者皆同源於「ousia」一詞。

亞氏更進一步將眞理問題靜態化，存有層的實體是實有的，相當於柏拉圖的理型；但他的工具學將此實體轉爲主謂式（Subject – predicate form），變成命題（Statement），而羅各斯（Logos）即成了命題間的推論，成爲邏輯（logic）。眞理是眞確的命題表述而已，不是失去原本古希臘傳統，眞理一詞乃「自身湧現」、解蔽等意義嗎？邏輯的範疇表更有量、質、關係、程態四類，它們是眞理的規定性。分離思想至此乃確立而掀起西方歷史的理智主義的運動。

跟着中古時代，本體問題轉化爲上帝、神的探究。上帝或本體被本質與存在二概念的規定。經院哲學家即認爲萬物爲上帝所創造，此爲宗教信仰的絕對前提。他們借用了柏拉圖與亞里士多德的哲學，目的只爲解釋上帝如何創造萬物。上帝通過把本質賦予萬物的方式而創造了萬物，使萬物成爲萬物，因而萬物才存在。此即所謂「本質先於存在」。本質是一物之爲一物而非他的形上實體，這是柏拉圖的理型義，也是亞里士多德的形式因、目的因；由此構想，全能的上帝是賜予本質於萬物而使之實現者。上帝遂統合了四因，既是形式因、目的因，更是動力因、物質因。上帝本身不需要別的本質而存在，祂是本質與存在的統一。惟有無限的上帝始能統合二者。所以神學的本體論證，分析出上帝的本質是無所欠缺者，所以祂當然包括存在，存在就是神的本質，而神的本質也就是存在。所以他們說神存在根本不待證明的，只須從瞭解神的本質即自明了。

關鍵之處，本體論證以上帝爲可想像中最完滿的存在（Being）。依亞氏傳統，實體與九範疇的關係，就好像存在與存在者（Being and beings）的比例，此稱爲存在的類比（analogy of Being）。上帝存在不是任一存在物（beings），所以只能從其本質考慮，即從其實體的「本義」考慮，乃依同一律，得出上帝即爲宇宙之本源，自當是最完滿的存在（Being）。從中文式的描述不易見出二者的分析關係，但試從西方對存在一詞的表達方式：

「God being the greatest Being……」即可體會在這種語言結構中，的確很易將 Being 一詞名詞化，橫跨了本質義與存在義。此正是存在作爲一對象後的輾轉發展。

至於近代，有所謂主體性哲學突起。此主體基本上爲一認知主體，所以仍未脫離柏拉圖的主、客對立結構。只是柏拉圖將眞理放置於理型一面，是客觀的；近代哲學則將眞理歸入認知主體一面，從主觀面確立眞理。

海德格認爲中古的本質思維轉型到近代哲學的形態，是受一位神學家爲阿雷斯

（Suarey）所影響。他是首先提出「本質」跟「存在」為不同層次，本質屬於思想層面，而存在則是客觀實有方面的。於是思想的性質被突顯了出來，究竟思想內部的結構與客觀存在有何差異？這就引生所謂主體性哲學的發展。不過此主體性是認知意義，仍是柏拉圖的理智主義（亞波羅精神）的延續。

所謂思想是甚麼呢？思想被看作一存在者（being），乃分析出它的屬性，如表象、感覺、判斷，乃至愛、憎等情緒。最重要的結論，就是人與自然（物）本質上不同，人是思想着的生命，自然則是人思想着時所面對的對象界，主、客結構正式從隱而顯了。他們雖然普遍反對柏拉圖，實則仍沿着理智分解的路向前走。所以懷海德（Whitehead）說整個西方哲學只是柏拉圖的註腳，大概有感而發。

笛卡兒是第一位確立認知主體的先行者。我思（Cogito）固然是真理的基礎；而我思中的思，就是我之為我的謂詞（本質）。我成為主項（subject），思想是我的規定性，於是掀起近代西方哲學以「自我」為研究之聚點。

經驗主義重視經驗為知識的基礎，表面上不同於柏拉圖或理性主義的立場，因為柏拉圖或理性主義都是先驗主義，不接受經驗為真理的基礎。不過，經驗主義已不同古代的實在論（Realism），要求從認知主體處安立經驗的可能性。例如洛克（Locke）是從主觀的知覺能力考慮，區分觀念的初性、次性；柏克萊（Berkeley）之「存在即被知覺」，亦以知覺一面為重點，能知一面決定存在的實在性，休謨（Hume）講求「知覺先在原則」、「印象還原原則」，皆屬以認知心靈一面為分析對象。所以經驗主義與理性主義對真理的性質或有不同，但仍以屬於主、客對立結構，以主體一面為剖析對象，則屬此時期的哲學主流。

康德是一特別形態。通常我們以為康德是主、客對立結構的奠基者，因為他提出「主體為自然立法」，主體的重要性比前人更突顯；他的超越哲學重點是剖示認知心靈的內部結構，分析出時空直覺、範疇等先驗形式，這不是主體性哲學的高峰嗎？

我們說康德是一特別形態，是表示康德固然從屬於近代主體性哲學的潮流，甚至是集大成者。不過，康德所運用的方法及其原初的洞見，使他的主體性哲學別豎一幟。

他的原初洞見是現象與物自身的超越區分和主觀的區分，從中建立一經驗的實在論。[3]而他運用「以構代推」的方法，則避免了柏拉圖式的主、客對立結構所引生的分離思想。

所謂「以構代推」的方法，是不同於本質思維，中古推想上帝存在為一「事實」，是透過對上帝之有（Being God）的本質而分析出上帝的本質（ousia）與其存在統一。本質思維的外在結構是透過一物之為一物的本性，而分析出此一物之本質，所以是運用同一律（正面），或矛盾律（反面）作推論判準。比如「百萬富翁」這概念之內容即表示「一擁有百萬金錢者」，此為自身等同；所以若說「一百萬富翁並不擁有一百萬」則是自相矛盾。這種推論是先驗的，即不假經驗觀察世上是否真有一百萬富翁的存在，即可決定其真假值。我們稱此種推論方式為本質思維的外在結構，是純粹從邏輯的分析關係或綜合關係，以決定其推論方式。

康德指出，說上帝是一最完滿的存在，存在只起聯繫主項和謂項的作用。將存在看成動名詞（gerund），是誤將思維上的有等同現實的存在。現實的存在必待感觸直覺所提供，換言之，現實存在是被給予的，須有經驗的基礎。而思維上的存在，只服從矛盾律；例如我心中想着一張一百元，就與一百元的概念當然自身等同，否則便矛盾而不可能。但此自身等同的一百元雖然是一存在者（being），但與現實口袋裏的一百元始終不同。中古世紀的哲學就是誤以為一切存在者（being）俱有存在的規定性，它們既是有（being beings），當然存在着。所以上帝作為最完滿的「Being」，其本質已規定其無所不包，無所不包當然包括着其存在這性質，否則自相矛盾。所以依西方的語文結構，很容易聯想到思想上的有等同現實的存在。

所以本質思維基本上是一演繹程序（deductive process），而演繹程序的根源在於將真理視為一對象，可以透過思維的嚴謹性推演而獲至。所以西方強調邏輯的嚴謹性作為學習的基礎，而嚴謹性就是一致性，也正是演譯程序之本質。

康德可以說是首位突破本質思維的幻象。所以在哲學史上是劃時代的進步。不過，海氏仍以康德只將存在看作一系詞，未能從根本上探究存在之意義。

海德格自覺有進於康德的地方，其一是透過他那套「基本存在論」（fundamental ontology），從此在（Dasein）的生存性相中，將康德的知性範疇轉化為存在的範疇；其二是運用現象學的方法，消融了康德哲學中的主、客對立結構。不過這兩組問題都是非常專門性的，可參考海德格的專論。

二、康德的哥白尼式轉向──現代形上學的轉向

我們與古代實在相距太遠了，古代形上學的文獻雖然在直覺的靈感中啓示給我們神聖的想像，不竟我們生活在資訊的年代，生活在高度理性分化的文明世界，那種遙遠而閃爍着的靈光，只能給予現代人一點點的感觸，一點點的沉默，然後他們必須融入紛雜的現世裏，跟隨人工化的時間程序，努力地競存下去。

即使從事哲學研究的，他們亦無法面對日益龐博的社會現象與新思潮的洶湧出現。因此我們越來越感到人與自然，人與存在陌生，好像哲學歸於哲學，生活歸於生活，再沒有一種統合的形上靈感，讓心靈發揮其最大的想像，冀求明白存在的奧祕。

慨嘆歸於慨嘆，或者我們還是踏實一些，理解我們現代追尋形上方法的定位，以便有所自覺，領悟人類始終尋求着眞正的生命之解決。

現代形上方法的求索中，我們必須考慮兩位哲學家的貢獻，一爲康德（Kant），一爲海德格（Heidegger）。

若果古代的形上學着重直覺式的感觸，以近於藝術的寓言或詭辭辯證的方式表達；則現代的形上學必受康德批判哲學的衝擊，而要求經過理性的批判，考察從人存的角度，是否仍有可能邁向超越領域的形上世界。

所謂人存的角度（human stand point）是康德哲學掀起的主張，我們首先不求問形上本體是甚麼，因爲所謂形上本體，本意已屬超越經驗領域的存在，那麼，究竟人類有否超越經驗的認知能力，較之形上本體是甚麼的問題更爲先要。康德自稱其哲學爲批判哲學，就是表示他的工作乃在於深入地考察理性（Reaon）的正當的功能，恰如其份地安立理性的功能，則對形上學是否可能，建立一根源性的決定。是以，康德稱形上學是人類的自然傾向（natural desposition），本身極可能是理性功能誤用下所引導出來的幻象。

康德的主張是如此理性而開放，怪不得康德以後的哲學流派，紛紛以攻擊形上學爲首務，不斷透過社會實踐理論或語言分析等技術，反控形上學的虛幻。

我們前面不斷表述那種企向整存的要求，或者要求生命徹底解決的冀望，是否可以經歷得起批判哲學的衝擊呢？

我們仍堅持着形上學的意義，最少，我們仍繼續着形上學的追尋。

首先，康德的《純粹理性的批判》並非一終結，並非表示他認定我們必須拼棄形上學的追尋，所以他繼續有《實踐理性的批判》。不過後來的邏輯實證論基於實在論和科學主義的時勢，以偏面的理智精神反控一切形上學的探索。近代科學哲學家或語言分析主義者，常挾19世紀後輝煌的科學成果，反對傳統哲學爲號，實在希望以知識取代存在的各領域，以求將科學眞理定於一尊。羅素推崇現代爲伽利略時代的來臨，正好顯示他們內心的憧憬。

當然科學的成果是衆所周知，相信沒有一個眞正的思想者，不予認眞的接受與正視的。但其中的問題是說，難道伽利略以前的哲學家，就完全不明白知識的客觀性，不明白觀察、實驗、計算、推理、歸納等分析？還是說，他們和近代的科學家，根本就有着不同的用心和感觸。是以，我們不要過份的自信，自以爲今必勝古，人類文明必然日趨進步。除非說，我們只以一種旁觀者的態度，看待生命中不斷湧現的召喚，茫然而滿足於科學式的操作觀（operationalism），以爲現今的知識導向世界，將會解決過去人類的一切困擾，並且將那些過去所冀望的絕對、永恆、終極、神、存在……，一律抹刹掉，視之爲過往歷史的迷信。

人類時常都找不到一種果然可定於一尊之絕對的眞理知識，所以他永遠需要哲學，將形上與經驗、存在與知識，兩相逼近而統合，以求更眞實而趨近於理想。所以形上學根本是一信念，與其說追求一絕對的眞理，倒不如說追求一最大信念的可能性，即是窮盡人類最高的想像，如何超出一切知識表達之外，迫近神祕的存在眞相。

近代西方於種種歷史的機緣，文藝復興，啓蒙運動的背景，讓人類直見個體存在的先要性（priority）。笛卡兒的「我思故我在」實在是這時代的表徵；人類開始明白，眞理問題，乃至本體問題，不能離棄人的特定性，而作漫無邊際的理智幻想。經驗主義提倡認識自我的心靈，康德更進一步剖示了認知心靈的先驗結構。近代西方哲學的成就，就是確立認知心靈的優先性。

不過，隨之而來的困難，亦因爲此認知心靈的發見，而加深其裂縫。古代哲學以爲本體問題須從變化中求，返溯現象背後以發見宇宙的本源。現下，人類發覺現象變化其實與認知心靈有「不即不離」的互動關係。不即者，世界與心靈是對立的二元，所謂主、客對立；不離者，世界並非一絕對客觀存在着的事物總和，而是與主體（認知心靈）的內在結構緊扣一起。於是，本體問題不再是如何去發見，而轉化爲人類是否有能

力認知到本體存在的層次。

可能，近代以至現代，西方科學主義以爲解決了本體問題，人類不再眷戀原始思維的迷信。只是科學知識不斷向現象世界開發，徒增資料性的內容，人類已失控於知識的無限擴展，世界變得紛雜而含混。

直至我們往後追溯現象變化的根由，原來現象與認知心靈有內在的關係，則要求放下外向求問知識的內容，轉而求索認知心靈的奧密。

於是，近代哲學基本上都納入康德式的思路：現象與物自身的超越區分。即使我們反對康德的見解，仍須經過康德，否則根本不能進入現代哲學的討論。所謂經過康德，就是放下客體世界的獨斷肯定，認眞考慮認知心靈的先驗結構如何構鑄現象世界的法則性[4]。我們假設大家對康德哲學有一般性的理解，現下進入討論康德的物自身問題與本體問題的關係。

1.康德哲學的洞見

康德的物自身（Thing－in－itseef）是由現象世界的限制性所推論出來的。物自身概念的意含好像很近似本體，實則它不是一形上學觀念，而是知識論觀念。此爲近代哲學與傳統哲學的分水嶺。因爲近代哲學自笛卡兒始，即扭轉對絕對客體式的本體追問，而轉入反省認知心靈與眞理的關係。笛卡兒的「我思」（Cogito）觀念是一轉捩點。「我思」是一切懷疑的起點，同時亦是一切懷疑得以安頓的基點。相比而言，柏拉圖的理型，亞里士多德的形上實體，乃至中古所肯定的上帝，都屬向外肯定的本體，仍未經過笛卡兒式的普遍懷疑所批判。笛卡兒可以反詰傳統的形上學家：你們所肯定的本體是絕對無疑的嗎？及後，經驗主義者進一步追問傳統形上學的本體問題：我們如何超越經驗知識以達致這些超絕的本體？

經驗主義的發問方式已經廣爲現代人所接受，若果本體是超經驗的，是形而上的，而人只能有經驗的知識，那麼人類如何有認知能力，認知它們的存在呢？這疑問是劃時代的，將傳統形上學與近代哲學劃下一度界綫。所以哲學史往往將古希臘的宇宙論哲學、柏拉圖、亞里士多德，乃至中古時代的神學通通納入傳統形上學的稱謂，而自笛卡兒、經驗主義始，則稱之爲知識論階段。所謂知識論階段，就是哲學的反思活動，不應遺忘自省人的認知能力，而一味深入探究宇宙本體問題；換言之，任何形上學的主張，

必須首先作自我的反省，以建立可知的範圍，然後才討論形上本體是甚麼的問題。

確然在發問任何問題之先，首先要瞭解發問的對象是否可被認知，否則只是頭腦的空想。所以經驗主義提出：若果我們現下討論一處無人知曉的空谷幽蘭，不斷論說它如何美，如何芬芳，都是自我否定的，我們不可能討論一些無法知曉的對象。本來，這種知識論的態度很理性，很合理。只是，我們進入認知心靈的內部反省時，卻赫然為此心靈的複雜性所震驚。笛卡兒的「我思」尚屬初步的探索，已經絕對真理動搖了，一切的肯斷其實都可以納入普遍的懷疑之中，究竟人類的理性有否一堅實不移的起點？雖然笛卡兒以「我思」是一亞基米德點，但哲學史普遍並不接受他的論斷；因此笛卡兒的貢獻主要是扭轉客體性本體的思維；反而真正揭示認知心靈的內部結構的，是經驗主義者。或者，經驗主義挾科學的興起，而提出反省認知心靈的進路，有時代的呼應，因此他們的主張能深入近代以至現代，一方是理論淺近，一方是能與科學發展的成果呼應，故成顯學。稍補充一點，經驗主義的影響其實是哲學界外的，而非界內的，近代社會的主流思想如進化論、馬克斯思想及佛洛依德的精神分析乃至亞當史密夫的原富論，有很大程度是汲取了經驗主義的養份。但哲學界內，除英美的分析哲學承傳經驗主義的方向外，歐陸的主流哲學發展，是相當排拒經驗主義的。

笛卡兒與經驗主義的影響固然重大，不過仍有待康德的出現，始真正確立知識論的轉向。康德稱其哲學主在批判。批判為一種簡別考察（critical examination），而非一般的批評。批判是考察理性的真正效能與有效的運用範圍。《純粹理性批判》一書所以是哲學中的經典，一方面是它承先啟後，揉合理性主義與經驗主義的知識論方向，再向前邁一大步，建構出認知心靈的先驗結構：一方面，是康德從現象世界的限制性中，推論出來的物自身觀念，「差不多」完全取代了傳統形上學的本體問題。他不僅僅向傳統形上學質疑，更進一步以物自身之觀念取代了本體，使本體問題的意含搖搖欲墜。即是說，人類自始傾向於求問或實現的宇宙本源，最後實體等等形而上的信念，終於要面對放棄或者另闢途徑，否則將無法經受起批判哲學的批判。

《純粹理性批判》有兩部分，一為超越的成素論，一為辯證部。成素論中認知心靈的先驗結構部分，不再在此專門討論，我們將集中反省辯證部中物自身問題與本體問題的牽連。

首先，我們強調本體問題的提出，並非完全是一理智的好奇問題，也不僅僅是人類

的心理傾向。我們稱人類的疑惑有兩種，其一是知識分解的方式，另一是生命遭逢所感觸的焦慮。以上所討論的笛卡兒、經驗主義，乃至康德，其實都屬於知識方式的分解精神，他們對本體的思索，仍限於知識層次的詰疑或主張。所以我們說他們以知識的迫問方式，「差不多」完全取代了本體問題。

康德發問的開始是：這裏有否一個絕對客觀的世界存在？《純粹理性批判》正文第一段話是很重要的。

> 「不管一種知識依何樣式以及以何辦法關聯於對象，直覺是知識所經由以直接關聯於對象者，……但是直覺之發生是只在『對象給與於我們』這限度內始能發生。而對象之給與於我們復又僅是，至少對人而言，在『心靈依一定路數被影響』這限度內始是可能的。……」（牟宗三譯《純粹理性批判》頁119）

這段文字有兩個關鍵用辭，一為直覺，一為對象。

所謂直覺，與感官（五官）不同層次，它是先驗的，而感官則是經驗的。感官所攝得的經驗內容只是偶然如此，比如舌嘗糖果而感覺到甜味，只不過是一種感束神經的效果，並無必然性。康德所論的直覺，基本上是從有限心靈的存有論結構言之，即是說，任一可稱得上認知活動者，必待一呈現原則，將認知的對象呈現出來，此呈現原則就是直覺。所以直覺根本不是一官能，而是任一種認知活動得以成立的原基條件。

這樣表達，基本上隱含一預設：認知活動是有限心靈呈現「世界」的基本模式[5]，而純粹的給予性是不可能的。簡言之，就是只要你承認你是一有限的心靈，而你要接觸或者知「世界」的話，則你必須透過一種媒介或模式，以直接關聯於對象，此媒介或模式就是認知心靈的呈現原則（直覺），否則你根本不可能有對象的關聯。換言之，你不可能知道有一純粹在其自己的世界之存在。

當我們承認心靈的有限性（基本前設），則必須同時承認此存有（最少對人來說）需要透過一媒介來關聯於對象的；如此則經此媒介（直覺）所呈現的「世界」，不再是一絕對的客體，而為「對象」。客體（Object）本意是客觀存在於心靈以外者，現下，你既承認人的有限性，則必待一主觀的呈現原則來關聯於「世界」，則此「世界」必然與此主觀的呈現原則互倚互持地存在着。即是說，無此呈現之能，「世界」根本不可以被知曉，所以「世界」必然是處於此呈現之能所呈現的範圍中呈現，否則就是無（不被

知曉）。若果明白此論辯的關鍵，則「世界」須轉爲對象義。對象於德文是 Gegenstand，與另一字「Objekt」是不同意義的，英譯同稱爲 Object 是不表意的。Objekt 是客體之意，同義於 Object，而 Gegenstand 是「對於此而站立着之意」，所以中譯對象是相當恰當的。

對象何指？就是取代客體世界的意義。前說直覺爲認知心靈的呈現性原則，如此，它所呈現的「外界事物」（總稱爲世界），不再可能是絕對客觀的存在物，而爲「對應於此直覺而顯的內容」，此即爲對象。這是說，最少對人來說（有限心靈類），他所認識的世界是一對象的世界，而非一客體式的存在。

我們只要理解康德批判傳統形上學的動機，就會明白他確立此前設的作用。他不從柏拉圖、亞里士多德等人的哲學內部批判，而提出一本源性的詰難：若果傳統形上學家不能經過此批判哲學的考驗，不能從世界的對象義出發來反省形上本體問題，則他們毫不例外，都會墜入二律背反的理論困難之中。二律背反的意義是指傳統形上學各種論題，如靈魂的存在，上帝的存在，時間空間的有限無限問題，皆預設了一絕對客觀的世界之存在，然後分析出事物最後可分或不可分；有上帝或沒有上帝；時空是有限或無限等等對反性的論題。實則它們只不過是因理性的空想誤用而引生者，而根源則在他們遺忘了世界存在的對象義。比如說，世界有否最基本的，不可分的單位呢？有的話，爲何不可以繼續分下去呢？沒有的話，任一個別事物如何成立呢？一隻杯是一獨立個體，是因爲它由一些基本單位所組成，此基本單位一定不可分，否則任一個體便不能成立。諸如此類的問題，皆預設有一客體式的世界存在着，然後從中抽出某物來分析所引生的詭論問題，若世界爲一對象之存在，則所有有關對象的判斷，皆可從認知心靈的主觀結構中發見其根源，這就是不假外求，亦不須陷入二律背反的境地。

康德的批判哲學分兩部份，其中超越的成素論是要確立認知活動的先驗結構，如時空形式，十二範疇，超越想像力及超越統覺等，這是批判哲學的內部建樹。而超越辯證論部則是批判哲學的目標，即是批判傳統形上學的謬誤，其中現象與物自身的超越區分是最重要的觀念。

人類是有限心靈的存在，他不是上帝，他不能創造對象，而只能在對象被給予的情況下，以特定的呈現機能（直覺），直接關聯於對象，使對象呈現於我們的認知心靈。於是，我們並沒有客體式的知識，而只有在直覺所呈現下的對象。直覺本身是一呈現原

則,而呈現之為呈現則有特定的形式,此即時空。於是,康德從人類的認知活動的特性,推出我們所認識的世界,為一對象式的現象世界。現象就是「為我們而顯現」「appear to us」之意思。

康德的結語是:我們只有現象的知識,人類不能認知物自身。這就是現象與物自身的超越區分。

這超越的區分相當幽微,很容易誤解。我們先回溯整個問題的綫索。

我們一開始的時候,是發問本體的問題。本體是一種心靈希冀的象徵,我們可稱之為上帝、神、道、無道、涅槃,乃至一、絕對、無限、永恆等等。各種理念式的稱謂都是方便,無須過份執定它們本身的意含。現下我們會發問:究竟有無本體的存在呢?或者置疑:人類追求本體,是否一種心理假象,本體根本是一虛假問題(pseudo problem)?這些想法都很易直覺到,但是並不深刻。

2.對康德哲學的商榷與反思

我們透過反省西方的哲學發展,由近代的知識論主流哲學,反控傳統形上學的困難,而追溯出現代人思索本體問題的模式:對本體問題的取消。暫且不評論此態度的得失,而就反溯此思維模式其背後的機緣,希望揭示本體問題的兩重取向。一為知識方式的好奇形態,一為生命遭逢所感觸的焦慮形態。直至目前,我們還在討論知識方式的好奇形態層次,其中康德的批判哲學,是此形態的高峰階段,因為他相當徹底地扭轉了形上學的探求基礎,人必然承認理性思辨的限制性。人既然是有限的認知心靈,其認知活動必依待直覺條件,然後呈現對象的知識。

一切知識都依待認知心靈的先驗結構發生作用,而這些先驗結構,如時空、範疇亦單單在範疇知識對象的範圍而有所作為,否則是子虛烏有。所以我們不能將這些先驗結構看成形上本體。故此康德肯斷:經驗的可能性條件(先驗結構)是等值於經驗對象(世界內容)的可能性條件⑥。若果明白二者的互倚互持關係,則可以進一步瞭解人只能認知現象世界(經驗對象)而不能超出此現象範圍而觸及本體的問題。因為本體的意含正正是非經驗範圍;換言之,有限的認知心靈物自身是必然不能觸及的「對象」,是以必須為幻象。

這推論是很嚴密的,我們只要承認人的有限心靈之特質,就必然可以推出人只能認

識現象世界的結語。故此本體問題現下要改塑爲物自身的觀念了。所謂物自身，就是事物之在其自身，是非經驗的認知對象。但是物自身並不正面等值於形上本體。因爲形上本體是一積極的存在，比如說中古證立的上帝，上帝就是一本體，是存有。但是，康德所說的物自身，是一限制性概念（limited concept），是表意於人類只能認知現象，並且不可能超越直覺的呈現範圍，認知非對象式的本體。故此，物自身只表示在現象以外的一種邏輯性存有，一方說，它並不矛盾，一方說人類「必然」不能認知的領域。此處的「必然」意思，是指我們不能與有限的認知心靈之前設相矛盾。換言之，除非我們能正面證成人有非直覺的感知能力，然後可以探討形上的本體問題，否則我們就只好接受物自身爲人類認知範圍的限制邊界。

所謂現象與物自身的超越區分，是指此區分是非經驗的類比聯想，別以爲現象「背後」還有物自身的存在。另一方面，此區分界分了形上本體的定位：若果從知識的角度，以思辨理性作探求本體問題，將是徒勞無功的，總要陷入二律背後的困境中。

總言之，康德的物自身是從現象世界的有限本源處所推論出來的觀念，它是知識論層次的，是現象世界之消極的限制物，即使我們說範疇有存有論性格，此存有論是認知意義爲重心，仍非形上本體層次。若果我們仍要繼續討論形上的本體問題，則須回應此物自身問題的挑戰。是以物自身的觀念無疑是偉大的，劃時代的，喚醒任何不自覺的形上冀圖。

那麼形上學是否有存在的可能呢？

沒有明確的答覆，只不過有許多嶄新的嘗試。其中不約而同的，是挑戰康德此現象與物自身的區分之限制性。後來費希特、謝林乃至黑格爾都致力於克服此問題。論者則以爲他們其實不太瞭解康德的本意，現下，我們依中國哲學的進路，再一次提出構想，繼續對本體問題的探究。

其一，此區分是知識論層次，正正只表現人類心靈的特定向度，此心靈爲認知心靈；那麼從非認知的心靈，如道德心靈、美感心靈，乃至宗教的心靈，則有轉動之可能。

其二，本體問題本源並非一認知的向求，它更是人類在其生命遭逢中所感觸之焦慮所烘托出來的嚮往。

康德的物自身觀念是純知識的；所以，康德雖然是一偉大而深刻的哲學心靈，正式

確立認知主體的反省方向，但是終於對知識分解方式過於偏重，而不能透顯本體問題的根源，不能建立起「人」與「宇宙」間的圓融世界來。他雖然希望在道德領域中建立上帝、靈魂不朽及自由等理念，可是本質上仍未脫離知識分解的方式，其物自身觀念空懸於知識論與存有論之間，知識論是正面，而存有論則是消極意義。牟先生指出其關鍵在於他以人為一有限心靈這論斷所使然。若就認知領域而言，認知心靈是有限的，大體無可置疑，只不過是否可以從認知心靈的有限性而推擴出整個心靈皆是有限？牟先生於是補充一主張：認知心靈乃心靈（本心）坎陷下的一種特殊呈現，而不可將之視作心靈的本相。這就是牟先生重新詮釋物自身觀念的創見。其中，牟先生點出現象與物自身的超越區分並非知識論的，也不是西方式之形而上學的，而是主觀層面的區分；此主觀層面則涉及人存在的存有論問題，即是說：我們不可以將人存在視作定性的有限，此肯斷並非理所當然，參照東方文化傳統⑦，並不如此執定。所以依照假然推理（如果⋯⋯則），如果整體東方哲學承認人是定性的有限存在，則其形上學的論斷將告終結，同樣要接受康德對西方傳統形上學的批判，同樣要陷入二律背反之中。

邏輯上，康德的批判當然可能成立，即是整體的東方形上學皆要告終；只不過此處有兩點是未決定的：

其一，康德的批判是知識論層次，所以其物自身觀念，只是就現象世界的有限性而推衍出來的限制性觀念。物自身並非等值於本體的本源意含；那麼，物自身的提出，頂多是說：就人類知識的本質來說，我們是不能達致本體的尋求，而非存有論地否定了本體的實有可能。所以即使康德批判了柏拉圖等人的形上學主張，亦不過是就其理論內部的論斷着手，比如人類如何有能力認知理論世界等；至於柏拉圖那種尋求形上本體的動力及心向，則非其知識分解的心靈所能共鳴。換言之，只要我們仍承認形上學有特殊表現與普遍冀求這兩面，則形上系統所表現的，總有所遺漏之可能，故是可諍議的；至於人類冀向生命徹底解決與統合人與宇宙的存在等要求若有落實的可能，則批判哲學只可算是一種方法，以警醒我們要避免形上學的迷障，或中國人所說的玩弄光景境地。

其二，東方哲學的進路並非康德所熟悉。東方哲學是實踐進路，而此實踐的意含就是從生命實際的遭逢經歷中，所感觸的焦慮，而轉向生命整體存在的回溯。康德的第二批判《實踐理性的批判》，雖肯言實踐的自律性，能夠觸及自律道德問題，惟其哲學反思，仍是學術式的，知識分解式的，與存在的感觸所體現的生命現象、生命整體存在等

層次，相去甚遠。故此，我們須進入存在的進路，以對顯康德哲學的偏面性。

註釋

①見：唐君毅《中國文化之精神價值》，正中書局，65年版。
②程明道原意是：「天人本無二，何必言合」，其表示說天與人合一，已經落入對立關係之中，天與人是後天的統合，而非本源地的合。
③可參考牟宗三著《現象與物自我》一書。
④問題屬專技化，可參考牟宗三著《現象與物自身》。
⑤世界往往指涉一客體性的領域，即是一切事物的總和；而此處則表示世界一詞是非常識義。
⑥「經驗的可能性條件」指直覺形式、範疇等先驗的認知結構因素。而「經驗對象的可能性」就是經驗世界存在整體。一方是認知層次，一方是存有層次。
⑦此參照非論證義，而指既有的文獻所顯示的主張。文獻的主張是客觀的，而真正的體認，則須待個體實踐之體現之。

版權所有
不准翻印

新 亞 學 報 第 十 九 卷

編 輯 者：新亞研究所

九龍農圃道六號

No. 6, Farm Road, Kowloon, Hong Kong

發 行 者：新亞研究所圖書館

九龍農圃道六號

電話：(852) 2715-5929　傳真：(852) 2711-9917

設計製作：美高製作室

定　　價：港幣一百八十元
　　　　　美金二十四元

國際書號：962-852-482-8

出　　版：一九九九年六月初版

景印香港新亞研究所《新亞學報》（第一至三十卷）

THE NEW ASIA JOURNAL

CONTENTS

VOLUME19 (30, June, 1999)

The Confucian Idea of the Nature of Man and the
Human Culture in the 21st Centuary
LI Tu

Some Reflections on Confucanism and Democracy
K.K Liu

A New Investigation of Confucius' Metaphysical Thought
TANG Lap Kwong

On Ven. Yu Fa-K'ai's Medical Procedure in Saving a Pregnant Woman in Critical
Status from a Buddhist Monastic Disciplinary Point of View
TSO Sze Bong

An Analysis on the Form of the Wu-yan Lu-si of Li Bai
WAI Kam Moon

Commentary on some Poems of Tu Fu in "Zhi Feng Lei Shuo" (芝峯類説)
by Korean Lei Mou Guang - An Appraisal
KWONG Kin Hung

Liao Yen, a Thinker of Early Ch'ing
Y WONG

Early Sino-American Trade Relations, 1784-1860
LEE Muk Miu

A Study of the Acquaintance of Xue Fu Cheng
K C CHAN

The Nationalist Government and Coal Industry before the Sino-Japanese War,
1928-1937
CHEUNG Wai Po

The Turning Point of Metaphysics of Modern West
TAO Kwok Cheung

NEW ASIA INSTITUTE OF ADVANCED CHINESE STUDIES

ISBN: 962-852-482-8

景印香港新亞研究所《新亞學報》（第一至三十卷）